Valorie Burton
VOM GLÜCK, UNBESCHWERT ZU LEBEN

W0233426

Valorie Burton

Vom Glück, unbeschwert zu leben

Wie Sie falsche Schuldgefühle erkennen
und loslassen können

Über die Autorin:

Valorie Burton hat es sich zum Ziel gemacht, anderen dabei zu helfen, ein erfüllteres Leben zu führen. Vor knapp 20 Jahren machte sich die studierte Psychologin und Journalistin mit einer eigenen Beratungspraxis selbstständig. Mittlerweile ist sie zudem eine gefragte Motivatorin, Sprecherin bei Frauenkonferenzen und Firmenevents.

Bibliografische Information der Deutschen Nationalbibliothek
Die Deutsche Nationalbibliothek verzeichnet diese Publikation in der
Deutschen Nationalbibliografie; detaillierte bibliografische Daten sind
im Internet über http://dnb.ddb.de abrufbar.

ISBN 978-3-96362-298-4
Alle Rechte vorbehalten
Let Go of the Guilt
Copyright © 2020 by Valorie Burton
Published by arrangement with Thomas Nelson,
a division of HarperCollins Christian Publishing, Inc.
German edition © 2022 by Francke-Buch GmbH
35037 Marburg an der Lahn
Deutsch von Anja Findeisen-MacKenzie
Umschlagbilder: © Shutterstock.com / Sunward Art
Umschlaggestaltung: Francke-Buch GmbH / Marion Schramm
Satz: Francke-Buch GmbH
Printed in Czech Republic

www.francke-buch.de

Inhalt

*Möge dieses Buch Ihnen genau das geben, was Sie brauchen,
um Ihre Schuldgefühle loszulassen und die Freiheit,
Wahrheit und Freude zu finden,
die Sie sich wünschen und die Sie verdient haben.*

Warum hast du das getan?

Wie Schuldgefühle unsere Entscheidungen beeinflussen

Ich weiß nicht, welche Art von Schuldgefühlen Sie dazu bewogen hat, dieses Buch in die Hand zu nehmen, aber auf jeden Fall sind Sie nicht allein damit. Ich habe dieses Buch zwar für Sie geschrieben, doch die Erkenntnisse und Schritte, die ich auf den folgenden Seiten beschreiben werde, haben auch mir selbst geholfen.

Gewissensbisse, ob berechtigt oder nicht, haben mich mein ganzes Leben lang begleitet und mich zu einem ängstlichen und besorgten Menschen gemacht. Und was noch schlimmer ist: Sie haben mich dazu gebracht, Dinge zu tun, die ich normalerweise nicht für sinnvoll gehalten hätte – wie zum Beispiel eines Morgens, nicht lange nachdem ich mit diesem Buchprojekt begonnen hatte. Vielleicht passierte das alles, damit Sie sich jetzt darüber amüsieren können, zumindest aber ist es ein passendes Beispiel dafür, wie Schuldgefühle sich in unser Leben hineindrängen und unsere Gefühle und Entscheidungen in Beschlag nehmen.

Es war ein Mittwoch, so gegen 6:55 Uhr, und meine Familie und ich lagen ganz gut in der Zeit. Tatsächlich waren wir sogar ein paar Minuten früher dran als sonst. Mein fünfjähriger Sohn Alex war fertig angezogen, glücklich und zufrieden und hatte sich bereits die Zähne geputzt, sein Bett gemacht und die Schuhe angezogen. An diesem Punkt, mitten im Schuljahr, hatte ich es aufgegeben, darauf zu bestehen, dass er sein Frühstück am Tisch aß. Er will keinen Toast und keine Eier. Aber ich hatte zumindest einen neuen Weg gefunden, wie ich ihn dazu bringen konnte, seine Cornflakes zu essen. Ich füllte ihm welche in eine Plastiktüte mit Zippverschluss und goss eine Tasse Milch in einen Becher mit aufklappbarem Deckel, sodass er sie unterwegs im Auto trinken konnte. Wenn ich ihm als Belohnung in Aussicht stellte, ein paar Minuten auf meinem Smartphone spielen zu dürfen, würde er auf dem Weg zur Bushaltestelle alles rasch aufessen. Diese Option war auf jeden Fall schneller und einfacher, als wenn ich ihn dazu hätte bewegen müssen, sich so früh morgens an den Tisch zu setzen und dort zu essen. Natürlich war das nicht die Art und Weise, wie meine Mutter mir mein Frühstück gemacht hatte, als ich noch ein Kind war, aber es funktionierte wenigstens.

Gerade als ich seine Milch in den Becher gegossen hatte, stellte Alex mir in einem lieben Tonfall eine einfache Frage: »Mama, kann ich heute am Tisch frühstücken?«

Das hört sich eigentlich ganz vernünftig an. Aber mein Sohn ist beim Essen ziemlich langsam. Und *so* viel Zeit hatten wir nun auch nicht mehr.

Meine von Schuldgefühlen gesteuerte Reaktion jedoch sollte den ganzen Morgen durcheinanderbringen.

»Nein, heute nicht. Wir haben nicht so viel Zeit« wäre die naheliegende Antwort gewesen. Aber das hätte vorausgesetzt, dass ich logisch und von gesundem Menschenverstand regiert gehandelt hätte. Stattdessen wurde ich in rascher Folge mit einem ganzen Arsenal negativer Gedanken bombardiert.

Der arme Junge.

Er muss morgens so früh aufstehen. Es ist ja noch ganz dunkel draußen!

Er ist erst fünf und muss schon um 7:15 Uhr an der Bushaltestelle sein.

Er will doch nur zu Hause frühstücken und du treibst ihn zur Tür hinaus.

Danach schossen mir Erinnerungen an meine eigene Kindheit durch den Kopf. Wenn ich morgens in die Küche kam, war

es, als würde ich in einem Südstaatenhotel zum Frühstücks-
büfett gehen.

*Deine Mutter bereitete dir ein üppiges Frühstück zu – Eier,
Schinken, Maisgrütze, Toast mit Butter oder Marmelade, je nachdem, was du wolltest, und Orangensaft. Und das ausnahmslos an
jedem einzelnen Morgen!*

*Deine Mutter sorgte auch dafür, dass du dein Frühstück am Kü-
chentisch aßt, als du so alt warst wie Alex, und dein eigenes Kind
muss seine Cornflakes im Auto essen.*

Alex saß da und schaute mich mit freundlichem Blick an, ge-
duldig auf eine Antwort wartend. Ich sah die Tüte mit den Cornflakes und erinnerte mich an etwas, das mir noch mehr Schuldgefühle einflößte.

Es gab nur einen einzigen Morgen in meiner ganzen Kindheit,
an dem meine Mutter mir Cornflakes zum Frühstück gab. Aus
Spaß nenne ich es auch heute noch »Das große Cornflakes-Ex-
periment« – jenen einzigen Versuch meiner Mutter, etwas Zeit
zu sparen und ihrem Kind das zu geben, was die meisten Kinder
jeden Morgen essen.

*Ich bin in der dritten Klasse. Ich komme in die Küche unserer
Dreizimmerwohnung in der Nähe von Frankfurt, wo mein Vater
als Soldat stationiert ist. Ich setze mich an den Tisch und meine
Mutter bringt mir ein Schälchen mit Rice Krispies mit Milch und
viel zu viel Zucker, so wie ich es gerne mag.*

*Ich liebe Rice Krispies. Jeden Tag esse ich sie nach der Schule als
Snack. Ich weiß nicht, warum mir meine Mutter an diesem Morgen welche vor dem Frühstück vorsetzt, aber ich stelle keine Fragen,
weil sie einfach lecker sind. Ich schlinge sie hinunter, meine Mutter
füllt das Schälchen ein zweites Mal und ich verputze auch das.*

Dann sagt sie: »Okay, wir wollen jetzt los.«

Ich bin total verwirrt. »Aber ich habe doch noch gar nicht ge-
frühstückt!«, *protestiere ich.*

»Wieso?«, *entgegnet meine Mutter.* »Du hast doch gerade zwei
Schälchen mit Rice Krispies gegessen!«

Ich starre sie ungläubig an. »Das ist doch kein Frühstück. Das
ist ein Snack!«

Meine Mutter scheint einerseits erstaunt über meine Reaktion

zu sein, sich andererseits aber auch ein bisschen schuldig zu fühlen.
Doch es ist Zeit für mich, zur Schule aufzubrechen.

»Ich habe jetzt keine Zeit mehr, ein warmes Essen zu machen, Valorie«, erklärt sie schließlich. »Wir müssen los, sonst kommst du zu spät zur Schule und ich zu spät zur Arbeit.«

Ich schnappe meinen Ranzen und als wir die Wohnung verlassen, murmle ich vor mich hin, ich könne es nicht fassen, dass ich »ohne Frühstück« zur Schule muss.

Das war der einzige Morgen, an dem ich Getreideflocken zum Frühstück aß.

Jahrzehnte später kam mir nun dieser Morgen wieder in den Sinn. Und das Ergebnis? Obwohl mein Sohn gerne Cornflakes isst, flüsterte mein achtjähriges Ich mir ins Ohr: *Cornflakes sind kein Frühstück!* und ich bekam Gewissensbisse, weil ich ihm welche vorgesetzt hatte. Als sich nun diese Gedanken mit all dem anderen vermischten, was mir an diesem Morgen durch den Kopf ging, endete es unweigerlich mit der Antwort, die ich Alex auf seine einfache Frage gab. Ich kannte zwar die logische Antwort, aber es war nicht die *Logik*, die Alex antwortete, sondern das *Schuldgefühl*.

»Klar, mein Schatz. Wir können hier essen, aber du musst dich beeilen. Ich habe das nämlich nicht eingeplant.«

Sie können sich sicher vorstellen, was als Nächstes passierte: Mein Sohn ließ sich Zeit. Ich versuchte die Sache zu beschleunigen, aber als wir schließlich das Haus verließen, war mir klar, dass ein Wunder geschehen musste, damit wir noch rechtzeitig an der Bushaltestelle ankamen. Alex besucht eine Privatschule am anderen Ende der Stadt und wir haben schon Glück, weil es eine zentral gelegene Bushaltestelle nur wenige Minuten von unserem Haus entfernt gibt. Wenn wir es aber nicht rechtzeitig zur Haltestelle schaffen, müssen wir uns vierzig Minuten lang durch den Verkehr quälen, um zur Schule zu gelangen.

Meine Hände umklammerten angespannt das Lenkrad, als würden wir dadurch schneller vorankommen. Mein Blick wanderte zwischen der Uhr und der Straße hin und her. Meine Schultern verkrampften sich und ich fokussierte mich auf mein Ziel wie ein Laserstrahl. Alle Ampeln standen auf Grün und so hatte ich beinahe das Gefühl, als würde eine göttliche Vorsehung mich geradewegs zur Bushaltestelle schleusen. *Ja! Vielleicht schaffen wir es ja doch noch!*

Ich hielt den Atem an und hoffte, dass vielleicht immer noch ein paar Kinder am Einsteigen waren, während ich in den Parkplatz des Busbahnhofs einbog.

Plötzlich machte mein Auto einen Satz. *Bum!*

Mein Reifen hatte die Bordsteinkante mitgenommen. Und dann sah ich Alex' Bus wie in Zeitlupe abfahren. Schon verließ er den Busbahnhof.

Wenn ich einfach weiterfahre, kann ich den Bus vielleicht noch abfangen, bevor er in die Hauptstraße einbiegt, dachte ich.

Also fuhr ich wieder auf die Straße zurück und dem Bus entgegen in der Hoffnung, dass ich den Fahrer auf mich aufmerksam machen konnte. Aber anscheinend hatte mein SUV mindestens einen platten Reifen, denn er neigte sich deutlich auf eine Seite. Ich konnte hören, wie das zerfetzte Gummi bei jeder Raddrehung gegen den Asphalt schlug.

»Mama, du musst langsamer fahren«, ermahnte mich Alex von der Rückbank aus. Allerdings hatten wir keine andere Wahl. Und so hoppelten wir mit knapp 20 Stundenkilometern auf den Bus zu. Glücklicherweise sah uns der Busfahrer und hielt an. Ich sprang aus dem Auto und rannte auf die andere Seite, um Alex beim Aussteigen zu helfen. Er bekam seinen Bus noch.

Ich aber fuhr zurück zum Parkplatz und saß erst einmal still und erschöpft da. Wie konnte ein Morgen, der so friedlich begonnen hatte und an dem wir so pünktlich gewesen waren, damit enden, dass zwei Reifen platzten und Alex fast den Bus verpasste?

Es war ja nicht so gewesen, dass ich mich mit der Zeit verschätzt hätte oder dass ich auf den Gedanken gekommen war, Alex solle zu Hause essen. Der wahre Schuldige waren meine Schuldgefühle. Als Alex mich fragte, ob er am Küchentisch essen durfte, übernahmen meine daraus resultierenden Schuldgefühle die Kontrolle über meine Gedanken und mein Handeln. Die darauffolgenden Ereignisse kosteten mich meinen inneren Frieden, über sechs Stunden, um mein Auto abschleppen und reparieren zu lassen, und über 800 Dollar an Reparaturen. All das hätte ich vermeiden können, wenn meine Schuldgefühle nicht das Steuer übernommen hätten. Aber so war es nun einmal. Und darum befinde ich mich jetzt hier und Sie auch. Deshalb wurden Sie von diesem Buch angezogen.

Schuldgefühle sind hinterhältig. Sie rauben uns nicht nur die Freude. Noch heimtückischer ist die Art und Weise, wie sie unsere Entscheidungen und Handlungen beeinflussen können. Sie haben uns bereits sabotiert, bevor wir merken, was da vor sich geht. Sie lösen automatische Reaktionen bei uns aus: Wir entschuldigen uns, wollen alles wiedergutmachen und quälen uns mit Selbstvorwürfen herum, als hätten wir es mit einem übermächtigen Gegner zu tun.

Ob es die Stimme in unserem Kopf ist, die uns daran erinnert, dass wir bestimmte Erwartungen nicht erfüllt haben, oder ob es der Fehler ist, den wir vor Jahren begangen haben und für den wir immer noch bezahlen müssen – unsere Schuldgefühle spielen uns immer wieder dieselbe Botschaft vor:

Ich bin ungenügend. Ich tue nicht genug. Ich bekomme es nicht hin.

Ich sollte mehr tun. Etwas anderes. Etwas Besseres.

Aber das gelingt mir nicht, also fühle ich mich schuldig. Ich grüble ständig über meine Verfehlungen nach. Und schlimmer noch: Ich nehme mein Glück dafür in Geiselhaft. Ich dämpfe es mit dieser Dauerbotschaft der Selbstkritik.

Ich erkannte, dass die Schuldgefühle sich nicht nur an diesem einen unbedeutenden Morgen wegen einer solchen Kleinigkeit einstellten. Sie kamen an vielen Morgen zum Vorschein, den ganzen Tag hindurch, bis in die Nacht hinein, und sie zeigten sich in meiner Beziehung zu meinen Kindern, meinem Mann, meinen Freunden, meinen Eltern und meinen Angestellten. Sie wirkten sich auf meine Finanzen aus und sogar auf mein geistliches Leben. Als ich die Allgegenwart dieser Schuldgefühle bewusst wahrnahm, begann ich sie überall zu entdecken – nicht nur in meinem eigenen Leben, sondern auch in Bemerkungen von Freundinnen, in Beratungsgesprächen mit Klienten und in Kommentaren meiner weiblichen Zuhörer. Ich fragte mich: *Liegt das an mir? Bilde ich mir nur ein, dass Frauen fast überall mit diesem Problem zu kämpfen haben?*

Inzwischen glaube ich, dass Schuldgefühle bei Frauen weitverbreitet sind, geradezu wie eine Epidemie. Und dass vor allem die Frauen von *heute* davon betroffen sind, weil sie durch mehr Erwartungen belastet sind als jede andere Generation zuvor. Das ist darauf zurückzuführen, dass Frauen heute sehr viel mehr Möglichkeiten haben als jede Generation vor ihnen. Doch die Schuldgefühle verschwinden nicht; sie werden stärker denn je.

Wenn wir es zulassen, dass die Schuldgefühle die Kontrolle übernehmen, dann bestimmen sie unbewusst unsere Entscheidungen – ganz gleich, ob es um unsere Beziehungen geht, um unser Geld, um unser Essen und unsere religiösen Einstellungen. Sie halten uns davon ab, unseren Träumen zu folgen. Sie machen uns zu verbitterten Menschen, die andere nur widerwillig lieben und die Liebe zurückweisen, die sie sich doch so sehr wünschen.

Die Schuldgefühle bringen uns dazu, Ja zu sagen, wo wir Nein sagen wollten. Sie füllen unseren Terminkalender mit sinnlosen Dingen und stehlen uns dabei die Zeit für Sinnvolles. Und sie zehren an uns. Sie belasten uns schwer.

Meine eigenen Schuldgefühle, die in früheren Erfahrungen und nicht hinterfragten Erwartungen verwurzelt waren, bestimmten an jenem Morgen meine Reaktion auf die Bitte meines Sohnes. Erkennen Sie, wie schnell Schuldgefühle unsere besten Absichten zum Scheitern bringen können? Auf den folgenden Seiten möchte ich Ihnen zeigen, wie Sie Ihre Gedanken bewusst wählen und falsche Schuldgefühle, die das Steuer Ihres Lebens übernehmen wollen, loslassen können.

WAS AUF DEM SPIEL STEHT

Wenn Sie es zulassen, dass Ihre Schuldgefühle die kleinen Fragen Ihres Lebens beantworten, dann besteht die Gefahr, dass Sie auch die großen Fragen von ihnen beantworten lassen. Manchmal sind die Konsequenzen dann nicht so einfach zu beheben wie ein beinahe verpasster Bus und ein Paar geplatzte Reifen. Dann geht es nämlich um größere Themen und härtere Konsequenzen.

Im Lauf der Jahre habe ich nicht nur meine eigenen Probleme bearbeiten müssen, die mit Schuldgefühlen im Zusammenhang standen, sondern auch die von Hunderten Menschen, die ich als Mentorin beriet. So gestand mir Nicole eines Tages während der Beratung, sie hätte ihren Ex-Mann damals aus Schuldgefühlen heraus geheiratet. Sherri hingegen traute sich nicht, um eine Gehaltserhöhung zu bitten, weil sie sich dabei egoistisch vorkam. Und Kim fühlte sich verpflichtet, weiter ehrenamtlich in der Hilfsorganisation ihres Cousins mitzuarbeiten, weil er ihr in einer schwierigen Zeit wieder auf die Beine geholfen hatte; allerdings war das Ganze mehr als ein Jahrzehnt her. Und Megan vertraute mir an: »Schuldgefühle bestimmen eigentlich fast meinen ganzen Tag, obwohl ich nicht bewusst darüber nachdenke.« Sie fühlte sich schuldig, weil sie ihre Diät nicht einhielt, nicht mehr Sport trieb oder weil ihr Mann ihretwegen umgezogen war und seine Familie nun am anderen Ende des Landes wohnte – und das, obwohl es seine Idee gewesen war.

Was steht auf dem Spiel, wenn wir unsere Schuldgefühle nicht überwinden? Wir geben unsere Freiheit auf. Wir geben die Freude auf. Wir geben den Frieden auf.

Schuldgefühle haben viele Gesichter. Vielleicht kommen Ihnen manche von diesen bekannt vor:

- Selbstvorwürfe wegen früherer Entscheidungen, Fehler und Unzulänglichkeiten
- das Gefühl, nie genug getan zu haben
- wenig oder gar kein Friede und keine Freude in den eigenen Beziehungen
- das Gefühl, in den eigenen Beziehungen unter Druck zu stehen, nicht wertgeschätzt zu sein oder durch sie verbittert zu werden
- weniger Gehalt zu bekommen, als man verdient hat
- mehr zu bezahlen als nötig
- Ja sagen, obwohl ein Nein besser gewesen wäre
- es anderen erlauben, dass sie mir ein schlechtes Gewissen machen

- es zulassen, dass die anderen immer wieder meine Grenzen missachten
- meine eigenen Erfolge herunterspielen, damit andere sich besser fühlen
- Beziehungen eingehen, die in gegenseitiger Abhängigkeit enden
- so tun, als ob ein gestörtes Verhalten normal sei
- meine Meinung nicht sagen, obwohl es eigentlich nötig wäre und ich es will
- Entscheidungen aufgrund von Schuldgefühlen und Verpflichtungen treffen
- sich jemandem unbegrenzt verpflichtet fühlen, weil er mir einen Gefallen erwiesen hat
- eigene Entscheidungen im Nachhinein immer wieder infrage stellen
- Furcht zur Norm werden lassen

Wenn wir unseren Schuldgefühlen das Steuer überlassen, werden wir zu Menschen, die verbittert und überarbeitet sind, die manipuliert und ausgenutzt werden, die sich mit Selbstvorwürfen verletzen, weil sie ihre eigenen Erwartungen nicht erfüllen konnten – Erwartungen, die oft viel zu hoch sind, als dass sie ihnen genügen könnten.

Situationen, die wir eigentlich genießen könnten, werden plötzlich zur Belastung und füllen sich mit negativen Emotionen. Mein Morgen mit Alex, der schön und stressfrei hätte werden können, verwandelte sich in ein unnötiges Chaos. Aber das ist nur die Spitze des Eisbergs.

In diesem Buch werde ich Ihnen Geschichten aus dem wahren Leben erzählen, die Ihnen zeigen sollen, auf wie vielfältige Weise Schuldgefühle die Richtung unseres Lebens bestimmen können, wenn wir es zulassen. Ob Sie mit früheren Entscheidungen zu kämpfen haben, die Ihnen nach wie vor auf der Seele liegen, oder ob Sie Ihre Erfolge herunterspielen, weil andere Menschen, die Ihnen nahestehen, nicht so viel Glück hatten wie Sie und Sie deshalb ein schlechtes Gewissen haben – dieses Buch soll Ihnen dabei helfen, das Problem zu erkennen und zu überwinden. Sie müssen sich nicht von Ihren Schuldgefühlen bestimmen lassen.

Da Sie dieses Buch in die Hand genommen haben, gehe ich davon aus, dass Sie sich zutiefst danach sehnen, die Last Ihrer Schuld abzuwerfen, glücklich zu werden und sich aus dem Griff falscher Schuldgefühle und emotionaler Manipulationen zu befreien. Ich wünschte, ich könnte jetzt hier neben Ihnen sitzen. Sie sollen wissen, dass ich, während ich diese Worte schreibe, den aufrichtigen Wunsch hege, Ihnen zu einem Durchbruch zu verhelfen.

Ich wünsche mir für Sie, was ich mir auch selbst gewünscht habe – dass Sie sich nicht mehr schuldig fühlen für etwas, das Sie gar nicht falsch gemacht haben. Ich möchte, dass Sie die Kraft haben, nicht in die Falle der Schuldgefühle zu tappen. Ich wünsche mir, dass Sie die Wahrheit sagen und erkennen, dass es Ihnen möglich ist, Ihre Meinung ehrlich zu äußern und dennoch den Menschen, die Ihnen wichtig sind, mit Achtung zu begegnen. Mögen Sie die Freude erleben, die Sie verdient haben, ohne diese durch unnötige Sorgen und Ängste zu schmälern.

Wenn wir Schritte unternehmen, um uns von übermäßigen Schuldgefühlen zu befreien, dann geht es dabei in Wirklichkeit darum, das Leben zu führen, für das Gott uns geschaffen hat. Es geht um unsere Bereitschaft und unseren Wunsch, heil und gesund zu werden, Lügen beim Namen zu nennen und sie durch die Wahrheit zu ersetzen, und darum, dass wir mutig genug sind, unsere persönlichen Grenzen zu ziehen und dazu zu stehen. Wenn Sie bereit sind, sich die Mühe zu machen und Ihre Furcht zu überwinden, wenn Sie darauf vertrauen, dass es ein besseres Leben gibt, dann bin ich von Herzen überzeugt, dass Sie einen Durchbruch erzielen werden.

> Wenn wir Schritte unternehmen, um uns von übermäßigen Schuldgefühlen zu befreien, dann geht es dabei in Wirklichkeit darum, das Leben zu führen, für das Gott uns geschaffen hat.

Und was die Situationen betrifft, in denen Sie tatsächlich schuldig geworden sind, wünsche ich mir für Sie, dass Sie mutig Ausschau halten nach der Botschaft, die Ihre Schuldgefühle Ihnen senden. Wenn wir aufrichtig mit unserer Schuld umgehen, werden wir frei, die Veränderungen anzugehen, die wir in unserem Leben vornehmen sollten. Wir bringen unseren Alltag mit unseren Werten in Einklang und beginnen mit dem Werk der Vergebung, die uns befreit.

WER ICH BIN

Als ich dieses Buch zu schreiben begann, war mir noch nicht klar, dass es einen sehr traurig machen kann, wenn man sich mit dem Thema *Schuldgefühle* beschäftigt. Es kann Furcht und alle möglichen anderen negativen Emotionen zum Vorschein bringen.

Ich bin Lebensberaterin und arbeite auf der Grundlage der angewandten positiven Psychologie. Deshalb sind nicht negative, sondern positive Emotionen mein Lieblingsforschungsthema. Als ich tiefer in das Thema dieses Buches eintauchte, wurde mir klar, dass ich nicht wirklich darauf vorbereitet war. Ich fragte mich: *Was sind deine Absichten? Was kannst du aus deiner Perspektive heraus deinen Leserinnen anbieten, um ihnen auf einzigartige Weise wirkungsvoll zu helfen? Gibt es etwas ganz Besonderes in der positiven Psychologie und beim Coaching, das Menschen hilft, ihre Schuldgefühle zu überwinden?* Die Antworten auf diese Fragen fand ich sehr spannend. Sie weckten in mir den Wunsch, Ihnen zu helfen, damit Sie Ihre Freude und Ihre Freiheit zurückgewinnen.

Viele Bücher über Schuldgefühle sind eher niederdrückend. Vielleicht ist das der Grund, warum manche Menschen dieses Thema ganz und gar meiden, obwohl es ihnen die Freude raubt. Darum bemühe ich mich bei der Überwindung dieser Schuldgefühle bewusst um einen Weg, der aufbauend und ermutigend ist. Ich möchte Frauen dazu inspirieren, ein erfüllteres Leben zu führen. Bei einem erfüllten Leben geht es jedoch nicht nur darum, sich auf positive Emotionen zu konzentrieren, sondern auch darum, die negativen Emotionen zu verstehen, die unsere positiven blockieren. Es ist wichtig zu erkennen, dass negative Emotionen nicht an sich schon etwas Schlechtes sind. Sie können uns etwas lehren. Wir sollten also lernen, negative Emotionen nicht einfach beiseitezuschieben, sondern ihnen zu gestatten, dass sie Teil unseres Erfahrungsschatzes werden – nicht um sie zu vermeiden, sondern um richtig mit ihnen umzugehen und sie sogar in etwas Positives zu verwandeln.

Ich möchte Sie durch einen Prozess hindurchbegleiten, der Ihnen hilft, Ihre Schuldgefühle loszulassen. Genauso wichtig ist jedoch, Ihnen die Dynamiken zu zeigen, die Ihnen das Loslassen einfacher machen.

WAS COACHING BEWIRKT

Coaching ist ein Prozess, der es uns ermöglicht, uns weiterzuentwickeln von dem, wie wir sind, hin zu dem, wie wir sein wollen. Er hilft uns dabei, mit den Hindernissen, Ängsten und Chancen umzugehen, die uns dabei begegnen. Ich bin seit 2002 Lebensberaterin. Im Jahr 2009 habe ich das *Coaching and Positive Psychology (CaPP) Institute* gegründet, das seitdem Führungspersonal aus ganz Amerika sowie aus fünfzehn Ländern auf allen Kontinenten geschult hat. Ich bin überzeugt, dass Coaching wirkt. Es hat in meinem Leben gewirkt und ich habe beobachtet, wie es das Leben anderer Menschen verändert hat – wie es ihnen Klarheit über ihre Visionen und Werte, Ziele und Chancen vermittelte. Es verhilft ihnen zu Lösungen für die Dilemmas, in denen sie sich befinden, und gibt ihnen das Selbstvertrauen, das zu tun, wovon sie geträumt haben.

Ein gutes Coaching kann zu einem nachhaltigen Durchbruch verhelfen. Für dieses Buch habe ich einen Prozess entwickelt, wie wir unsere Schuldgefühle loslassen können: *Coaching durch Schreiben.* Ich habe diesen Prozess bei mir selbst angewendet und auch, um meinen Klienten und den Frauen, deren Geschichten ich Ihnen auf den folgenden Seiten erzählen werde, zu einem Durchbruch zu verhelfen. Diese Durchbrüche gaben ihnen die Kraft, endlich die Schuldgefühle loszulassen, mit denen sie sich schon seit Jahren, manche sogar seit Jahrzehnten, herumplagten. Ebenso wichtig aber ist: Das Loslassen der Schuldgefühle veränderte auch die Art, wie sie zukünftig Entscheidungen trafen, wie sie kommunizierten und ihren Alltag gestalteten.

Natürlich geschieht dies hier in Buchform und so möchte ich Sie einladen, sich selbst zu coachen, indem Sie die Fragen beantworten, die ich Ihnen jeweils zu Beginn der folgenden Kapitel stelle. Ich schlage vor, dass Sie für Ihre Antworten eine Art Tagebuch führen. Benutzen Sie dafür ein Notizbuch, Ihren Computer oder eine App auf Ihrem Smartphone. Unsere Gedanken aufzuschreiben, ist sehr viel wirksamer, als diese nur still in unserem Kopf zu sortieren. Oft denken wir über so vieles gleichzeitig nach, dass uns dabei manches verloren geht. Und das, was wir verlieren, könnte ja gerade ein wichtiges Puzzleteil sein. Wenn wir es nicht festhalten, verlieren wir ausgerechnet das, was uns hilft, alles andere richtig einzuordnen. So verführerisch es also ist, nur zu lesen und nachzudenken, möchte ich Sie dennoch ermutigen, Ihre Gedanken darüber hinaus auch zu notieren, damit Sie wirklich die Antworten bekommen, die Sie brauchen.

Im Lauf der Jahre, in denen ich diese Techniken anwandte, um meinen Klienten zu helfen, einen Durchbruch zu erzielen und ihre Schuldgefühle loszulassen, habe ich die Reihenfolge, in der ich diese Fragen stelle, immer wieder verändert. Ich habe nämlich festgestellt, dass es sich hier nicht um einen starren Prozess handelt, sondern um etwas Fließendes. Achten Sie also auf die Antworten, die Ihnen keine Ruhe lassen, und beschäftigen Sie sich tiefer mit den Gründen dafür. An solchen Stellen werden Sie besondere Aha-Erlebnisse haben und Erkenntnisse gewinnen, die Ihnen wirklich weiterhelfen.

Wenn Sie bereit sind, frei von falschen Schuldgefühlen zu werden und Veränderungen vorzunehmen, die Ihr Leben und Ihre Beziehungen verwandeln können, dann sind Sie hier genau richtig. Ich freue mich, Sie als Ihr Coach begleiten zu dürfen. Ich möchte Sie nur darum bitten, ehrlich zu sein, wenn ich Sie mit Fragen konfrontiere, die Ihre Perspektive zurechtrücken, Ihnen einen klaren Blick und Mut schenken und Sie mit einem Aktionsplan ausrüsten sollen.

Wenn ich Menschen durch diesen Prozess begleite, bekomme ich fast wortwörtlich immer wieder dieselbe Reaktion: »Ich habe das Gefühl, als sei mir eine Last von den Schultern genommen worden. Ich fühle mich so viel leichter.«

Schuldgefühle lasten schwer auf uns. Sie ziehen uns herunter. Aber so muss es nicht sein. Es ist an der Zeit loszulassen. Gestatten Sie mir, Ihr Coach zu sein. Fangen wir an!

Kapitel eins

Was bereitet Ihnen Schuldgefühle?

Schuldgefühle überwinden, indem wir sie benennen

- Welche drei Aussagen kennzeichnen unsere Schuld-gefühle?
- Haben Sie echte oder falsche Schuldgefühle?
- Was steht auf Ihrer Schuldgefühl-Liste?

Gerade hatte ich einen Vortrag vor dreitausend weiblichen Führungskräften von Hunderten großer Firmen auf der ganzen Welt beendet und fühlte mich beschwingt, als ich die Bühne verließ. Ich hatte darüber gesprochen, dass erfolgreiche Frauen anders denken – eines meiner Kernthemen. Allerdings hatte mich der Veranstalter gebeten, auch einen Fachvortrag zu einem Thema zu halten, das für mich nicht so typisch war: »Work-Life-Balance für berufstätige Eltern«.

Zwar hatte ich schon manches über Zeitmanagement und Überbelastung geschrieben, aber ich betrachtete mich nicht als Expertin in Sachen Erziehung oder Vereinbarkeit von Beruf und Familie. Ich war erst mit vierzig Mutter geworden und musste selbst noch meinen Weg finden, wie ich Bücher schreiben, zu Vorträgen reisen und ein Unternehmen führen konnte, während ich kleine Kinder zu Hause hatte. Es war nicht einfach. Also entschloss ich mich, bei meinem Vortrag zu diesem Thema völlig transparent zu sein.

»Wie Sie wissen, bin ich Lebensberaterin«, begann ich. »Folglich werde ich Ihnen ein paar sehr wichtige Fragen stellen. Ich möchte Ihnen helfen, Antworten zu finden, damit Sie die Anforderungen Ihres Berufes und Ihres Privatlebens miteinander in Einklang bringen können. Aber ich will ehrlich zu Ihnen sein«, fügte ich fast entschuldigend hinzu. »Selbst wenn es mir gelingt, meine eigenen Antworten im Alltag umzusetzen, spüre ich immer noch einen unterschwelligen Konflikt: *Schuldgefühle.* Geht es Ihnen vielleicht ähnlich?«

Die Reaktion stellte sich sofort ein: Seufzen, Augenverdrehen, nickende Köpfe. Als die Frauen sich umsahen und die allgemeine Reaktion beobachteten, flogen viele Hände in die Luft. Ich hatte einen Nerv getroffen und sie wollten darüber reden. Alle Frauen, die ich aufrief, brachten ihre Schuldgefühle zur Sprache. Und das Nicken und Seufzen der anderen im Raum bestätigten, dass sie damit nicht allein waren. Die Frauen steckten in unterschiedlichen Dilemmas, aber die Schuldgefühle waren die gleichen.

»Jeden Monat verreise ich beruflich eine Woche lang«, sagte eine junge Mutter. »Dann muss ich meine neun Monate alte Tochter zu Hause lassen. Mein Mann kümmert sich sehr gut um sie und am Anfang war ich mit unserem Arrangement auch zufrieden. Aber die ständigen Fragen und Kommentare anderer Frauen nagen an mir – diese kleinen passiv-aggressiven Bemerkungen wie: ›Ich weiß gar nicht, wie du das schaffst, so oft weg zu sein. Ich könnte das nicht.‹ Bei der Arbeit behalte ich meine Schuldgefühle für mich, weil ich fürchte, mir damit den Weg zur Beförderung zu verbauen.«

»Ich fühle mich schuldig, weil ich mich nicht intensiver um meine Eltern kümmern kann«, gestand eine andere Frau, die beschämt und erschöpft zugleich klang. »Sie leben fast zweihundertfünfzig Kilometer entfernt. Sie werden älter und ich sollte sie eigentlich öfter besuchen, aber ich bin viel zu eingespannt. Welche Tochter ist zu beschäftigt, um ihre alten Eltern zu besuchen?«

»Ich war die Erste in unserer Familie, die studieren konnte, also fühle ich mich manchmal wegen meines Erfolges schuldig«, meinte eine Frau Anfang dreißig. »Wenn jemand in meiner Familie ein Problem hat, vor allem finanzieller Art, dann kommt er zu mir. Und weil ich selbst keine Kinder habe, meinen alle, ich könnte die ganze Zeit helfen. Ich fühle mich schuldig, weil die anderen es nicht leicht haben, aber wenn ich mich sozusagen immer freikaufe, dann werde ich meine eigenen Ziele nie erreichen.«

»Ich fühle mich schuldig, weil ich meine Kinder nicht darauf vorbereitet habe, ›flügge‹ zu werden«, sagte eine etwa fünfzigjährige Managerin mit einem wehmütigen Lächeln. Sie bezog sich auf ihre zwei erwachsenen Kinder, die immer noch zu Hause lebten. »Ich habe zu viel für sie getan. Ich glaube, ich fühlte mich schuldig ihnen gegenüber, weil sie bei einer alleinerziehenden Mutter aufwachsen mussten, also schonte ich sie. Ich selbst bin ehrgeizig und verantwortungsvoll, aber irgendwie habe ich das nicht so an meine Kinder weitergegeben, wie es nötig gewesen wäre.«

Während diese Frauen ihre jeweilige Geschichte erzählten, nickten die anderen verständnisvoll. Auch ich selbst hatte mit Schuldgefühlen zu kämpfen. Lange bevor ich die typischen Gewissensbisse einer Mutter hatte, wurden meine Schuldgefühle durch alles erdenkliche andere ausgelöst. Die Liste war lang: Ich fühlte mich schuldig als Coach. Als Chefin. Weil ich geschieden war. Weil ich zu oft zögerte. Weil ich irgendetwas hätte besser machen können. Weil ich zu viel Geld ausgab. Wegen meines Ehrgeizes.

Ich habe einen Beruf gewählt, in dem mein Leben quasi das Labor für meine Arbeit ist. Ich redete mir ein, dass ich, wenn ich andere beriet und Bücher schrieb, selbst keine Probleme haben dürfte. Denn ich war ja diejenige, die anderen half, ihre Probleme zu überwinden. Ob es um Unordnung, mangelnden Mut, Beziehungsfragen oder Geld ging – von mir wurde erwartet, auf alles eine Antwort zu haben. Das bedeutete, dass ich mir selbst gegenüber nicht sehr barmherzig war und mir keine menschlichen Schwächen zugestand.

Diese Art von Schuldgefühlen kommt nicht nur bei Lebensberatern und Psychologen vor. Wir kennen das von der Pflegekraft, die sich selbst ungesund ernährt, vom Buchhalter, der mit seinen eigenen Finanzen nicht klarkommt, oder der nicht berufstätigen Mutter, die immer das Gefühl hat, in ihrer Rolle nicht perfekt zu sein. Wir neigen dazu, uns Selbstvorwürfe zu machen, wenn wir unseren Idealen nicht entsprechen.

Schuldgefühle rauben uns unsere Rechte. Als Lebensberaterin redete ich mir ein, ich hätte nicht das Recht, keine Antworten zu haben. Ich meinte auch, kein Recht auf Ehrgeiz zu besitzen. Manchmal fühlte ich mich schuldig wegen meiner hochgesteckten Ziele. Zwar hatte ich schon den Eindruck, dass meine Ziele sinnvoll waren. Aber manchmal gab es Tage, an denen sich Zweifel einschlichen, und ich mich fragte, ob meine Ziele nicht egoistisch seien. Als die Zuhörerinnen meines Vortrages mir ihre Liste an Schuldgefühlen vortrugen, nickte ich folglich wie alle anderen auch.

Erst an diesem Tag, in jenem Raum, erkannte ich, dass andere Frauen anscheinend ähnlich starke Gefühle hegten und dass wir es mit einem breiten Feld von *Schuld-Dilemmas,* wie ich sie nenne, zu tun haben – Situationen in unserem Leben, die Schuldgefühle bei uns auslösen. Um herauszufinden, ob das Feedback bei jenem Workshop nur eine Ausnahme war, begann ich das Thema *Schuld* auch bei anderen Vorträgen, bei Beratungsgesprächen und alltäglichen Unterhaltungen anzusprechen. Und tatsächlich war die Reaktion jedes Mal, wenn ich Schuldgefühle erwähnte, ein tiefes Seufzen.

Nun wollte ich noch weitere Perspektiven mit einbeziehen und so befragte ich über fünfhundert Frauen zu diesem Thema. Was genau war es, das bei ihnen Schuldgefühle auslöste? Hier die Antworten in Auszügen:

- Die Leute halten mich für erfolgreich, weil ich einen Beruf mit einem guten Einkommen habe. Ich aber komme mir wie eine komplette Versagerin vor, weil ich alles, was mich glücklich macht, aufgegeben habe, um ein »sicheres« Leben zu haben. Jetzt, mit vierzig, wünschte ich, ich hätte den Mut, mich von meinem Glauben inspirieren zu lassen und die einfache, aber einzigartige Vision umzusetzen, die Gott mir anvertraut hat. Es tut mir weh, wenn andere mich zu meinem »Erfolg« beglückwünschen, weil ich nicht den Eindruck habe, dass ich den Einen zufriedenstelle, der mir am meisten bedeutet – Gott.

- Ich habe Schuldgefühle, weil ich meine Projekte und meine Schul- und Hochschulausbildung erfolgreich beendet habe und nicht wieder nach Hause zurückgekehrt bin. Ich habe ein Haus gekauft und alles alleine geschafft und jetzt fühle ich mich schuldig, weil ich es so gut habe und meine Familie nicht.

- Meine Schuldgefühle führen dazu, dass ich sehr viel tue. Sie halten mich zwar nicht von anderen Leuten oder von meinen Aufgaben ab, aber von mir selbst. ... Ich ruhe mich nicht aus, entspanne mich nicht, treibe keinen Sport. Stattdessen gebe ich anderen immer noch mehr von mir selbst, meiner Zeit, meiner Arbeit, meinen Kapazitäten. Ich bin kompetent und sehe immer mehr Not und immer mehr Möglichkeiten zu helfen, also strenge ich mich noch mehr an.

- Ich bin aufgrund einer Autoimmunerkrankung, die eine schwere körperliche Schwäche verursacht, seit mehreren Jahren stark eingeschränkt. Manchmal ist es so schlimm, dass mein Mann mich die Treppen hochtragen und mir bei allen täglichen Verrichtungen helfen muss. Mein Mann ist jünger als ich und so fühle ich mich manchmal schuldig, weil ich ihm und unserem Sohn zur Last falle.

- Erst als ich an Ihrer Umfrage teilnahm, erkannte ich, bei wie vielen Themen mich Schuldgefühle plagten! Vielleicht sollte ich einmal mit Abstand überlegen, ob das die Dinge sind, die mir im Weg stehen, und lernen loszulassen.

Tatsächlich zeigte die Umfrage, dass es eine Menge Dinge gibt, die bei uns Schuldgefühle verursachen können, zum Beispiel:

1. das Maß unserer sportlichen Betätigung (65 Prozent der Befragten)
2. in der Vergangenheit getroffene Entscheidungen (64 Prozent)

3. Essgewohnheiten (62 Prozent)
4. Umgang mit Finanzen (59 Prozent)
5. religiöse Rituale (nicht genug beten, vertrauen, lesen oder meditieren) (48 Prozent)
6. mangelnde Selbstfürsorge (48 Prozent)
7. mangelnde Produktivität (48 Prozent)
8. Erziehungsfragen (42 Prozent)
9. nicht erfüllte Erwartungen (41 Prozent)
10. Beruf (37 Prozent)

DREI WAHRHEITEN ÜBER DAS WESEN VON SCHULDGEFÜHLEN

Die Bedeutung von Schuldgefühlen lässt sich mit drei Aussagen beschreiben. Wenn Sie sich auf diese besinnen, sooft Sie sich schuldig fühlen, werden Sie besser verstehen, was hier emotional vor sich geht und wie Sie das Problem angehen sollten. Zunächst aber genügt es, wenn Sie sich die drei Aussagen anschauen und einprägen:

Schuldgefühle sind eine Botschaft.
Schuldgefühle sind eine Bringschuld.
Schuldgefühle sind eine Chance.

Ich werde Ihnen die drei Sätze gleich näher erläutern, doch als Erstes sollten Sie diese einmal laut aussprechen: *Schuldgefühle sind eine Botschaft. Schuldgefühle sind eine Bringschuld. Schuldgefühle sind eine Chance.*

1. SCHULDGEFÜHLE SIND EINE BOTSCHAFT.

Schuldgefühle sind eine Information. Unser Gewissen versucht uns mitzuteilen, dass wir:

1. einen Schaden verursacht oder etwas Unrechtes getan haben oder

2. uns *einreden,* wir hätten einen Schaden verursacht oder et-was Unrechtes getan, *obwohl das nicht der Fall ist.*

Unsere Aufgabe besteht also darin, die Botschaft der Schuldge-fühle korrekt zu deuten, damit wir den nächsten richtigen Schritt unternehmen und angemessen mit diesen Gefühlen umgehen können. Wichtig ist hierbei: Wenn wir die Botschaft falsch verste-hen, werden wir auf eine ungesunde und kontraproduktive Weise darauf reagieren.

2. Schuldgefühle sind eine Bringschuld.

Schuldgefühle bedeuten, dass wir jemandem etwas schuldig sind. So wie ein Angeklagter, der für schuldig befunden wurde, eine Strafe verdient hat, sagen unsere Schuldgefühle uns, dass unser Handeln oder Nichthandeln eine Konsequenz nach sich zieht. Jemand muss entschädigt werden. Wir müssen etwas aufgeben – unsere Rechte, unsere Freiheit, unser Geld, unsere Stimme. Das bedeutet, dass wir das Gute nicht verdienen, das wir genießen könnten, wenn wir nicht schuldig wären.

Halten wir also fest: Die Schuldgefühle kosten uns etwas und diese Kosten können die Entscheidungen beeinflussen, die wir treffen, wenn wir uns schuldig fühlen.

3. Schuldgefühle sind eine Chance.

Was aber am hilfreichsten ist: Schuldgefühle bieten uns die Chance, etwas zu verändern oder zu akzeptieren. Es liegt also an uns, wofür wir uns entscheiden. Statt uns von unseren Schuld-gefühlen zu Selbstvorwürfen oder zu bestimmten Entscheidun-gen verleiten zu lassen, sollten wir unsere Reaktion ganz bewusst wählen. Erforschen wir also unsere Schuldgefühle und nutzen sie als Chance, um

- unsere Werte und Erwartungen zu überprüfen,
- zu vergeben oder uns vergeben zu lassen,

- unsere Grenzen abzustecken oder sie zu festigen,
- tiefe Gespräche zu führen,
- geistlich zu wachsen und unseren Glauben zu stärken,
- mutiger und authentischer zu werden.

Wenn wir unsere Schuldgefühle als eine Chance betrachten, dann kann uns das Hoffnung schenken. Hoffnung gibt uns neue Energie. Sie verändert unsere Perspektive. Sie hilft uns, neue Ziele zu setzen und zu überlegen, wie unser Leben aussehen könnte. Sie gibt uns die Kraft zu erkennen, dass uns alles zum Besten dienen muss und unser Schmerz einen Sinn hat.

Wir haben die Wahl, wie wir auf unsere Schuldgefühle reagieren wollen.

Halten wir also fest: Wir haben die Wahl, wie wir auf unsere Schuldgefühle reagieren wollen.

WAS SIND SCHULDGEFÜHLE?

Schuldgefühle wollen uns vermitteln, dass wir etwas falsch gemacht haben, etwas Unmoralisches getan oder auf irgendeine Weise Schaden verursacht haben. Dabei handelt es sich nicht nur um eine Emotion, sondern um etwas, was man auch körperlich spürt. Wir empfinden Schuld, indem unser Herz schneller schlägt und die Gedanken an die Konsequenzen uns im Kopf herumwirbeln. Wir merken, wie sich uns der Magen umdreht, völlig aufgewühlt vor Reue über das, was wir getan oder unterlassen haben. Unsere Schultern verspannen sich bei dem Gedanken, uns mit der Person unterhalten zu müssen, die uns die Schuldgefühle aufbürdet.

Das *Merriam-Webster's Dictionary* führt in seiner Definition von Schuld zwei interessante Unterscheidungen an:

1. Schuld ist der Zustand einer Person, die ein Gesetz übertreten hat, vor allem, wenn dies bewusst geschah.
2. Schuld ist das Gefühl, Tadel verdient zu haben, insbesondere für vermeintliche Übertretungen oder aufgrund eines Gefühls der Unzulänglichkeit.[1]

Wir empfinden also Schuld, wenn wir etwas Falsches getan oder ein Gesetz übertreten haben. Bei diesem Gesetz kann es sich um vorher festgelegte, allgemeingültige Regeln handeln – tatsächliche Gesetze oder Erwartungen innerhalb einer Familie, Gesellschaft, Institution oder einer anderen gesellschaftlichen Einrichtung. Dann ist da noch die Schuld, die wir spüren, wenn wir eigentlich gar kein Gesetz übertreten haben. Dieses Gefühl ist noch subjektiver und gründet sich auf individuelle Werte, Stärken und Erwartungen.

Im Wesentlichen kann man sagen: *Schuld ist alles, wofür man meint, sich entschuldigen zu müssen, selbst wenn dies eigentlich gar nicht nötig wäre.* Das gilt besonders für von außen auferlegte Schuldgefühle. (Wie man diese überwindet, damit werden wir uns später in einem eigenen Kapitel beschäftigen.)

SCHULD ALS SPIRITUELLES KONZEPT

Im Alten Testament bedeutet das hebräische Wort *ascham* sowohl »Schuld« als auch »Schuldopfer«.[2] Es weist darauf hin, dass es bei Schuld nicht um eine bestimmte Handlung geht, sondern um ein Beziehungskonzept. Schuld wirkt sich auf die Beziehung zwischen zwei Parteien aus. Während eine individuelle Sünde als Akt des persönlichen Versagens gesehen wird, bezeichnet Schuld eine Art Verschuldung, die dadurch entsteht, dass eine Beziehung durch sündhaftes Verhalten zerbricht. Weil meine Sünde bei einem anderen Menschen einen Schaden verursacht hat, gibt es einen Bruch in der Beziehung und die Schuld lastet so lange auf mir, bis ich den Bruch repariert habe, sofern dies möglich ist. Der Fokus liegt hier also auf der Vorstellung, verschuldet zu sein: Wer etwas Falsches getan hat, muss für dieses Unrecht bezahlen. *Ascham* – das Wort, das sowohl für die Schuld selbst verwendet wird als auch für das Opfer, das zur Wiedergutmachung dargebracht wird – spiegelt diese Auffassung wider. Wer schuldig ist, ist verschuldet.

Allerdings weisen Theologen darauf hin, dass eine Entsprechung für das Wort *ascham* im Neuen Testament gar nicht auftaucht.[3] Der Gedanke der Wiedergutmachung und des Verschuldetseins ist jedoch weiterhin vorhanden. Allerdings sollen wir, wenn jemand uns gegenüber gesündigt oder einen Schaden verursacht hat, loslassen. Vergeben. Ebenso vergibt Gott uns, wenn wir schuldig geworden sind. In der Einheitsübersetzung 2016 wird »Schuld« im Vaterunser sogar mit »Schulden« übersetzt: »Und erlass uns unsere Schulden, wie auch wir sie unseren Schuldnern erlassen haben« (Matthäus 6,12). Ich erinnere mich noch, wie ich als kleines Kind das Vaterunser lernte. Im Englischen stand für »Schuld« der Begriff »trespasses« (»Übertretungen«). Ich fragte meine Großmutter, was dieses große Wort bedeutete. Es hörte sich wichtig an. Ich war noch zu klein, um zu verstehen, welchen tiefen Sinn diese Worte hatten und wie sie meinen Glauben von vielen anderen Religionen unterschieden. Vergebung ist im christlichen Glauben ein zentrales Thema. Im Neuen Testament wird die Schuld direkt überwunden durch das ein für alle Mal gültige Opfer eines sündlosen Retters. Seither besteht die große Schwierigkeit darin, uns alle an Bord zu holen und uns davon zu überzeugen, dass uns vergeben wurde – dass das immer noch schwelende Gefühl der Schuld eine selbst auferlegte Last ist.

Wie sind Sie erzogen worden? Was haben Sie als Kind über Schuld gelernt? Welche geistlichen Botschaften haben Sie gehört und inwiefern haben diese Ihre Schuldgefühle beeinflusst? Unsere Erfahrungen mit Glauben und Schuld in unserer Kindheit und Jugend können sich auch heute noch auf unsere Überzeugungen auswirken, zum Guten und zum Schlechten.

Ich bin katholisch erzogen worden. Ich werde nie vergessen, wie viele Sorgen ich mir machte, als ich anfing, zur Beichte zu gehen. Mit acht Jahren war ich gefirmt worden und sollte von nun an regelmäßig dem Priester all das sagen, was ich falsch gemacht hatte, damit er ein Gebet für mich sprechen konnte und Gott mir vergab. Aber das hörte sich für mich erschreckend an. Wie um alles in der Welt sollte ich mich an all meine Sünden erinnern? Musste ich eine Liste führen? Was würde passieren, wenn ich etwas vergaß? Das brachte mich in echte Nöte, obwohl meine »Grundschulalter-Sünden« sich lediglich auf Dinge beschränkten wie die, dass ich die Hausaufgaben nicht gemacht hatte oder beim Abendessen ein paar der unge-liebten gekochten Okraschoten in meiner Serviette hatte ver-schwinden lassen.

Ich ging mit meinen Sorgen zu meiner Mutter. »Was passiert, wenn ich dem Priester nicht alles erzähle?«, fragte ich sie. »Wenn ich nur drei Sünden auf meiner Liste habe, in Wirklichkeit sind es aber fünf? Was ist dann? Ist Gott dann sehr böse auf mich?« Meine Mutter hatte keine Antwort darauf, weil sie in Wahrheit nicht glaubte, dass ich einen Priester brauchte, um mir die Sün-den vergeben zu lassen, statt direkt mit Gott zu sprechen. Aber das sagte sie mir damals nicht. Also schrieb ich meine Sünden pflichtbewusst auf und hoffte, dass mir meine Schuld alle paar Wochen vergeben würde.

Je nachdem, welche Botschaften wir als Kinder oder junge Erwachsene gehört haben, wirken sich unsere Schuldgefühle stärker psychologisch aus. Wir tragen die Last unseres Schuldbe-wusstseins, weil wir den Regeln und Erwartungen unserer Glau-bensgemeinschaft nicht gerecht geworden sind.

SCHULD BEDEUTET: »DU BIST ETWAS SCHULDIG«

Unterschwellig bestimmt ein Thema ständig unser Verhalten, was den Umgang mit Schuldgefühlen betrifft: dass wir jeman-dem etwas schuldig sind. Da Schuld bedeutet, »verschuldet« zu sein, zwingt sie uns, dafür irgendein Opfer zu bringen. Ob es sich dabei um eine einfache Entschuldigung handelt oder um die Ver-pflichtung, etwas Bestimmtes zu tun, das wir eigentlich nicht tun wollen, oder um die Bereitschaft, ein Verhalten zu rechtfertigen, das wir normalerweise nicht rechtfertigen würden – die Hand-lungen, die wir ausführen, wenn wir uns schuldig fühlen, sind unser Opfer. Wenn Sie mit dem Begriff »Opfer« nichts anfangen können, dann vielleicht mit den folgenden Beschreibungen, die etwas Ähnliches zum Ausdruck bringen:

- Überkompensierung
- sich zu etwas verpflichtet fühlen
- ein normalerweise unentschuldbares Verhalten oder ent-

sprechende Einstellungen und Beziehungsdynamiken akzeptieren

- ein Problem wiedergutmachen, das wir unserer Meinung nach verursacht haben
- eine unfaire Behandlung einstecken, weil wir meinen, sie verdient zu haben und akzeptieren zu müssen
- selbst zu viel Verantwortung übernehmen und zugleich anderen gestatten, zu wenig Verantwortung zu übernehmen

Wenn unsere Schuldgefühle nicht berechtigt sind – weil wir in Wirklichkeit gar nichts falsch gemacht haben, sondern nur meinen, dass es so ist –, dann fühlen wir uns trotzdem verpflichtet, das Ganze irgendwie wiedergutzumachen. Das kann sich tagtäglich auf unsere Entscheidungen, Worte und Taten auswirken.

»Ich bin der anderen Person etwas schuldig« kann sich auch äußern als ein »Ich habe das Gute nicht verdient«, »Ich gehöre nicht dazu« und »Ich habe nicht genug getan«. Und weil wir diese Sätze wie einen Refrain wiederholen, beginnen weitere Probleme aufzutauchen: Perfektionismus, Unsicherheit, Furcht und Vergleichsdenken. Das ist am Anfang nicht leicht zu erkennen, aber unsere Schuldgefühle sind oft der erste Dominostein in einer ganzen Reihe emotional schädlicher Verhaltensweisen. Und deshalb sollten wir uns auf den Weg machen, diese loszulassen.

AUF DER ANKLAGEBANK

Wenn wir Schuld im traditionellsten Sinn des Wortes betrachten, dann denken wir vielleicht an einen Gerichtssaal, in dem eine Person für ein Verbrechen angeklagt wird. Beweise werden vorgelegt. Die Verteidigung kommt zu Wort. Ein Urteil wird gesprochen. Wenn der Angeklagte für schuldig befunden wurde, wird eine Strafe verhängt.

Unsere Kultur hat verschiedene Vorstellungen davon, welche Rolle Frauen zukommt, wie sie diese ausfüllen sollten und zu wessen Gunsten. Viele dieser Meinungen sind in familiären Traditionen und der Religion verwurzelt, manche stammen aus der

Frauenbewegung und aus Bildern, die von den Medien vermittelt werden; andere wiederum haben mit unserem persönlichen Umfeld, unserem Beruf oder unserer Gemeinde zu tun. Es ist schwierig, sich nicht von den Rollenmodellen und Erwartungen unserer Umgebung bestimmen zu lassen.

Wir Frauen stellen uns oft unbewusst selbst vor Gericht. Wie lautet die Anklage? Es sind übertriebene Vorwürfe, weil selbst auferlegte Erwartungen nicht erfüllt wurden. Und wenn wir für schuldig befunden wurden, werden wir zu einer Strafe verurteilt – oftmals eine selbst auferlegte, manchmal eine nicht genau definierte.

Als Kim sich durch ihre berufliche Belastung und weitere Verpflichtungen, die sie übernommen hatte, überfordert fühlte, behielt sie ihren Stress für sich – aus einem Schuldgefühl heraus. Das waren die Anklagepunkte, die sie sich selbst vorhielt:

- Als Psychologin lebte sie selbst nicht das, was sie anderen predigte. *Schuldig.*
- Wenn ihre Klienten sie völlig niedergeschlagen aufsuchten, erwarteten sie jemanden, der selbst nicht so niedergedrückt war. Folglich war sie eine Heuchlerin. *Schuldig.*
- Ihr Beruf bestand darin, anderen zu helfen, damit sie glücklicher wurden. Sie selbst aber fühlte sich nicht glücklich, wenn sie es doch sein sollte. *Schuldig.*

Und die Strafe?

- Sie machte sich Selbstvorwürfe.
- Sie gestattete sich keine Pause, bis sie alle ihre Verpflichtungen erfüllt hatte.
- Sie war nicht fähig, andere Bereiche ihres Lebens zu genießen, solange sie ihr Berufsleben nicht in Ordnung gebracht hatte.
- Sie wies alle Komplimente zurück oder redete sie klein.

Als Karis Ehe endete, nachdem ihr Mann durch eine Abhängigkeit sein Leben verpfuscht hatte, einschließlich seines gut bezahlten Jobs, stellte sie sich selbst vor Gericht. Das waren ihre Anklagepunkte:

- Sie hatte einen schlechten Ehemann gewählt. *Schuldig.*
- Sie fand keinen neuen Vater für ihre Kinder. *Schuldig.*
- Sie hatte ihre Kinder verletzt, weil sie aufgrund ihrer falschen Entscheidung nun ohne Vater aufwachsen mussten. *Schuldig.*

Und die Strafe?

- Sie machte in ihrem anspruchsvollen Job viele Überstunden, um so viel Geld wie möglich zu verdienen, damit sie den Schaden, den sie verursacht hatte, kompensieren konnte.
- Sie versagte sich das Recht, glücklich zu sein. Nach den schlechten Entscheidungen, die sie getroffen hatte, verdiente sie kein Glück.
- Sie heiratete erneut, jedoch nur der Kinder wegen, nicht aus Liebe.

Terrie verbrachte das dritte Jahrzehnt ihres Lebens damit, ihr Studium zu absolvieren und ihre Karriere aufzubauen. Sie liebte ihre Arbeit und übte sie begeistert aus, als sie ihren zukünftigen Mann kennenlernte. Was er besonders an ihr mochte, waren unter anderem ihre Unabhängigkeit und die Leidenschaft, mit der sie ihre Ziele verfolgte. Doch obwohl Terrie nie darüber sprach, betrachtete sie die Ehe und das Muttersein als eine Einschränkung. Sobald sie verheiratet war, klagte sie sich selbst innerlich immer wieder an. Wie lauteten die Vorwürfe?

- Sie hielt ihr Haus nicht sauber genug. *Schuldig.*
- Sie sehnte sich danach, auch ihre beruflichen Ziele zu erreichen, nicht nur die familiären. *Schuldig.*
- Sie tat etwas für sich selbst, um ihre Frische und Energie zurückzugewinnen. *Schuldig.*

Und die Strafe?

- Sie arbeitete ständig im Haushalt, putzte, kochte und kümmerte sich um die Kinder, vor allem, wenn ihr Mann nach der Arbeit nach Hause kam.
- Sie unterdrückte ihre beruflichen Ambitionen.
- Sie sorgte nicht mehr für sich selbst, weil sie meinte, das sei egoistisch.

Über viele Jahre waren die Rollen der Frau klar und eng definiert. Doch vor allem in den letzten fünfzig Jahren wurden diese Rollen auf vielfältige Weise infrage gestellt und verändert. Wir haben uns Rollen angeeignet, die mit vergangenen Traditionen nicht übereinstimmen, und so lassen widersprüchliche Meinungen und Botschaften viel Raum für Zweifel. Viele Frauen kennen das Gefühl, dass sie die Dinge anders handhaben als ihre Mütter oder andere einflussreiche Frauen in ihrer Familie. Und selbst wenn sie die volle Unterstützung der früheren Generationen haben, kann das Bewusstsein, sich anders entschieden zu haben, zu einer Selbstbeurteilung und Selbsteinschätzung führen, die Schuldgefühle hervorrufen: *Vielleicht liege ich ja falsch. Vielleicht war es besser, wie sie es damals gemacht haben.*

Schauen wir uns einmal an, was Terrie mir über ihre eigene Mutter erzählte, als sie Ehe und Muttersein als »Einschränkung« beschrieb:

»Meine Mutter sagte immer: ›Ich habe keine Freunde. Ich verbringe mein Leben mit meinen Kindern.‹ Wir waren neun und ich war die Jüngste. Selbst heute sagt meine Mutter noch: ›Ich blieb zu Hause und kümmerte mich um meine Kinder.‹ Sie ist stolz darauf. Und es schwingt darin die Ermahnung mit, dass ihre Töchter es genauso machen sollten.«

Terrie meint, es käme ihr manchmal so vor, als würde ihre Mutter das immer wieder betonen, um sich selbst zu trösten, weil sie so viel aufgegeben hat. »Sie ist jetzt achtzig und hat nicht viele Freunde. Ich glaube, sie hätte ganz gern ein paar Hobbys gehabt, aber sie tat es nicht. So will ich das für mich nicht und auch nicht für meine Töchter.«

Terrie gab zu, dass sie sich oft selbst anklagt. Vielleicht ist das die Stimme ihrer Mutter. Oder das Echo dessen, was sie in ihrer Gemeinde gehört hat. Doch selbst wenn andere uns nicht vor Gericht stellen, klagen wir uns oft selbst an. Wie es scheint, tun Männer das keineswegs – zumindest nicht so oft wie Frauen.

ECHTE UND FALSCHE SCHULDGEFÜHLE

Was mich dazu bewogen hat, dieses Buch zu schreiben, sind nicht die Schuldgefühle, die sich einstellen, wenn wir tatsächlich etwas falsch gemacht haben. Es ist vielmehr das tiefe Seufzen, das ich jedes Mal zu hören bekomme, wenn ich mit Frauen über das Thema *Schuld* spreche. Dieses Seufzen hat mit »falscher Schuld« zu tun, mit dem *Gefühl* der Schuld, obwohl man eigentlich gar nichts Unrechtes getan hat.

Damit soll nicht gesagt sein, dass wir nicht manchmal Dinge tun, die wir wirklich wiedergutmachen sollten. Das ist völlig klar. Allerdings setzen wir unglaublich viel geistige und emotionale Energie ein, uns für ganz alltägliche Verhaltensweisen schuldig zu fühlen – für echte und legitime Entscheidungen im familiären und beruflichen Bereich; für die Zeit, die wir uns für uns selbst nehmen; für das Verfehlen gesellschaftlicher Maßstäbe im Blick auf die weibliche Perfektion; für die Rolle, die wir aus der Sicht anderer in unseren Beziehungen einnehmen sollten. Dies alles führt zu falschen Schuldgefühlen. Der Druck aber, der dadurch entsteht, ist real und ebenso die zermürbenden Schuldgefühle.

Wenn ich also in diesem Buch den Begriff *Schuldgefühle* benutze, dann meine ich damit ganz einfach das Gefühl, etwas falsch gemacht zu haben. Ich verwende das Wort *Gefühl* bewusst, denn, wie wir bereits gesehen haben, kann man sich schuldig fühlen, ohne tatsächlich schuldig zu sein. Und offen gesagt kann man auch schuldig sein, ohne sich schuldig zu fühlen. Sich schuldig zu fühlen, ohne schuldig zu sein, führt zu Selbstsabotage und dysfunktionalen Beziehungen. Es erzeugt eine unterschwel-

> Sich schuldig zu fühlen, ohne schuldig zu sein, führt zu Selbstsabotage und dysfunktionalen Beziehungen.

lige Furcht, die in uns das Gefühl verursacht, wir müssten es besser wissen, besser machen und besser sein. Es führt dazu, dass wir uns selbst Vorwürfe machen, weil wir es einfach nicht richtig hinbekommen, was auch immer »richtig« ist. Diese Art von Schuldgefühlen nenne ich *falsche Schuldgefühle*. Wenn in diesem Buch also von Schuldgefühlen die Rede ist, dann sind damit in der Regel falsche Schuldgefühle gemeint, es sei denn, ich bezeichne sie ausdrücklich als echte Schuldgefühle.

Echte Schuldgefühle sind real. Wir empfinden sie, wenn wir etwas Unrechtes getan oder Schaden verursacht haben. Wir werden uns in diesem Buch zwar auch mit Schuldgefühlen beschäftigen für Dinge, die wir tatsächlich verkehrt gemacht haben, und wir werden überlegen, was wir in solchen Fällen tun können. Jedoch wird es in diesem Buch meistens um falsche Schuldgefühle gehen, um das nagende Gefühl, dass wir irgendwie besser sein sollten. Der springende Punkt ist hier das verräterische Wort *sollten* – es weist uns darauf hin, dass wir einen Maßstab verfehlt haben und das irgendwie wiedergutmachen müssen.

Echte Schuld ist aber weniger ein Gefühl als ein Fakt. Wir haben unser Kind wütend angeschrien. Wir haben vergessen, unsere Schwester an ihrem Geburtstag anzurufen. Wir haben ein berufliches Projekt vermasselt. Es mag sein, dass wir in diesem Zusammenhang auch falsche Schuld*gefühle* haben, aber es steht hier nicht zur Debatte, ob wir schuldig sind oder nicht. Wir sind es. Es ist eben passiert. Und die richtige Reaktion ist, dafür geradezustehen und das zu tun, was wir können, um den Schaden wiedergutzumachen und zu verhindern, dass es noch einmal passiert. Doch selbst in solchen Fällen, in denen wir tatsächlich etwas falsch gemacht haben, sollten wir das Ganze irgendwann hinter uns lassen, nachdem wir für unsere Schuld Verantwortung übernommen haben und mit Gott und nach Möglichkeit mit Menschen wieder ins Reine gekommen sind.

Falsche Schuldgefühle dagegen kommen dauernd im Alltag vor. Es ist das ständige »Tut mir leid«, selbst wenn es nichts zu entschuldigen gibt. Kürzlich beobachtete ich eine junge Frau, die im engen Gang eines Flugzeugs zu ihrem Platz gelangen wollte. Sie sagte zu fast allen Leuten, an denen sie vorüberging, »Entschuldigung«. Zweihundert Leute mit übergroßem Gepäck versuchten ihren Platz zu erreichen, aber sie war die Einzige im ganzen Flugzeug, die sich permanent entschuldigte. Wofür eigentlich? Weil sie Raum einnahm, vermute ich. Wenn wir uns entschuldigen, sagen wir damit unbewusst, dass wir ein Problem oder Schaden verursacht haben, also sollten wir uns jedes Mal, wenn wir uns »Entschuldigung« sagen hören, fragen: *Welches Problem habe ich hier eigentlich verursacht?* Wenn es keines gibt, dann wäre vielleicht etwas anderes als »Entschuldigung« angebracht.

WIE FALSCHE SCHULDGEFÜHLE AUSSEHEN

Ich habe bereits mehrere Beispiele von Frauen erwähnt, deren falsche Schuldgefühle erhebliche Konsequenzen nach sich zogen. In jedem dieser Fälle war der immer wiederkehrende Selbstvorwurf »Ich bin etwas schuldig« laut und deutlich zu hören, selbst wenn diese Frauen ihn nicht bewusst äußerten. Ein weiteres Beispiel in diesem Zusammenhang ist Nicole. Sie kam zu mir in die Beratung, während sie sich von den Folgen ihrer Scheidung erholte. Zu ihrem Heilungsprozess gehörte es, ihre Schritte zurückzuverfolgen, um besser verstehen zu können, warum ihre Ehe gescheitert war. Zunächst fiel es ihr schwer, es einzugestehen, aber sie hatte schon vor und nach ihrer Verlobung Zweifel an dieser Beziehung gehabt. Doch sie hatte beschlossen, ihr Unbehagen zu ignorieren und trotzdem zu heiraten. Im Grunde genommen war sie mit ihrem Mann sogar zweimal verlobt gewesen. Das erste Mal lag ein paar Jahre zurück. Damals nahm sie die Warnsignale ernst und löste die Verlobung auf. Ihr Freund war am Boden zerstört, erzählte mir Nicole. Er wollte ihre Entscheidung nicht akzeptieren und dieser Prozess zog sich über mehrere Monate hin, in denen Nicole ihm auf vielfältige Weise klarmachen musste, dass sie keine gemeinsame Zukunft für sie beide sehen konnte. Sie entschuldigte sich. Sie kam sich schrecklich vor. Er flehte sie an, ihren Entschluss zu überdenken, und fragte, was er tun könne, um sie umzustimmen. Sie zog keine klare Grenze, sondern ließ ihn aufgrund ihrer Schuldgefühle mit seinen ständigen Anfragen gewähren, statt zu dem zu stehen, was sie ihm bereits gesagt hatte. Folglich gab es ein monatelanges

Hin und Her mit mehreren Gesprächen, bis sie das Ganze endlich beendete. Doch danach hatte sie ein furchtbar schlechtes Gewissen. Sie und ihr Freund hatten sich verlobt, obwohl sie sich erst ein paar Monate gekannt hatten. Es war alles viel zu schnell gegangen. Sie fühlte sich noch zu jung zum Heiraten, aber er schien ihre Sichtweise nicht wirklich zu verstehen und war durch die Trennung anscheinend tief verletzt. Nicole aber hatte weder ihn noch sonst jemanden jemals absichtlich verletzt. Sie wusste, dass sie zu ihrer Entscheidung stehen musste.

Ihre Mutter setzte Nicole zu mit Bemerkungen, die ihre Schuldgefühle weiter verstärkten, praktisch jedes Mal, wenn sie auf die aufgelöste Verlobung zu sprechen kamen: »Der arme Junge. Du hast ihm wirklich das Herz gebrochen«, sagte sie eher scherzhaft, aber Nicole wusste, dass ein wenig Ernst in diesen Bemerkungen mitschwang. Sie hatte ihm tatsächlich das Herz gebrochen, auch wenn es nicht ihre Absicht gewesen war.

Ein paar Jahre später trat ihr ehemaliger Verlobter ein zweites Mal in ihr Leben. Nicole war gerade an dem Punkt angekommen, wo sie zu zweifeln begann, ob sie jemals die Liebe ihres Lebens finden würde. Sie war mittlerweile dreißig und keine ihrer Beziehungen war in eine Ehe gemündet. Ihrer Vorstellung nach hätte sie inzwischen verheiratet sein müssen. Das entscheidende Wörtchen lautet hier: *müssen*. Nicole machte sich Vorwürfe, weil »der Richtige« noch nicht gekommen war. Sie begann den Bemerkungen Glauben zu schenken, die von Bekannten und Familienangehörigen kamen: Sie sei zu wählerisch und mehr an ihrem Beruf interessiert als an der Liebe. Die Kommentare blieben hängen. Nicole hatte zwar hohe Ansprüche, aber sie hatte das Gefühl, dass dies auch nötig war, wenn sie mit jemandem den Rest ihres Lebens verbringen sollte. Sie liebte ihren Beruf und war gut darin, jedoch wirkte sich dies nicht negativ auf ihr Privatleben aus. Die Kommentare der anderen aber begannen Wirkung bei ihr zu zeigen und sie ertappte sich dabei, wie sie diese im Gespräch mit ihren Freundinnen wiederholte: »Vielleicht bin ich ja zu wählerisch. Vielleicht sind meine Erwartungen einfach nicht realistisch. Vielleicht sollte ich beruflich ein bisschen kürzertreten. Ich glaube zwar nicht, dass ich zu viel über meinen Beruf rede, aber vielleicht ja doch …« Der immer wiederkehrende Selbstvorwurf »Ich bin ungenügend« fand ein Echo in ihren Gedanken.

Immer noch hatte Nicole Zweifel, ob ihr früherer Verlobter der Richtige für sie war, aber Menschen ändern sich mit der Zeit und so hoffte sie, dass sie beide sich in die richtige Richtung verändert hatten. *Es muss ja einen Grund geben, warum wir uns nach all der Zeit wiederbegegnet sind,* dachte sie. Also beschloss sie, ihrem Ex-Freund eine zweite Chance zu geben. Damit war sie in der Falle ihrer Schuldgefühle gelandet.

In dem Heilungsprozess nach ihrer Scheidung blickte Nicole auf die Schritte zurück, die zu ihrer Ehe geführt hatten. Sie stellte fest, dass sie an einem wichtigen Punkt eine Entscheidung getroffen hatte, die ganz und gar durch ihre Schuldgefühle bestimmt war. Immer noch hatte sie sich wegen der Jahre zurückliegenden Trennung schuldig gefühlt und gespürt, dass ihr früherer Verlobter immer noch verletzt war. Und so hatte sie sozusagen einen Pakt mit sich selbst geschlossen.

»Wir hatten uns zum Abendessen verabredet«, erinnerte sich Nicole. »Es war ungefähr das dritte Mal, dass wir miteinander ausgingen, nachdem wir uns wiederbegegnet waren. Ich hatte immer noch ein schlechtes Gewissen, weil ich ihm so viel Schmerz bereitet hatte, als ich damals die Verlobung auflöste. All die Jahre später zögerte ich, mich mit ihm zu treffen, weil ich fürchtete, ihm noch einmal das Herz zu brechen. Und wenn ich fair sein wollte, dann war ich es ihm schuldig, seine Hoffnungen nicht wieder zu wecken. Beim Essen unterhielten wir uns über unsere Beziehung und ob wir es noch einmal gemeinsam versuchen sollten. Ich erklärte mich bereit, eine Freundschaft mit ihm einzugehen. Aber innerlich wusste ich, dass ich damit nicht nur einer Freundschaft zustimmte, sondern einer Hochzeit. Da sich seine Gefühle für mich in all den Jahren nicht verändert hatten, war mir klar, dass die Freundschaft in einen weiteren Heiratsantrag münden würde. Also hatte ich den Eindruck, ich würde ihn betrügen, wenn ich nur mit ihm befreundet sein wollte, aber den unvermeidlichen Heiratsantrag ablehnen würde. Meine Schuldgefühle redeten mir ein, ich sei ihm eine Beziehung schuldig, die frei vom Risiko einer erneuten Trennung wäre.«

Nicole war überrascht, als ihr das alles klar wurde. Es war eine stillschweigende Übereinkunft, die sie mit sich selbst geschlossen hatte, als sie sich für eine erneute Freundschaft mit ihrem früheren Verlobten entschied: *Du bist ihm etwas schuldig, weil du ihm das Herz gebrochen hast. Du darfst das nicht noch einmal tun.*

Doch Nicole erkannte noch mehr, als sie einen ehrlichen Blick in ihre Vergangenheit warf: Sie war eine Beziehung mit jemandem eingegangen, der ihre Schuldgefühle noch verstärkte und diese ausnutzte, um sie zu manipulieren. Ihre Ehe war von psychischer Gewalt geprägt, und auch wenn sie das vorher nicht erkannt hatte, war es bereits von Anfang an so gewesen. Nicole nahm ihren Mann in Schutz, wie sie es sonst bei keinem Menschen tat. Sie hatte Mitleid mit ihm, weil er sie immer wieder daran erinnerte, dass ihre Kindheit einfacher gewesen sei als seine. Das wurde für ihn zur Ausrede für seine narzisstischen Wutanfälle, seine emotionalen Ausbrüche und seine ständige harte Kritik. Und all dies hatte damit begonnen, dass Nicole sich den Gedanken zu eigen gemacht hatte, sie sei diesem Mann etwas schuldig, statt sich selbst zu vergeben, dass sie sich zu schnell verlobt hatte. Sie hätte barmherziger zu sich selbst sein müssen und aus ihren Fehlern lernen können. Wenn ihr das gelungen wäre, dann hätte sie nicht das Gefühl gehabt, jemandem etwas schuldig zu sein, und hätte sich nicht auf eine Ehe eingelassen, gegen die sie bereits zuvor Bedenken gehabt hatte.

WENN AUS »ICH BIN JEMANDEM ETWAS SCHULDIG« EIN »ICH VERDIENE DAS NICHT« WIRD

Sherris Variante von »Ich bin jemandem etwas schuldig« lautete: »Ich verdiene das nicht.« Sie sprach ihren Chef nicht auf eine Gehaltserhöhung an, obwohl sie seit drei Jahren keine mehr bekommen hatte. Sie liebte ihren Job. Die Firma war klein, aber sie gestattete ihren Angestellten großzügige Vergünstigungen, zum Beispiel komplett flexible Arbeitszeiten. Doch Sherris Verantwortung war deutlich gestiegen, während ihr Gehalt gleich geblieben war. Anscheinend hatte sie das Gefühl, ihrer Firma etwas schuldig zu sein, weil diese ihr so gute Aufstiegsmöglichkeiten geboten hatte. Sie hatte eine flexible Arbeitszeit und eine Menge

Geld auf dem Bankkonto – mehr als je zuvor. Sie hatte auch hart gearbeitet, an Fortbildungen teilgenommen und Fähigkeiten erworben, die ihr ermöglicht hatten, mehr zu verdienen. Dennoch schrieb sie diese Errungenschaften nicht automatisch sich selbst zu. Sie meinte, nicht unbedingt ein höheres Gehalt zu verdienen, nur weil sie mehr Verantwortung übernommen hatte.

Ich weiß zwar, dass andere, die ähnliche Leistungen erbringen wie ich, mehr verdienen, dachte sie. *Trotzdem bekomme ich immer noch mehr als die meisten in meiner Familie, also käme ich mir habgierig vor, wenn ich nach einer Gehaltserhöhung fragen würde. Außerdem habe ich einen netten Chef, mit dem ich gut klarkomme. Es ist wirklich eine tolle Firma.* Folglich schwieg Sherri. Sie gab sich mit weniger zufrieden, als sie verdient hätte.

Der innere Selbstvorwurf »Ich bin jemandem etwas schuldig« als Reaktion auf unsere Schuldgefühle kann sich auf unser Verhalten auswirken und zu Konsequenzen führen, die uns in ungesunde oder unausgewogene Situationen bringen. Manchmal dauert es Jahre, um dies zu überwinden. Nicole verbrachte Jahre in einer gescheiterten Ehe. Sherri verzichtete im Lauf der Jahre auf Tausende von Dollars – Geld, das sie für ihre Familie gebraucht hätte, um Schulden abzutragen, eine Notreserve aufzubauen oder anderen Menschen zu helfen.

»ICH SOLLTE ES BESSER WISSEN/BESSER MACHEN/ BESSER SEIN« (ODER »ICH GENÜGE DEN MASSSTÄBEN NICHT«)

Ich würde Sie gerne mitnehmen, hinein in einen frühen Morgen vor nicht allzu langer Zeit, bevor ich beschloss, mir nicht mehr so viele Selbstvorwürfe zu machen und meine Freude wieder zurückzugewinnen. Vielleicht hatten Sie auch schon einmal so einen Tag.

Und so fing er an: Ich schlafe tief und träume von irgendetwas, an das ich mich in ein paar Minuten nicht mehr werde erinnern können. Im Traum muss ich wohl draußen im Freien sein, denn ich höre ein sanftes Vogelzwitschern und Blätterrauschen. Es hört sich so an, als hätte der Vogel ein paar Freunde. Nein, halt – eine ganze Familie. Und das Gezwitscher wird immer lauter und …

Mist! Es ist mein Wecker.

Ich habe diesen sanften Wald-Sound eingestellt, weil ich es hasse, mit einem plötzlichen grässlichen Piepen oder lauter Musik aus dem Schlaf gerissen zu werden. Ein Naturklang soll es also sein. Und an diesem Morgen sind die Vögel sogar in meinen Traum gelangt. Nun ja, ich bin so halb wach. Wach genug, um zu wissen, dass es Zeit ist aufzustehen. Wach genug, um mich ungern daran zu erinnern, dass ich heute Morgen einen ehrgeizigen Work-out geplant habe.

Aber ich bin noch nicht bereit dazu. Also führe ich im Halbschlaf innerlich eine Diskussion mit mir selbst.

Heute Morgen will ich eigentlich früh aufstehen, um Sport zu machen, bevor die anderen wach sind. Es ist immer noch stockdunkel draußen. Es wird ein Superstart in den Tag werden, wenn ich mich jetzt hinsetze, die Beine aus dem Bett schwinge und …

Ich hole tief Luft und seufze. Es ist ein schuldbewusstes Seufzen, denn ich weiß genau, was ich als Nächstes tun werde. Ich ziehe meine Hand unter der Bettdecke hervor und taste nach dem Wecker. Ich weiß, dass ich das nicht tun sollte, aber ich drücke trotzdem die Schlummertaste. Dann werde ich von negativen Emotionen überflutet, die sich wie eine Extraschicht auf meine ansonsten kuschelige Bettdecke legen.

Mein Tag ist erst ein paar Sekunden alt und schon habe ich Schuldgefühle.

Aber das ist nur der Anfang. Ich lasse meinen Work-out sausen. *Schuldig.*

Meine Mutter ruft an. Als ich abnehme, sagt sie: »Oh, ich dachte, du bist schon auf der Arbeit.« Sie hat recht. Das dachte ich auch, aber ich bin zu spät dran! *Schuldig.*

Ich schaue auf das Datum, das mein Handy anzeigt. Oh nein. Gestern hatte meine beste Freundin aus der Highschool Geburtstag und ich habe vergessen, sie anzurufen. *Schuldig.*

Später, unterwegs im Auto, muss ich an einer roten Ampel anhalten und kann dem Drang nicht widerstehen, mein Smartphone in die Hand zu nehmen und meine neuesten Posts zu checken. *Schuldig.*

Am Arbeitsplatz öffne ich eine E-Mail vom Lehrer meines Sohnes. Ich habe vergessen, die Erlaubnis für einen Klassenausflug zu unterschreiben, und der Ausflug findet heute statt. *Schuldig.*

Ich sehe die Werbung eines Unternehmens, das ähnlich ist wie meines. Sie haben etwas Neues herausgebracht. Statt fasziniert zu sein, habe ich sofort das Gefühl, nicht genug für mein eigenes Unternehmen zu tun. *Schuldig.*

Sie haben sicher verstanden, worauf ich hinauswill. Diese Schuldgefühle stellten sich so automatisch ein, dass sie mir gar nicht so richtig bewusst waren. Ich hatte einfach nur den Eindruck, meinen Maßstäben nicht gerecht zu werden, und meinte, es besser machen zu können, wenn ich mich zusammenriss. Es war eine typische Geschichte, die ich mir oft selbst erzählte, bis ich mir über meine Gedanken im Klaren wurde und sie zu verändern begann. Schuldgefühle beruhen nicht immer darauf, dass wir uns einer anderen Person gegenüber zu etwas verpflichtet fühlen. Oft ist es eher der Eindruck, unseren eigenen Erwartungen nicht gerecht zu werden. Dazu gehören auch die Erwartungen, die Gott vermeintlich uns gegenüber hat.

ECHTES SCHULDBEWUSSTSEIN IST EIN GEISTLICHER WEGWEISER; FALSCHE SCHULDGEFÜHLE SIND EIN GEISTLICHER UMWEG

Aus geistlicher Sicht sind falsche Schuldgefühle noch nicht einmal »unsere« Schuld. Sie sind eine Waffe des Feindes, um uns die Freude zu stehlen, uns bis auf den Grund unseres Wesens zu verurteilen und selbst unsere Träume zu zerstören. Das mag sich dramatisch anhören und das ist es auch. Denn die Mission des Feindes besteht ja darin zu töten, zu stehlen und zu zerstören (Johannes 10,10). Und genau das machen die verlogenen, falschen Schuldgefühle mit uns. Anders als das echte Schuldbewusstsein sind falsche Schuldgefühle eben nur Gefühle und keine Fakten. Eine verurteilende Stimme flüstert uns ins Ohr: »Du bist ungenügend. Du tust nicht genug. Du bekommst es nie richtig hin. Du solltest dich schämen. *Du musst dafür bezahlen.*«

Aber selbst *wenn* wir einen Fehler gemacht oder ein Unrecht begangen haben, verändert das echte Schuldbewusstsein nichts, wenn es uns nicht dazu bringt, anders zu handeln. Unser falsches Verhalten einzusehen und den aufrichten Entschluss zu fassen, uns zu ändern, das ist es, worum es Gott geht. Der Feind weiß: Wenn wir in unserer Schuld verharren, verschwenden wir kostbare Zeit. Wenn wir glauben, dass wir aufgrund unserer Schuld Gottes Liebe nicht verdienen, hat der Feind gewonnen. Dann werden wir nämlich durch unsere Erfahrungen nicht klüger und verwandeln unseren Schmerz nicht in etwas Sinnvolles. Stattdessen betrachten wir die Schuld als Beweis dafür, dass unser Leben gar keinen Sinn hat.

DIE FÜNF DENKMUSTER DER FALSCHEN SCHULDGEFÜHLE

Die gute Nachricht lautet: Die kognitive Verhaltensforschung hat gezeigt, dass wir durch eine Veränderung unserer Gedanken unsere Emotionen verändern können.[4] Das gilt für unsere Schuldgefühle genauso wie für alle anderen Emotionen. Wenn wir also erkannt haben, dass wir unser Handeln als für andere schädlich interpretieren, obwohl es gar nicht so ist, können wir unser Denken neu ordnen und uns eine angemessenere Sichtweise für die jeweilige Situation aneignen. Indem wir unsere Gedanken verändern, verändern wir auch unsere Gefühle – wir hören auf, uns schuldig zu fühlen, und fangen sogar an, Freude zu empfinden. Wie das genau geht, werden wir in den nächsten Kapiteln besprechen. Zunächst aber möchte ich Sie auf die Gedanken aufmerksam machen, die zu Schuldgefühlen führen.

Indem wir unsere Gedanken verändern, verändern wir auch unsere Gefühle – wir hören auf, uns schuldig zu fühlen, und fangen sogar an, Freude zu empfinden.

Um uns schuldig zu fühlen, müssen wir einen Gedanken haben, der diese Gefühle hervorruft. Dieser Gedanke ist eine Interpretation von Ereignissen. Er ist eine Anspielung, eine Anschuldigung und letztendlich eine Schlussfolgerung, die wir aus dem Dilemma ziehen, in dem wir uns befinden. Ich habe ein paar der Denkmuster identifiziert, die Schuldgefühle bei uns auslösen. Es kann sein, dass Sie manche Gedanken anders formulieren würden, doch meistens fallen diese unter eines der fünf folgenden Denkmuster:

Denkmuster 1: »Ich habe etwas falsch gemacht.«
Schuldgefühle werden in der Regel dadurch ausgelöst, dass wir meinen, etwas Falsches getan zu haben. Was wir unter »falsch« verstehen, wird durch unsere persönlichen Werte bestimmt. Werte sind das, was wir für wichtig und sinnvoll halten. Diese Werte werden aus unterschiedlichen Quellen gespeist – aus unserer Erziehung, unserem Glauben und unserer Kultur, um nur ein paar zu nennen. Was wir als falsch ansehen, sieht jemand, der andere Werte hat, anders. Und was andere als falsch betrachten, ist es in unseren Augen möglicherweise nicht. Auf gesellschaftlicher Ebene wird die Auffassung von »falsch« durch Gesetze und Normen von Institutionen oder Organisationen geprägt. Ganz gleich, ob wir persönlich etwas für falsch halten oder nicht – wir werden für schuldig befunden, weil die größere Einheit falsch und richtig definiert hat. Andere können zwar feststellen, dass wir etwas falsch gemacht haben, aber wenn unsere Werte nicht mit den ihren übereinstimmen, fühlen wir uns nicht schuldig.

Denkmuster 2: »Ich glaube, dass ich einer Person oder einer Sache geschadet habe.«
Unser Verhalten als schädlich zu betrachten, obwohl es das nicht ist, verursacht Schuldgefühle. Dieses Denkmuster hat mit unseren Beziehungen zu tun. Wir fühlen uns schlecht, nicht nur weil wir etwas Falsches getan haben, sondern auch weil wir dadurch bei einer anderen Person einen Schmerz oder ein Problem verursacht haben. Die Konsequenzen spüren andere, nicht nur wir.

Denkmuster 3: »Ich habe nicht genug getan.«
Wenn wir denken, dass wir nicht genug getan haben, fühlen wir uns schuldig. Das kann sich auf Situationen beziehen, in denen wir meinen, jemandem helfen zu müssen, wie zum Beispiel einem erkrankten Angehörigen, einer unglücklichen Kollegin oder vielleicht unserem eigenen Kind. Es kann auch mit Erwartungen

zu tun haben, die wir an uns selbst stellen: wie hart wir arbeiten und wie viel Energie wir in ein Projekt oder eine Aufgabe investieren sollten. Diese Gedanken beruhen auf unserer Beurteilung, wie viel tatsächlich genug ist. Während die eine Person meint, genug getan zu haben, kann es sein, dass jemand anderes, der mehr getan hat, immer noch meint, er habe nicht genug getan.

Denkmuster 4: »Ich habe mehr als jemand anderes.«
Schuldgefühle aufgrund des eigenen Glücks beruhen auf dem Gedanken, dass andere leiden müssen, während es uns selbst gut geht. Es ist der unterschwellige Gedanke, wir hätten vielleicht einen unfairen Vorteil oder hätten etwas Gutes empfangen, das wir eigentlich nicht verdient haben, oder die anderen müssten leiden, obwohl sie es nicht verdient haben. Diese Gedanken können sich auch dann einstellen, wenn wir gute Entscheidungen getroffen haben, die unsere positive Situation herbeiführten, während andere schlechte Entscheidungen trafen, die sie in eine schwierige Situation brachten. Auch das Bewusstsein, dass göttliches Zutun für unser Wohlergehen eine Rolle gespielt haben könnte, kann den Gedanken fördern, dass es hier irgendwie ungerecht zuging, dass wir nur Glück gehabt hätten und mehr bekamen, als wir verdient hatten, während andere weniger bekamen. Warum sollten wir denn all diesen Segen erhalten und die anderen nicht?

Denkmuster 5: »Ich habe zwar nichts getan, aber ich hätte es gern getan.«
Wir denken darüber nach, etwas zu tun, das nicht gut ist. Wir haben es zwar nicht wirklich getan, aber allein die Tatsache, dass wir es in unseren Tagträumen tun wollten oder es in Erwägung zogen, kann Schuldgefühle bei uns verursachen. Vielleicht war es nicht einmal ein bewusster Akt. Wir haben davon geträumt, dass wir etwas wollten oder taten, das gegen unsere Werte verstößt, und als wir aufwachten, fiel es uns wieder ein. Dieses Denkmuster kann sich auch dann einstellen, wenn wir etwas Gutes tun wollten, es dann aber nicht konsequent weiterverfolgt haben. Wir fühlen uns schuldig, weil wir unsere guten Vorsätze nicht verwirklicht haben.

WENN SCHULDGEFÜHLE UNSERE
ENTSCHEIDUNGEN BEEINFLUSSEN

Als ich endlich beschloss, falsche Schuldgefühle loszulassen, lernte ich: Es ist oft schwerer, die Schuldgefühle selbst unter Kontrolle zu bekommen als die Entscheidungen, die wir aufgrund dieser Gefühle treffen. Ich erkannte, dass ich lernen musste, meine Gefühle von meinen Handlungen zu trennen.

Auf unserem Lebensweg können wir nicht immer beeinflussen, ob die oben genannten Denkmuster sich irgendwann einstellen. Manchmal kommt ein Gedanke wie aus dem Nichts und will bei uns mitfahren. Allerdings liegt es an uns, ob wir ihm gestatten, sich auf den Fahrersitz zu setzen und unsere künftigen Entscheidungen zu beeinflussen.

Indem wir uns unsere Schuldgefühle bewusst machen, können wir sie ebenso bewusst entwaffnen. Wir sollten sie nicht ignorieren, sondern sie mutig ansprechen: *Ich sehe dich, aber ich habe mich entschlossen, dir nicht zuzuhören. Du triffst keine Entscheidungen für mich. Ich werde aktiv daran arbeiten, dich loszuwerden. Und selbst wenn mir das nicht gelingen sollte, weiß ich, dass ich dir nicht die Entscheidungshoheit überlassen werde.*

DIE SCHULDGEFÜHLE BENENNEN

Unsere Emotionen zu benennen, kann ein äußerst wichtiger Schritt sein, um sie unter Kontrolle zu bekommen. Das haben Forschungen gezeigt.[5] Sobald wir einem Gefühl, das in uns aufsteigt, einen Namen geben, entsteht innerhalb von Sekunden eine Distanz zwischen der Emotion und unserer Reaktion darauf.[6] Das ist besonders wichtig, wenn wir es mit einer negativen Emotion wie Schuld zu tun haben, denn wir haben die Neigung, auf dieser Emotion aufbauend reagieren zu wollen.

Denken Sie an eine bestimmte Situation, in der Sie eine Entscheidung aufgrund Ihrer Schuldgefühle getroffen haben. Und nun stellen Sie sich vor, Sie hätten nur fünf Sekunden überlegt, bevor die Entscheidung fiel. Sie hätten gesagt: »Das ist ein

Schuldgefühl« und hätten danach eine bewusste Pause eingelegt und einmal tief durchgeatmet.

Matthew Lieberman, Wissenschaftler an der *University of California* in Los Angeles, bezeichnet diesen Vorgang als »Affektbenennung«.[7] *Affekt* ist der psychologische Fachbegriff für einen emotionalen Zustand. Lieberman führte im Zuge seiner Forschungen funktionelle Magnetresonanztomografien durch, die zeigten, dass es im Gefühlszentrum des Gehirns, zu dem auch die Amygdala (der sogenannte »Mandelkern«) gehört, zu einer verminderten Aktivität kommt, wenn ein Mensch eine Emotion benennt. Die in der Amygdala ablaufenden Prozesse spielen eine zentrale Rolle bei der Steuerung unserer Emotionen und unseres Verhaltens. Besonders bekannt ist die Amygdala für ihre Rolle bei der Auslösung eines Wut- oder Fluchtverhaltens. Wenn wir Angst bekommen, wird dieses Gefühl in der Amygdala verarbeitet; sie hilft uns, in den Überlebensmodus zu wechseln. Schuldgefühle sind oft von Furcht begleitet – der Furcht vor negativen Konsequenzen, wie zum Beispiel Ablehnung, Vorwürfe und Missbilligung. Wenn wir unsere Schuldgefühle beim Namen nennen und dann innehalten, um sie uns bewusst zu machen und tief durchzuatmen, bekommen wir die Chance, diesen Prozess zu verlangsamen und unsere Gefühle anders zu verarbeiten. Auf diese Weise unterbrechen wir die automatische Wut- oder Fluchtreaktion.

Indem wir unsere Gefühle benennen, wird uns deren Anwesenheit bewusster und auch die Gefahr, dass sie unsere Reaktionen bestimmen könnten. Die Benennung erzeugt eine Unterbrechung, die uns die Gelegenheit gibt innezuhalten und im selben Moment wieder die Kontrolle über unser Denken zu übernehmen. Wir sagen zu uns selbst so etwas wie: *Gerade ist ein Schuldgefühl aufgetaucht und versucht die Kontrolle zu übernehmen. Jetzt erst mal Pause und tief durchatmen!*

Ich denke an jenen Morgen zurück, als mein Sohn mich fragte, ob er seine Cornflakes am Tisch essen dürfe. Was wäre wohl gewesen, wenn ich in den paar Sekunden zwischen seiner Frage und meiner Antwort bewusst auf meine Gedanken geachtet und mir gesagt hätte: »Das ist ein Schuldgefühl« und dann einmal tief durchgeatmet hätte, um eine bewusste Antwort zu finden, statt einfach nur zu reagieren? Reaktionen geschehen automatisch und sind oft durch Emotionen und Impulse gesteuert. Antworten dagegen sind etwas Bewusstes und Absichtliches.

Es ist ein einfacher Schritt, unsere Schuldgefühle bei den kleinen, alltäglichen Dingen zu benennen. Besonders wirksam ist dies jedoch, wenn es um Größeres geht. Stellen wir uns einmal vor, Nicole hätte ihre falschen Schuldgefühle wegen der Trennung von ihrem früheren Verlobten als solche benannt und hätte sich die Zeit genommen, ihre Vorbehalte gegen eine Ehe mit ihm gründlicher zu überdenken und sich die Entscheidung nicht aus der Hand nehmen zu lassen. Und stellen wir uns vor, Sherri hätte ihre falschen Schuldgefühle in Bezug auf eine Gehaltserhöhung klar benannt und sich durch sie nicht davon abhalten lassen, mit ihrem Chef zu sprechen. Doch was noch wichtiger ist: Stellen Sie sich vor, Sie würden Ihre falschen Schuldgefühle benennen, wenn diese das nächste Mal in einem Gespräch auftauchen, und Sie würden erst einmal nachdenken, bevor Sie reagieren. Was würden Sie dann anders machen?

Nehmen Sie sich nun einen Augenblick Zeit, um herauszufinden, auf welche Weise Schuldgefühle regelmäßig in Ihrem Leben auftauchen. Beginnen Sie eine *Schuldgefühl-Liste*. Diese gibt Ihnen die Gelegenheit, sich darüber im Klaren zu werden, welche Schuldgefühle Sie in Ihrem Leben am dringendsten bewältigen wollen – was Sie loslassen möchten, auch wenn Sie jetzt noch nicht wissen, wie.

Der nächste Schritt

Erstellen Sie Ihre Schuldgefühl-Liste

Wenn Sie mit Ihrer Liste beginnen, sollten Sie sich fragen, welche Schuldgefühle Sie dazu gebracht haben, dieses Buch gerade jetzt zu lesen. Denken Sie daran: Der Zweck Ihrer Schuldgefühl-Liste besteht nicht darin, für alles bereits jetzt eine Lösung zu finden. Versuchen Sie nur die problematischsten Dinge zu ermitteln, die Schuldgefühle bei Ihnen hervorrufen. Diese Bestandteile Ihrer Liste wollen wir *Auslöser* nennen.

Ja, ich weiß: Ihnen fallen jetzt gerade hundert Sachen ein, die Sie hier aufschreiben könnten. Da sind Sie nicht die Einzige. Doch fürs Erste bitte ich Sie, nur drei Dinge auszuwählen. Was verursacht bei Ihnen am meisten Schmerz und Furcht? Was stiehlt Ihnen am meisten den Frieden und die Freude? Damit sollten Sie beginnen. Und während wir unseren gemeinsamen Weg fortsetzen, möchte ich Ihnen das Wissen und das Werkzeug an die Hand geben, mit dem Sie Ihre Schuldgefühl-Liste bearbeiten und den Frieden finden können, nach dem Sie sich sehnen.

Meine Schuldgefühl-Liste

1. _____

2. _____

3. _____

Kapitel zwei

Die Schichten abtragen

Innere Monologe erkennen und neu schreiben

- Was ist die immer wiederkehrende Geschichte, der innere Monolog, mit der Sie sich das Dilemma Ihrer Schuldgefühle erklären?
- Wie können Sie den IGEL-Prozess (siehe unten) anwenden, um Ihre falschen Schuldgefühle loszulassen?
- Inwiefern verwenden Sie die »sechs E« (siehe unten), um echte Schuld zu bewältigen?

Wenn man Monica zuhört, könnte man meinen, ihre älteste Tochter Jana sei auf Abwege geraten. Doch in Wirklichkeit ist die einundzwanzigjährige Studentin, die einen Teilzeitjob hat und noch zu Hause wohnt, eine respektvolle Tochter und eine gute große Schwester für die jüngere, die kurz vor dem Teenageralter ist. »Ich habe das Gefühl, bei Jana versagt zu haben«, meinte Monica mir gegenüber mit einer Mischung aus Bedauern, Scham und Schuld in der Stimme. »Ich glaube, dass ich für sie keine so gute Mutter war, wie ich es hätte sein können. Beim zweiten Kind habe ich vieles besser gemacht, denn jetzt habe ich ja auch einen Mann und ein besseres Einkommen. Ich werde einfach das Gefühl nicht los, dass ich es bei Jana nicht richtig gemacht habe.«

Das war Monicas am tiefsten sitzendes Schuldgefühl. Es ging

ihr jeden Tag durch den Kopf, wenn sie mit ihren Töchtern zu tun hatte. »Wenn ich zum Beispiel meiner jüngeren Tochter Gabrielle bei den Hausaufgaben helfe, denke ich immer, dass ich mir für Jana mehr Zeit hätte nehmen sollen, als sie noch jünger war«, sagte Monica zu mir. »Es ist ein schreckliches Gefühl, weil ich es bei Gabrielle richtig mache und mir vorwerfe, für Jana nicht so viel getan zu haben, als sie in dem Alter war.«

Ich führte ein Beratungsgespräch mit Monica, um ihr zu helfen, die Schuldgefühle loszulassen, die sie seit Jahren belasteten. Während wir uns unterhielten, stellte ich zahlreiche Denkmuster bei ihr fest, die ihre Schuldgefühle kennzeichneten. Ich setzte es mir zum Ziel, ihr beim Erkennen und Überwinden dieser Denkmuster zu helfen. Nur so würde sie einen Durchbruch erleben. Und so kann es auch bei Ihnen sein.

COACHING ALS HILFE ZUR ÜBERWINDUNG FALSCHER SCHULDGEFÜHLE

Coaching ist ein wirksamer, sehr bewusst stattfindender Prozess, der es einem Menschen ermöglicht, sich weiterzuentwickeln und sich dem anzunähern, wie er sein möchte. Mit Monica führte ich Einzelgespräche, doch in diesem Kapitel möchte ich Ihnen beibringen, sich selbst zu coachen. Es soll Ihnen helfen, einmal innezuhalten und wahrzunehmen, wie Ihre Gedanken sich in vielen Schichten bewegen, die Schuldgefühle hervorrufen können. Indem Sie diese Schichten nach und nach ablösen, können Sie sich entscheiden, welche Gedanken Sie behalten und welche Sie loslassen wollen. Und sobald Sie die Schichten entfernen, die unwahr oder sogar zerstörerisch sind, werden Sie merken, wie die Last auf Ihren Schultern abnimmt und Sie stattdessen die Leichtigkeit des Friedens und der Freude spüren.

Ich habe einen Coaching-Prozess entwickelt, mit dem falsche Schuldgefühle ganz gezielt angegangen werden können. Diesen Prozess nenne ich IGEL, eine Abkürzung für die Schritte, die Sie gleich erlernen werden. Ich habe diese Methode sowohl bei meinen Klienten als auch bei mir selbst eingesetzt. Sie beruht auf den weiter oben erwähnten langjährigen wissenschaftlichen For-

schungen und hat mit der Verbindung zwischen unserem Denken, Fühlen und Handeln zu tun.

Zunächst sind drei grundlegende Elemente notwendig, damit
Sie sich selbst erfolgreich coachen können. Sie sind recht einfach,
aber man muss sie bewusst einsetzen. Erstens sollten Sie sich lange genug Zeit und Ruhe nehmen, um auf Ihre Gedanken achten
zu können. Zweitens müssen Sie sich die richtigen Fragen stellen, die wirklich bis zu den Schuldgefühlen vordringen, die Sie
umtreiben. Und drittens sollten Sie ehrliche Antworten auf diese
Fragen geben. Je nachdem, in welchem Schuldgefühl-Dilemma
Sie stecken, kann Furcht dazu führen, dass Sie die Wahrheit vermeiden, verleugnen oder umgehen. Tun Sie das nicht. »Durch
Gnade und Wahrheit wird Schuld gesühnt« wird uns in Sprüche
16,6 verheißen (Schlachter 2000). Lassen Sie also nicht zu, dass
die Furcht Sie aufhält. Wenden Sie sich stattdessen der Liebe und
Wahrheit zu.

Bevor wir tiefer in das Beratungsgespräch mit Monica eintau-
chen, wollen wir uns den Prozess genauer ansehen, mit dem wir
die Quelle unserer falschen Schuldgefühle entdecken.

DER IGEL-PROZESS

Bei jedem Schritt dieses Prozesses können Sie sich selbst coachen,
indem Sie sich eine sehr wirksame Frage stellen und das Fragen
fortsetzen, bis Sie eine klare Antwort erhalten haben, die sich für
Sie wahr anhört.

IDENTIFIZIEREN Sie den Auslöser.

Frage: *Was löst bei mir Schuldgefühle aus?*
Ihr Schuldauslöser ist das Szenarium, das dazu führt, dass Sie
sich schuldig fühlen, egal ob dies berechtigt ist oder nicht. Indem
Sie den Auslöser identifizieren, benennen Sie das Schuldgefühl,
und dies wiederum lässt Sie innehalten. Es weckt außerdem in
Ihnen das Bewusstsein, dass dieses bestimmte Szenarium bzw.
diese Situation das Potenzial hat, Sie zu Entscheidungen zu ver-
führen, mit denen Sie sich selbst sabotieren. Wenn dieser Auslöser also auftaucht, können Sie darauf vorbereitet sein mit dem

Wissen, dass Sie auf die Bremse treten und sich selbst coachen sollten, um Ihre Reaktion zu bestimmen, bevor das Schuldgefühl es tut.

GEHEN Sie Ihren Gedanken auf den Grund.

Frage: *Was sage ich mir selbst über diesen Schuldauslöser?*
Dieser Schritt wirft ein Licht auf unsere tiefsten Gedanken. Was sagen Sie zu sich selbst, wenn Sie an diesen Auslöser denken? Was immer es ist, es lässt jedenfalls unseren inneren Monolog entstehen – die Geschichte, die wir uns selbst bezüglich dieser Situation erzählen. Doch zunächst einmal müssen wir herausfinden, wie der Monolog lautet. Genau das geschieht bei diesem zweiten Schritt.

Wir alle führen in unseren Gedanken ständig Selbstgespräche. Einige davon sind hilfreich und befreiend, zum Beispiel: *Ich habe mein Bestes getan mit dem, was ich damals wusste und zur Verfügung hatte. Seither habe ich viel dazugelernt, also bin ich heute besser. Ich vergebe mir selbst für das, was ich nicht wusste, und freue mich darüber, dass ich heute weisere Entscheidungen treffen kann.* Manche Monologe sind jedoch verletzend und führen zu Schuldgefühlen: *Ich hätte es besser wissen und besser machen sollen. Es ist nicht fair, dass mein jüngeres Kind eine bessere Mutter hat als mein älteres Kind. Ich habe es betrogen!* Wenn wir unsere Gedanken über den Schuldauslöser ehrlich äußern, können wir diese näher betrachten und uns überlegen, ob sie angemessen, wahr und hilfreich sind. Ein innerer Monolog, der voller Lügen ist, muss neu geschrieben werden.

ERSETZEN Sie die Lüge durch Wahrheit.

Bei jedem unangemessenen Gedanken sollten Sie sich fragen: *Welcher Gedanke wäre für diese Situation angemessener?*
Dieser Schritt bietet Ihnen die Chance, Ihren inneren Monolog umzuschreiben, damit Sie eine neue, wahre Geschichte über die Situation verfassen können. Diese neuen Gedanken führen dazu, dass Sie klare und wirkungsvolle Entscheidungen treffen können, was Ihre nächsten Schritte betrifft. Statt aus Schuldgefühlen heraus zu handeln, bringen die neuen Gedanken Sie

dazu, aus einer Position des Glaubens, der Liebe und der Wahrheit zu reagieren.

LISTEN Sie Beweise auf.

Frage: *Welche Handlungen, Werte oder Beweise unterstützen die wahrheitsgemäßen Gedanken über diese Situation?*

Dieser letzte Schritt ist entscheidend, wenn Sie sich darauf verlassen möchten, dass Ihr neuer innerer Monolog der Wahrheit entspricht. Überprüfen Sie also die Gedanken, durch die Sie die Lügen ersetzt haben, und suchen Sie nach Beweisen dafür, dass diese Gedanken wahr und angemessen sind. Schreiben Sie auf, was Sie herausgefunden haben. *Meine älteste Tochter ist freundlich und gutherzig. Sie macht Fortschritte in ihrem Studium. Sie arbeitet fleißig und hat sogar noch einen Nebenjob. Sie ist ein gutes Vorbild für ihre jüngere Schwester und eine liebevolle Tochter. Anscheinend habe ich bei ihrer Erziehung vieles richtig gemacht.* Das mag sich nach Wiederholungen anhören, aber das Ganze erfüllt einen wichtigen Zweck. Die angeführten Beweise stützen Ihren neuen inneren Monolog – den Sie weiterhin üben und wiederholen müssen, damit es Ihnen gelingt, entsprechend zu leben.

Der Prozess des Coachings, mit dem wir die verschiedenen Schichten unserer Schuldgefühle abtragen, verläuft nicht immer linear. Wenn wir einen Durchbruch erzielen, ruft dies fast immer Emotionen hervor. Ob es sich dabei um Freude, Staunen oder Tränen der Erleichterung handelt – wichtig ist nur, dass wir ehrlich sind. Unsere Bereitschaft, uns selbst die Wahrheit über unsere Gedanken zu *sagen*, schafft eine Klarheit, die es uns am Ende ermöglicht, die Wahrheit zu *sehen* – ganz gleich, ob diese uns echte Schuld offenbart, die wir bearbeiten müssen, oder falsche Schuldgefühle, die wir loslassen sollten.

Der innere Monolog ist die Geschichte, die wir uns über die Ereignisse unseres Lebens erzählen. Es ist ein Gedankenstrom, den wir gewählt haben, um zu erklären, wie und warum sich unser Leben so entfaltet hat, wie es ist. Der innere Monolog beeinflusst unsere Gefühle und folglich auch die Entscheidungen, die wir in Bezug auf den weiteren Verlauf unserer Geschichte treffen. Wenn der innere Monolog uns sagt, wir seien schuldig, obwohl wir es nicht sind, dann versuchen wir uns möglicherweise selbst zu bestrafen, etwas wiedergutzumachen und empfinden vielleicht sogar tiefe Scham.

Die gute Nachricht aber ist, dass wir unseren inneren Monolog verändern können. Wir können die Entscheidung treffen, neue Gedanken zu denken, die eine wahre und befreiende Geschichte erzählen. Ich habe den IGEL-Prozess entworfen, damit Ihnen ein Werkzeug zur Verfügung steht, das Sie immer wieder einsetzen können, wenn Sie in Schuldgefühlen gefangen sind, vor allem in falschen Schuldgefühlen. Auf diese Weise dringen Sie zum Kern Ihrer Gedanken vor. Sich seine Gedanken bewusst zu machen, ist eine Fähigkeit, die uns widerstandsfähig macht. Sie ermöglicht es uns, unsere Reaktionen auf bestimmte Auslöser in unserem Leben zu verstehen.

Die gute Nachricht aber ist, dass wir unseren inneren Monolog verändern können. Wir können die Entscheidung treffen, neue Gedanken zu denken, die eine wahre und befreiende Geschichte erzählen.

MONICAS IGEL-COACHING

Monica und ich trafen uns zu einer speziellen Coaching-Sitzung, die ihr helfen sollte, die verschiedenen Schichten der Gedanken und Schuldgefühle abzutragen, die sie quälten. Weiter unten wird das Gesprächsprotokoll wiedergegeben. An ihm lässt sich sehen, dass Monica aufgrund meiner Fragen die Wahrheit erkennen und die Schuldgefühle loslassen konnte, die sie schon seit zwei Jahrzehnten belasteten. Als sie die verschiedenen Schichten sah, erkannte sie klar und deutlich, wie ihre Interpretation ihrer Situation falsche Schuldgefühle hervorrief, die sie nun endlich loslassen konnte. Sie wurde dadurch auch frei, die echte Schuld einzugestehen, die sie spürte, und ihrem jüngeren Ich zu vergeben. Auf diese Weise konnte sie freimütig zu jedem Aspekt ihrer Lebensgeschichte stehen, ohne sich dafür schämen zu müssen oder es peinlich zu finden. Zusammenfassend kann man sagen: Weil Monica sich die Zeit nahm, die verschiedenen Schichten ihrer Geschichte aufzudecken und den inneren Monolog, den sie geschaffen hatte, infrage zu stellen, konnte sie die Kontrolle über diesen Monolog übernehmen und ihn neu schreiben.

Monicas Auslöser geht auf ihre Zeit als Teenager zurück. Sie war siebzehn Jahre alt und besuchte die Highschool, hatte gute Noten, lernte viel und ging gern zur Schule. Doch dann wurde sie schwanger. Der Vater ihres Kindes war ihr Chef in der Firma, in der sie einen Nebenjob hatte. Er war acht Jahre älter als sie und nicht bereit, die Verantwortung für das Kind zu übernehmen. In den ersten paar Jahren versuchte Monica ihn immer wieder dazu zu bewegen, dass er eine Beziehung zu seiner Tochter Jana aufbaute. Aber er weigerte sich. Entschlossen, das Beste aus ihrer Situation zu machen, besuchte Monica ein College, arbeitete gleichzeitig ganztags und zog ihre Tochter allein groß. Es war sehr hart. Doch Monica wollte ihrer kleinen Tochter ein gutes Leben ermöglichen und war überzeugt, dass ein höherer Berufsabschluss sie dazu befähigen würde.

Doch all dies zu verwirklichen, forderte seinen Preis. Unterstützt wurde Monica von ihrer Familie, die sich um Jana kümmerte, während sie arbeitete oder zum College ging. Monica arbeitete bis fünf Uhr abends, fuhr anschließend dreimal pro Woche zu ihren Abendkursen und kam erst um zehn Uhr nach Hause. An den anderen Abenden und den »freien« Wochenenden konzentrierte Monica sich auf Hausputz und Einkäufe, statt ganz für ihre Tochter da zu sein oder ihr bewusst Dinge beizubringen und ihr beim Erwachsenwerden zu helfen. Deswegen machte sie sich ständig Vorwürfe und gab sich selbst die Schuld dafür, dass Jana noch nicht wusste, welchen Beruf sie ergreifen wollte, dass sie ihr Geld fürs Kino und Essengehen ausgab, statt es zu sparen, und dass sie nicht so gute Noten hatte, wie Monica es von ihr erwartete.

Ich weiß nicht, was Sie darüber denken. Als ich von Monicas Sorgen bezüglich ihrer Tochter hörte, dachte ich jedenfalls zweierlei: Erstens kam Jana mir wie eine ganz normale junge Frau dieses Alters vor. Und zweitens würde ich die Ursache für Janas Verhalten nicht auf Monicas Erziehung zurückführen. Zu glauben, dass man als Mutter versagt hat, nur weil das Kind sich noch nicht über seine berufliche Zukunft im Klaren ist, zu viel Geld für

Vergnügungen ausgibt und nicht ständig Einsen schreibt – das würde ja bedeuten, dass selbst die liebevollsten, konsequentesten und tollsten Eltern Versager wären!

Als ich Monica fragte, wofür sie sich schuldig fühlte, bekam ich folgende Antwort: »Ich fühle mich schuldig dafür, dass meine Tochter nicht auf dem richtigen Weg ist, weil ich meine Aufgabe als Mutter nicht gut genug erfüllt habe.« Das ist der erste Schritt beim IGEL-Prozess: den Auslöser für unsere Schuldgefühle zu identifizieren. Bei alltäglichen Gesprächen neigen wir dazu, eine solche Antwort, wie Monica sie gegeben hat, für bare Münze zu nehmen und zu denken: *Oje, das muss sich ja schrecklich anfühlen. Ich kann nur ahnen, wie schuldig du dir vorkommst.*

Darum ist der zweite Schritt des IGEL-Prozesses der Schlüssel: Gehen Sie Ihren Gedanken auf den Grund! Wir dürfen unsere Gedanken nicht einfach nur deshalb für wahr halten, weil sie da sind. Da unsere Gedanken uns unsere Schuldgefühle diktieren, verdienen sie unsere Aufmerksamkeit und Neugier. Gehen wir sie also an.

UNSERE GEDANKEN ERFORSCHEN

Neugier ist ein gutes Werkzeug und ein Geschenk. Sie ist unser innerer Detektiv, der mit erhobenen Augenbrauen und dem Vergrößerungsglas in der Hand fragt: »Was ist das? Ist es wahr? Warum? Aber was ist mit den anderen Beweisen dort?« Wir sollten also unsere Gedanken neugierig erforschen und unser Augenmerk auf die Ursachen richten, die wir in bestimmten Situationen vermuten, die bei uns Schuldgefühle hervorrufen.

Als ich zum Beispiel Monicas Gedanken und die daraus resultierenden Schuldgefühle näher betrachtete, wies ich sie auf drei Dinge hin, die aufeinanderfolgten. Man übersieht leicht, wie sie in dem Moment miteinander verknüpft sind, aber es ist wichtig, sie zu verstehen:

Auslöser → Gedanken → Reaktionen

Dieses Modell, mit dem wir uns unsere Gedanken bewusst machen, ist für alle unsere Emotionen anwendbar. Es ist ein sehr effektives Werkzeug und hilft uns zu erkennen, wie unsere Reaktionen (sich schuldig fühlen und dann aus dem Schuldgefühl heraus handeln) mit den Gedanken verbunden sind, die wir auswählen, wenn wir mit einem Auslöser konfrontiert werden. Wenn es speziell um Schuldgefühle geht, lässt sich dieser Vorgang folgendermaßen darstellen:

(Schuld-)**Auslöser** (die Situation, die dazu führt,
dass wir uns schuldig fühlen)

(Schuld-)**Gedanken** (was wir zu uns selbst sagen in Bezug
auf den Schuldauslöser; typischerweise eines der
fünf Denkmuster der Schuldgefühle)

(Schuld-)**Reaktionen** (Gefühl der Schuld und die daraus
resultierenden Handlungen, die wir unternehmen,
um das verursachte Unbehagen zu lindern)

Dieses einfache Modell kann uns helfen, uns unsere Gedanken bewusster zu machen und zu erkennen, wie sie unsere Emotionen und Handlungen hervorrufen. Die meisten Menschen denken nicht weiter über das nach, worüber sie nachdenken. Wenn sie es aber doch tun, bietet sich ihnen damit die Gelegenheit herauszufinden, ob diese Gedanken hilfreich oder verletzend sind.

Schauen wir uns daher einmal Monicas Auslöser, Gedanken und Reaktionen genauer an.

Schuld-auslöser	Monicas Tochter erfüllt nicht die Erwartungen ihrer Mutter.
Schuld-gedanken	*Die Entscheidungen, die ich früher in meinem Leben getroffen habe, haben meiner Tochter geschadet und dazu geführt, dass auch sie falsche Entscheidungen traf.*
	Ich habe meiner Tochter gegenüber versagt, weil ich nicht so für sie da war, wie ich es hätte sein können; wenn ich sie nicht schon mit achtzehn bekommen hätte; wenn ihr leiblicher Vater Anteil an ihrem Leben genommen hätte; wenn sie nicht die ersten sieben Jahre ihres Lebens mit einer alleinerziehenden Mutter verbracht hätte, die arbeiten und abends das College besuchen musste.
	Gabrielle hat ein besseres Leben als Jana. Das liegt an mir, also war ich unfair Jana gegenüber.
Schuld-reaktionen	Monica macht sich Vorwürfe.
	Sie fühlt sich schuldig, weil ihr erstes Kind nicht mit denselben Vorteilen aufwuchs wie ihr zweites Kind – das mehr Zeit mit seiner Mutter verbrachte; um dessen schulische Entwicklung sie sich mehr kümmerte; das einen liebevollen Vater und glücklich verheiratete Eltern hatte. Monica fürchtet, dass Jana darunter leiden und dieselben Fehler wiederholen wird, die sie selbst beging.
	Sie macht sich ständig Gedanken darüber, ob Jana Erfolg haben wird; sie nimmt Janas gute Entscheidungen gar nicht wahr und versucht, die verlorene Zeit wiedergutzumachen, indem sie Jana dazu drängt, ihren hohen Erwartungen gerecht zu werden.

Hier wird deutlich, dass vier der fünf Denkmuster für falsche Schuldgefühle in Monicas Gedanken auftauchen: *Ich habe etwas falsch gemacht. Ich habe Schaden verursacht. Ich habe nicht genug getan. Ich habe mehr als andere.* (In diesem Fall ist es eher der Gedanke: *Meine jüngere Tochter hat mehr als meine ältere Tochter.*)

Um etwas unter Kontrolle zu bekommen, müssen wir zunächst einschätzen, was überhaupt unter Kontrolle gebracht werden muss. Genau darum geht es, wenn wir uns unsere Gedanken bewusst machen – wir schauen uns genau an, was da ist, und untersuchen es gründlich, damit wir entscheiden können, ob die Gedanken gesund und hilfreich sind oder ungesund und schädlich. In der Psychologie hilft die kognitive Verhaltenstherapie, »sich unangemessenes oder negatives Denken bewusst zu machen, damit herausfordernde Situationen klarer eingeschätzt werden können und effektiver auf sie reagiert werden kann«.[8] Das Auslöser/Gedanken/Reaktionen-Modell weckt dieses Bewusstsein, indem es die verschiedenen Schichten dessen aufdeckt, was wir uns selbst sagen als Reaktion auf die Situation, die Schuldgefühle bei uns auslöst.

Monica erlebte während unseres Gespräches über ihre Tochter einen Wendepunkt. Es war ein sehr emotionaler Augenblick, als sie erschütternd offen über ihre Schuldgefühle und die dahinter verborgenen Ängste sprach. Aber es war auch ein sehr starker Moment, denn letztendlich bekam sie nun die Antworten, die sie brauchte, um frei zu werden. Hier ein Einblick in unser Gespräch:

Monica: Ich habe als Mutter versagt, weil mein Kind sich nicht gut entwickelt.

Ich: Wie läuft es bei ihr im Studium?

Monica: Ach, eigentlich ganz gut. Sie hat bisher alle ihre Kurse bestanden, mit Zweien und Dreien.

Ich: Aber sie hat nicht die Noten, die Sie sich wünschen würden?

Monica: Nein … *(mit besorgtem, ängstlichem Tonfall)* und sie weiß noch nicht, was sie nach dem Studium machen will.

Ich: Wussten Sie mit zwanzig Jahren schon, was Sie einmal beruflich machen wollten?

Monica: *(zögernd)* Nein … ich wusste es nicht.

Ich: Aber Jana sollte es wissen?

Monica: Nein.

Ich: Mich würde interessieren, woher Ihre Erwartungen Jana gegenüber kommen.

Monica: Na ja, ich wuchs in einer sehr ländlichen Umgebung auf. Wir besaßen nicht viel. Und so nahm ich mir während meiner ganzen Kindheit und Jugend vor, es anders zu machen. Ich wollte diesen Kreislauf nicht fortsetzen. Meine Mutter bekam mich mit achtzehn Jahren. Und als ich Jana auch mit achtzehn bekam … *(Seufzen)* … dachte ich bloß: Nein, nein, nein, das darf sich nicht einfach alles wiederholen! *(Pause, dann ein leises Weinen.)* Ich möchte so gern, dass Janas Leben besser wird als meines, denn ich hatte es wirklich schwer, sogar als Teenager. Ich will nicht, dass es Jana genauso geht. Ich habe ihr gesagt: Du kannst schon mit dreißig viel erreicht haben, du musst nicht erst warten, bis du fünfunddreißig oder vierzig bist. Du kannst ein gut abgesichertes Leben führen, aber du musst jetzt schon damit beginnen. Du kannst nicht einfach in den Tag hinein leben und denken: *Ach, es wird schon alles gut werden.* Wenn du dich jetzt anstrengst, wird es später nicht so schwer für dich. Ich will nicht, dass du am Ende das Gefühl hast, du hättest nie das getan, was du wirklich wolltest.

Ich habe sie mit achtzehn bekommen und ich hatte so viele Pläne für mein Leben, die ich alle nicht verwirklichen konnte. Ich bereue es nicht, dass ich Jana habe. Überhaupt nicht. Ich wünschte nur, ich hätte sie später bekommen und hätte ihr ein besseres Leben bieten können. Ich möchte nicht, dass sie dieselben Probleme oder sogar denselben Missbrauch erleben muss wie ich.

Ich: Welcher Bereich in Janas Leben sieht so aus wie bei Ihnen, als Sie zwanzig waren?

Monica: *(überlegt lange)* Keiner. *(Pause)* Ich glaube, weil Jana manche Erwartungen, die ich an sie habe, nicht erfüllt, habe ich das Gefühl, dass sie nicht auf dem Weg in ein erfolgreiches Leben ist.

Ich: Hat Jana schon ein Kind?

Monica: Nein.

Ich: Müssen Sie befürchten, dass sie eines Tages schwanger nach Hause kommt?

Monica: Nein.

Ich: Musste Jana mit denselben Sorgen aufwachsen wie Sie?

Monica: *(lacht leise)* Nein. Überhaupt nicht.

Ich: Ich möchte, dass Sie jetzt einmal die Augen schließen und sich einen Moment lang vorstellen, dass Sie Jana nicht kennen. Janas Leben sieht genauso aus, wie es jetzt ist, aber sie gehört zu einer anderen Familie. Sie geht aufs College, wohnt zu Hause und hat einen Job. Aber sie weiß noch nicht, was sie nach dem Studium beruflich machen will. Was meinen Sie, wie sich ihr Leben weiterentwickeln wird?

Monica: *(ruhig und mit leiser Stimme)* Ich glaube, es wird ganz gut werden.

Ich: Warum?

Monica: Weil sie sich eigentlich ganz gut entwickelt. Sie nimmt keine Drogen. Sie ist vernünftig. Sie ist wahrscheinlich in einer ähnlichen Situation wie viele andere Zwanzigjährige auch, die ihr Geld fürs Kino und Essengehen ausgeben und noch nicht wissen, was sie später mal beruflich machen wollen.

Ich: Wie fühlen Sie sich, wenn Sie das sagen?

Monica: Besser. Ich mache mir nicht mehr so viele Vorwürfe. Ich denke nicht mehr, dass ich komplett versagt habe. Offensichtlich entsprechen diese Gedanken nicht der Realität.

Ich: Wenn wir jetzt noch einmal zu Ihrer anfänglichen Aussage zurückkehren, die lautete: »Ich habe als Mutter versagt, weil mein Kind sich nicht gut entwickelt« – ist diese Behauptung richtig?

Monica: Nein.

Ich: Könnten Sie diesen Gedanken durch einen angemesseneren Gedanken ersetzen?

Monica: Ja. *(Pause)* Jana macht ihre Sache gut. Meine Erwartungen sind vielleicht ein bisschen zu hoch. Ich habe ihr gegenüber als Mutter nicht versagt. Ich sollte realistisch mit meinen Erwartungen umgehen.

Ich: Was wären denn realistische Erwartungen, die Sie sich aneignen könnten?

Monica: *(überlegt lange und seufzt)* Was Janas Studium betrifft, sollte ich damit zufrieden sein, dass sie es durchzieht und ihr Bestes gibt. Es sollte für mich in Ordnung sein, wenn Zweien und Dreien das Beste sind, was sie erreichen kann. Ich sollte nicht so hart sein und dauernd darüber nachdenken, warum sie keine Einsen bekommt. Mich damit abfinden, dass sie mit einundzwanzig noch nicht ihr ganzes Leben geplant hat und ihren Weg und ihre berufliche Zukunft noch nicht genau kennt.

Ich: Wie also lautet Ihr neuer Gedanke?

Monica: Ich habe nicht versagt.

Ich: Was werden Sie in Zukunft tun?

Monica: Hm. *(in erleichtertem Tonfall)* Ich werde weiterhin positiv auf meine Tochter einwirken. Ich nehme ihren Weg durchs College an, so wie er ist. Ich werde mich mit ihr zusammensetzen und mit ihr gemeinsam ein finanzielles Budget aufstellen, statt immer nur herumzunörgeln.

Monica war nun in der Lage, ihre Schuldgefühle loszulassen und sich als Mutter einer jungen Erwachsenen zu sehen, die immer noch Unterstützung braucht. Sie konnte sich selbst vergeben für die Lebensumstände in der Vergangenheit, die sie nicht mehr ändern konnte. Vergebung ermöglicht es uns, die Wut auf uns selbst und andere schädliche Emotionen loszulassen, die unser Denken vernebeln und es uns schwer machen, auf produktive Weise voranzukommen.

Ihre Schuldauslöser mögen ganz anders aussehen als die von Monica. Dennoch können Sie anhand des Coaching-Gespräches erkennen, wie wirksam es ist, Schuldauslöser zu benennen und dann die Gedanken genauer zu untersuchen, die zu den Schuldgefühlen geführt haben. Monica stellte fest, dass ihre Gedanken nicht wirklich der Wahrheit entsprachen, und so ersetzte sie diese

Lügen durch wahre Gedanken und stützte diese mit Beweisen ab. Das ist der IGEL-Prozess. Nun möchte ich Sie dazu einladen, dies auch für sich selbst auszuprobieren.

SICH DIE SCHULDGEFÜHLE VON DER SEELE SCHREIBEN

Wenn Sie über Ihre eigenen Schuldgefühle nachdenken, kann das schriftliche Festhalten Ihres IGEL-Prozesses Ihnen zu einem deutlichen Durchbruch verhelfen. Die Sozialpsychologin Laura King stellt fest, dass Schreiben eine sehr wirksame Form des Nachdenkens ist.[9] Anders als beim bloßen Nachdenken entsteht durch das Schreiben ein Dokument, das wir immer wieder aufschlagen und analysieren können, um Verbindungen herzustellen. Verwenden Sie also den IGEL-Prozess, um sich selbst Fragen zu stellen, und schreiben Sie Ihre Antworten auf.

IDENTIFIZIEREN Sie den Auslöser: *Was ist mein Schuldauslöser?*

_____

_____

_____

_____

GEHEN Sie Ihren Gedanken auf den Grund: *Was sage ich zu mir selbst hinsichtlich dieses Schuldauslösers?*

_____

_____

_____

_____

ERSETZEN Sie die Lüge durch Wahrheit: Fragen Sie sich bei jedem unangemessenen Gedanken: *Welcher Gedanke wäre für diese Situation angemessener?*

_____

_____

_____

_____

LISTEN Sie Beweise auf: *Welche Handlungen, Werte oder Beweise unterstützen den wahrheitsgemäßen Gedanken hinsichtlich dieser Situation?*

_____

_____

_____

_____

ECHTE SCHULD

Was aber, wenn unsere Schuldgefühle gar nicht *falsch* sind? Wenn sie eine Botschaft sind, die unbedingt unsere Aufmerksamkeit gewinnen will, um uns zu zeigen, wo unser Verhalten nicht mit unseren Werten übereinstimmt?

Nicht alle Schuldgefühle sind falsch. Manchmal haben wir einfach einen Fehler gemacht. Der einzige Weg, wie wir echte Schuld loslassen können, besteht darin, dass wir genug Demut, Mut und Integrität besitzen, um uns damit auseinanderzusetzen. Wir sind empfänglich für Schuldgefühle, weil sie uns dabei helfen, unser Handeln mit unseren Werten in Übereinstimmung zu bringen. (Dazu Näheres in den folgenden Kapiteln.) Schuldgefühle dienen einem Zweck. Dass wir unsere Schuld vorausahnen, kann uns davon abhalten, Dinge zu tun, die wir später bereuen werden. Wie wir sehen werden, sind Schuldgefühle nicht unbedingt negativ. Wenn wir tatsächlich etwas falsch gemacht haben, sind echte Schuldgefühle eine angemessene Reaktion. Doch auch für diese Art von Schuldgefühlen gibt es einen Prozess, mit dem wir sie bewältigen können.

Oft widersetzen wir uns den echten Schuldgefühlen aus Furcht. Wenn wir nämlich zugeben, dass wir etwas falsch gemacht haben, müssen wir uns den Konsequenzen stellen – Konsequenzen, die wir lieber vermeiden wollen. Es ist eine natürliche Reaktion des Menschen, unangenehmen Dingen auszuweichen. Aber wie gesagt sind Schuldgefühle eine Botschaft. Sie sind eine von mehreren Möglichkeiten, wie Gott uns zu richtigen Entscheidungen führt. Dazu gehört auch die aufrichtige Reue, wenn wir etwas Unrechtes getan haben. Dass wir dazu gebracht werden, die Wahrheit zu sagen, uns zu entschuldigen und unsere Fehler wiedergutzumachen – auch das ist ein göttlicher Schubs in die richtige Richtung hin zu Integrität und Liebe. Unsere Schuld überwinden wir nicht dadurch, dass wir die Konsequenzen vermeiden. Freiheit entsteht aus der Wahrheit und wir sollten bereit sein, die Konsequenzen zu akzeptieren und Gott die daraus resultierende Zukunft anzuvertrauen.

So wie es einen Coaching-Prozess zum Loslassen falscher Schuldgefühle gibt, gibt es auch einen zum Umgang mit echter Schuld. Ich nenne ihn »die sechs E«.

1. Eingeständnis: *Ich habe etwas falsch gemacht und Schaden verursacht. Ich stehe dazu. Was genau sollte ich zugeben?*
Wenn Sie sich wirklich etwas zuschulden kommen ließen, sollten Sie es zugeben. Sagen Sie die Wahrheit. Sie haben unrecht getan. Sie haben Leid oder Schäden verursacht. Es ist eine schwere Last, mit einer Lüge zu leben oder recht behalten zu wollen, obwohl man genau weiß, dass man falschlag. Die Wahrheit einzugestehen, das schenkt dagegen Kraft und Heilung. Dieser Schritt erfordert Demut. Wir müssen unsere Unzulänglichkeiten und Fehler zugeben und bereit sein, für unser Handeln geradezustehen.

2. Einschätzung: *Welchen Schaden habe ich verursacht? Welche Werte oder Regeln habe ich verletzt, welchen Erwartungen wurde ich nicht gerecht?*

Überlegen Sie, welchen Schaden Sie durch Ihr Handeln verursacht haben. Dann können Sie die Bedeutung Ihres Handelns besser verstehen und einschätzen, welche Schritte Sie als nächste unternehmen sollten.

3. Entschuldigung: *Wen sollte ich um Verzeihung bitten? Wie genau sollte eine aufrichtige Entschuldigung klingen?*

Bei einer aufrichtigen Entschuldigung geben wir zu und benennen, was wir falsch gemacht haben und wie es sich auf die andere Person ausgewirkt hat. Wir äußern unsere Bereitschaft, den Schaden wiedergutzumachen und unser Verhalten zu ändern. Es ist nötig, dass wir zu dem stehen, was passiert ist, zum Beispiel so: »Es tut mir leid, dass ich mich nicht angemessen an dem Projekt beteiligt habe. Ich sehe, dass das für euch viel Extra-Arbeit bedeutet hat in einer Zeit, in der wir alle ohnehin viel zu tun hatten.«

4. Entschädigung: *Kann ich den Schaden wiedergutmachen? Und wenn ja, wie? Wenn nicht, was kann ich tun, um weiteren Schaden zu verhindern? Welche Konsequenzen sollte ich daraus ziehen?*

Es ist nicht immer möglich, das wiedergutzumachen, was wir angerichtet haben. Wenn es aber möglich ist, dann sollten wir es tun. Und wenn wir sicherstellen können, dass es nicht noch einmal passiert, sollten wir das auch tun. Außerdem ist es wichtig, die Konsequenzen aus unserem Verhalten zu tragen. Wenn es angemessen erscheint, sollten wir die andere Person fragen, wie wir sie entschädigen können.

5. Erneuerung: *Welche Lektion kann ich aus all dem lernen? Wie will ich mein Verhalten in Zukunft verändern, damit so etwas nicht noch einmal passiert?*

Wer sein Verhalten wirklich bereut, verändert sein Verhalten. Das ist der Beweis dafür, dass unsere Entschuldigung aufrichtig ist. Dazu ist eine Veränderung unseres Herzens notwendig, damit wir nicht denselben Fehler wiederholen oder anderen Menschen wieder auf dieselbe Weise Schaden zufügen. Lernen wir also unsere Lektion und ändern unser Verhalten.

6. Empfangene Vergebung: *Kann ich mir selbst vergeben? Kann ich Gottes Vergebung annehmen? Bitte ich auch die Personen, denen ich geschadet habe, um Verzeihung?*
Wir alle tun manchmal etwas, wofür wir Vergebung brauchen. Wenn Sie die ersten fünf Schritte mit aufrichtigem Herzen unternommen haben, sind Sie bereit für den letzten Schritt. Vergebung anzunehmen, bedeutet, es zu akzeptieren, dass wir versagen, dass wir Fehler machen und Gott uns trotzdem immer noch bedingungslos liebt. Es kann sein, dass wir die Konsequenzen unseres Fehlverhaltens tragen müssen, aber uns wurde dennoch vergeben. Vergeben wir also uns selbst. Empfangen wir Gottes Vergebung. Und wenn uns das Geschenk zuteilwird, dass auch die Person, der wir Schaden zugefügt haben, uns vergibt, sollten wir diese Barmherzigkeit und Gnade mit aufrichtiger Dankbarkeit annehmen.

WENN FALSCHE SCHULDGEFÜHLE AUF ECHTE SCHULD TREFFEN: DAS KÖRNCHEN WAHRHEIT FINDEN

Falsche Schuldgefühle überwinden bedeutet: Wir klären unsere Werte und Erwartungen, wir erlauben uns selbst, nicht perfekt zu sein, und lassen uns von anderen keine Schuldgefühle einreden. Wenn es aber darum geht, echte Schuld zu überwinden, dann sollten wir auf die Botschaft hören, die an uns herangetragen wird; wir sollten so handeln, dass unsere aufrichtige Reue sichtbar wird, unsere Verfehlungen wiedergutmachen, Gottes Vergebung annehmen und dann uns selbst vergeben.

Im Folgenden möchte ich Ihnen ein passendes Beispiel für das nennen, was ich an dieser Stelle meine. Einmal kam eine Frau namens Lillian zu mir in die Beratung. Sie befand sich in einem Konflikt mit ihrer Schwester Grace. Diese hatte ihr gegenüber Anschuldigungen erhoben, die Lillian als unfair empfand. Ihre

Schwester behauptete, Lillian drehe sich nur um sich selbst und verhalte sich ihr gegenüber herablassend. Sie nutze die Gespräche bei Familienzusammenkünften, um ständig über ihre Arbeit und ihren beruflichen Erfolg zu reden, und sie ignoriere, was im Leben ihrer Schwester vor sich gehe, die ausschließlich Hausfrau und Mutter war.

Lillian war vor Kurzem befördert worden. Ihr neuer Verantwortungsbereich war spannend und führte sie an viele Orte auf der ganzen Welt. Allein im vergangenen Jahr war sie beruflich in Hongkong, London und Brasilien gewesen. Vor der Beförderung war Lillian nur in Nordamerika unterwegs gewesen. Folglich war sie begeistert, dass sie nun die Möglichkeit hatte, mehr von der Welt zu sehen. Ein Traum war in Erfüllung gegangen. Ihre berufliche Karriere hatte ihre Erwartungen übertroffen und der einzige Ort, an dem sie wirklich offen über ihre neuen Erfahrungen reden konnte, war ihre Familie – das dachte sie jedenfalls.

Grace beschuldigte Lillian, sie sehe enttäuscht und verurteilend auf sie herab. Sie sei der Auffassung, dass Grace' berufliche Entscheidungen eine Verschwendung ihrer Ausbildungszeit bedeuteten, für die ihre Eltern so viel geopfert hatten. Lillian allerdings hatte niemals so etwas zu ihrer Schwester gesagt – auch sonst niemand – und sie war zutiefst verletzt, weil Grace ihr nicht nur vorwarf, herablassend und selbstzentriert zu sein, sondern diese Anschuldigung auch gegenüber mehreren Familienmitgliedern wiederholt hatte!

Während unseres Coaching-Gespräches sagte Lillian: »Meine Schwester ist nur neidisch, weil ich so viele Freiheiten habe. Ich habe keine Kinder, um die ich mich kümmern muss, und einen Job, den ich liebe. Ich dachte, sie würde sich für mich freuen, und bin wirklich sehr verletzt, weil sie mir vorwirft, ich würde auf sie herabschauen!«

Ich dachte eine Weile über die Situation nach und sagte dann: »Ich kann mir gut vorstellen, wie Sie voller Begeisterung sind und Ihre Erlebnisse mit Ihrer Familie teilen möchten. Und jetzt trauen Sie sich nicht mehr so richtig, das zu tun, weil Sie meinen, die anderen halten Sie für selbstzentriert.«

»Genau«, bestätigte Lillian. »Ich habe mich im Familienkreis eigentlich immer sicher gefühlt. Nun bin ich wütend, weil ich den Eindruck habe, dass meine Schwester mir das genommen hat, nur weil sie sich selbst unsicher fühlt.«

»Was meinen Sie, warum Ihre Schwester sich unsicher fühlt?«, fragte ich nach.

»Sie ist aufs College gegangen und hat sogar einen Masterabschluss – aber jetzt macht sie nichts aus ihrer Ausbildung«, erklärte Lillian. »Ich glaube, sie sieht, wie ihre früheren Studienkollegen Karriere machen und die Uhr tickt. Sie fürchtet, dass sie, wenn sie irgendwann wieder in den Beruf einsteigen will, nicht mehr dazu in der Lage ist – zumindest nicht für die Positionen, von denen sie träumte, als sie noch studierte.«

»Hat sie Ihnen das gesagt?«, wollte ich wissen.

»Ja. Und sie hat ja recht!«, antwortete Lillian mit Nachdruck. »Sie behauptet jetzt, dass sie zu Hause bleiben will, aber ich bin nicht so überzeugt, dass das wirklich ihr Herzenswunsch ist.«

»Lassen Sie uns einen Moment bei dem bleiben, was Sie eben gesagt haben«, schlug ich vor und dachte über Lillians Wortwahl nach. »Sie haben das Wort ›behaupten‹ verwendet, um den Sinneswandel Ihrer Schwester zu beschreiben.«

»Ja«, bekräftigte Lillian. »Ich denke, sie sagt zwar, dass sie ganz zu Hause bleiben will, aber es ist einfach schwer zu glauben. Noch vor ein paar Jahren war sie so stark auf ihren Beruf konzentriert. Aber dann lernte sie Kevin kennen, die beiden heirateten und plötzlich will sie nur noch Hausfrau und Mutter sein. Davon hat sie früher nie gesprochen! Ich kann es einfach nicht glauben, dass sie ihre Meinung so sehr geändert hat.«

»Sie urteilen also darüber, ob Ihre Schwester tatsächlich glaubt, was sie sagt? Finden Sie das richtig?«, gab ich behutsam zu bedenken.

Lillian überlegte und seufzte. »Ja, wahrscheinlich habe ich mir hier ein Urteil erlaubt«, sagte sie dann zögernd und mit einem verlegenen Lachen.

»Sind Sie der Meinung, dass Ihre Schwester ihre Ausbildung umsonst gemacht hat?«, fragte ich weiter.

»Na ja, so hätte ich das nicht formuliert«, gab Lillian zu, »aber ich denke, meine Eltern sind schon ein bisschen enttäuscht, weil sie für uns viele Opfer gebracht haben in der Hoffnung, dass wir unsere Ausbildung im Sinne der beruflichen Ziele nutzen würden, die wir uns gesteckt hatten. Und sie haben manchmal schon nebenbei die Bemerkung fallen lassen, dass sie enttäuscht sind, weil sie so viel für Grace' Abschlüsse investiert haben und sie jetzt einen anderen Weg gewählt hat. Vielleicht habe ich ihre Meinung hier einfach übernommen. Wissen Sie, meine Eltern hatten noch nicht einmal die Chance, ein College zu besuchen, und meine Schwester und ich haben beide einen Masterabschluss. Unser Erfolg bedeutet unserer Familie wirklich sehr viel.«

»Könnte es sein, dass Sie ein wenig von diesem Frust weitergegeben haben in der Art und Weise, wie Sie mit Grace kommunizierten, auch wenn Sie es nicht explizit so formuliert haben?«, fragte ich.

»Ja, das ist schon möglich«, gestand Lillian. »Vielleicht ist das wirklich so gewesen, obwohl es nicht meine Absicht war.«

Manche Menschen weisen jede Kritik weit von sich. Wer aber das Körnchen Wahrheit finden will, der hält inne und fragt sich: *Ist ein Teil dieser Kritik vielleicht berechtigt und nachdenkenswert? (Auch wenn sie ungehalten geäußert wurde oder von jemandem kommt, mit dessen Meinung ich nicht übereinstimme.)*

Dasselbe kann man auch über falsche Schuldgefühle sagen. Diese können unberechtigt sein, obwohl in ihnen ein kleines Körnchen Wahrheit steckt, das uns eine Botschaft übermittelt, mit der wir uns befassen sollten. Wenn wir dieses Körnchen Wahrheit entdecken, werden wir frei, um die falschen Teile der Geschichte zurückzuweisen und zugleich ehrlich mit den Elementen umzugehen, die echt sind und bearbeitet werden sollten.

Bei Lillian führten die Vorwürfe, zu viel über ihre Arbeit zu reden, zu falschen Schuldgefühlen. Sie sprach mit anderen Familienmitgliedern darüber und fand heraus, dass niemand außer Grace dieser Ansicht war. Im Gegenteil: Sie konnten ihre Begeisterung über ihren Erfolg und ihr berufliches Glück gut nachvollziehen. Sie waren stolz auf Lillian und keiner hatte den Eindruck, sie rede zu viel über ihren Job. Lillian beschloss, eine Zeit lang vorsichtiger zu sein mit dem, was sie ihrer Schwester erzählte, denn ihr war klar geworden, dass Grace vielleicht nicht die geeignete Person war, mit der sie ihre beruflichen Themen besprechen sollte. Zwar würde Lillian nichts vor ihrer Schwester verbergen, aber auch nicht von sich aus ein Gespräch über ihren Job beginnen.

Der IGEL-Prozess war in diesem Zusammenhang sehr hilfreich. Er lässt sich wie folgt zusammenfassen:

- **Identifizieren des Auslösers:** Lillians Schwester Grace warf ihr vor, zu viel über ihre Arbeit zu reden.
- **Den Gedanken auf den Grund gehen:** Nach sorgfältiger Prüfung kam Lillian zu der Auffassung, dass sie nicht zu viel über ihren Job redete.
- **Ersetzen der Lüge durch Wahrheit:** Die falschen Schuldgefühle führten beinahe dazu, dass Lillian gar nicht mehr mit ihrer Familie über ihren Beruf redete. Nachdem sie jedoch andere Familienmitglieder auf das Problem angesprochen hatte, kam sie zu dem Schluss, dass dies nicht nötig war. »Ich kann mit meiner Familie begeistert über meinen Job sprechen, aber vielleicht nicht gerade mit Grace, weil das im Moment Probleme zu verursachen scheint.«
- **Auflisten von Beweisen:** Der Beweis, der Lillian den Mut gab, die falschen Schuldgefühle fallen zu lassen, ergab sich durch Gespräche mit drei Familienmitgliedern, die alle nicht die Einschätzung von Grace teilten.

Auf der anderen Seite enthielten die Vorwürfe von Lillians Schwester aber auch ein Körnchen Wahrheit: Lillian hatte anscheinend mit ihr auf eine Weise kommuniziert, die Grace als herablassend empfand. Das widersprach Lillians Werten von Freundlichkeit, Bescheidenheit und Liebe. In dieser Hinsicht waren die Vorwürfe also zutreffend und das Problem würde sich nur lösen, wenn Lillian die Verantwortung dafür übernahm und ihr Verhalten änderte. Und genau das tat sie. Sie schluckte ihren Stolz hinunter, rief ihre Schwester an und führte ein ehrliches Gespräch mit ihr. Sie erklärte Grace, dass es nicht ihre Absicht gewesen sei, sie zu verletzen. Sie habe über Grace' Vorwürfe nachgedacht und erkannt, wie sie zu solchen Schlussfolgerungen gekommen war. Lillian gab ihren Fehler zu, sie entschuldigte sich dafür und änderte ihre Einstellung. Statt Grace dafür zu verurteilen, dass sie ihre Meinung geändert hatte und in dieser Phase ihres Lebens auf die Ausübung ihres Berufes verzichtete, akzeptierte Lillian die Entscheidung ihrer Schwester und beschloss, ihren Worten zu glauben.

Grace wiederum sprach offen über die Entscheidungen, die sie für ihr Leben getroffen hatte. Sie erklärte Lillian, sie habe früher nicht gedacht, dass sie hinsichtlich ihrer beruflichen Karriere einmal ihre Meinung ändern würde. Doch als sie ein Kind bekam, veränderte sich ihre Perspektive. Sie wollte zu Hause bleiben. Und sie war zufrieden damit, auch wenn sie erkannte, dass sie deswegen ihre Erwartungen bezüglich ihrer beruflichen Zukunft würde zurückschrauben müssen.

Lillian bewältigte ihre echte Schuld mithilfe der »sechs E«:

- **Eingeständnis:** Lillian gab ihrer Schwester gegenüber zu, dass sie genau wie ihre Eltern enttäuscht war, weil Grace so viel in ihre Ausbildung gesteckt und dann ihre Träume offenbar sehr schnell aufgegeben hatte. Sie hatte sich gefragt, ob Grace wirklich ehrlich über ihre Wünsche sprach. Lillian gestand ein, dass diese Gedanken die Art und Weise geprägt hatten, wie sie mit Grace über bestimmte Themen sprach, und dass dies nicht richtig gewesen war.
- **Einschätzung:** Lillian sagte ihrer Schwester, dass es für sie sicherlich frustrierend und ärgerlich gewesen sein musste, als Lillian ihr auf diese Weise begegnete. Grace fühlte sich wahrscheinlich verurteilt. Und obwohl Lillian dies nicht absichtlich getan hatte, war es dennoch falsch gewesen und sie war bereit, die Verantwortung für die Auswirkungen ihres Verhaltens zu übernehmen.
- **Entschuldigung:** »Es tut mir leid, dass ich so herablassend war«, sagte Lillian mit aufrichtigem Bedauern zu Grace. »Und es tut mir auch leid, dass dies so frustrierende Gefühle bei dir hervorgerufen hat. Ich hoffe, du kannst mir vergeben.«

- **Entschädigung:** Nachdem Lillian ihrer Schwester zuge-
  hört hatte, als diese über ihre geänderten beruflichen Pläne sprach, beschloss Lillian, mit ihren Eltern darüber zu
  sprechen. Sie wollte ihnen sagen, dass sie Grace' Entscheidungen nachvollziehen konnte. Statt zu schweigen oder
  ihre Eltern in deren Enttäuschung zu bestätigen, würde sie
  ihnen nun helfen, die Dinge aus einer anderen Perspektive
  zu betrachten.
- **Erneuerung:** Lillian versprach, auf ihren Ton zu achten,
  wenn sie sich mit Grace über ihre Arbeit und ihre Karriere
  unterhielt, und sie wollte sich auch mehr in die Situation
  ihrer Schwester hineinversetzen und sie unterstützen.
- **Empfangene Vergebung:** Grace war überrascht von Lillians Eingeständnis. Sie hatte eher erwartet, dass Lillian
  weiterhin leugnen würde, sich herablassend verhalten zu
  haben. Grace war gerührt und vergab ihrer Schwester.

Der nächste Schritt

- Werfen Sie einen Blick auf Ihre Schuldgefühl-Liste und wählen Sie den Auslöser aus, den Sie zurzeit am dringendsten angehen möchten.
- Wenden Sie den IGEL-Prozess an, um die verschiedenen Schichten Ihrer Schuldgefühle abzutragen und herauszufinden, ob es sich um echte oder falsche Schuldgefühle handelt.
- Gehen Sie jeden einzelnen Schritt des Prozesses durch, um Ihre Schuld loszulassen.
- Überlegen Sie, wann Sie diesen Prozess bei Ihren anderen Schuldauslösern anwenden wollen.

Mein persönlicher Vorsatz:

Ich lese die Botschaft, die meine Schuldgefühle mir senden,
und ich reagiere darauf mit Liebe und Aufrichtigkeit.

Kapitel drei

Glücklichsein ist ein Risiko, Schuldgefühle geben Sicherheit

Eine seltsame Gewohnheit, die uns dazu verführt, uns lieber schuldig als glücklich zu fühlen

- Warum fühlen wir uns schuldig, obwohl wir es nicht sind?
- Warum verursacht Glücklichsein Ängste?

Falsche Schuldgefühle haben etwas Merkwürdiges an sich. Warum sollten wir uns schuldig fühlen, obwohl wir nichts Unrechtes getan und keinen Schaden verursacht haben? Als ich mich mit dieser Frage näher beschäftigte, faszinierte mich vor allem eine der Antworten, die ich fand. Vielleicht deshalb, weil ich selbst das beste Beispiel dafür war, obwohl ich diese Zusammenhänge vorher nicht gekannt hatte.

Als ich dieses Buch zu schreiben begann, führte ich viele Gespräche, die mein Wissen über die Entstehung und das Loslassen von Schuldgefühlen sowie über das Wiederfinden der Lebensfreude vertieften. Doch als ich mich mit Jill Jones, einer Psychotherapeutin und Lebensberaterin, über eine bestimmte Frage unterhielt, sagte sie etwas, das mich komplett überraschte.

»Glücklichsein ist ein Risiko«, stellte sie sachlich fest, »und Schuldgefühle geben Sicherheit.«

Ich starrte sie ungläubig an. Glücklichsein sollte ein Risiko darstellen? So etwas hatte ich noch nie gehört. Was sollte das bedeuten? Konnte es wirklich stimmen?

Ich habe in meinem Beruf viele Jahre lang Menschen darauf hingewiesen, dass man sich für sein Glück bewusst entscheiden kann. Das Glück gehört zu den wenigen Dingen, die wir um ihrer selbst willen gezielt anstreben. Niemals hätte ich das als ein Risiko betrachtet. Das mag ja naiv sein. Aber für mich scheint das Glück etwas zu sein, das wir alle wollen, selbst wenn wir es nicht offen aussprechen. Doch als ich Jill Jones fragte, was sie mit dem Risiko des Glücklichseins meinte, erkannte ich, dass mein Verhalten im Grunde genommen genau dem entsprach.

Während ich nämlich über diese Aussage nachdachte, fiel mir ein, wie ich das erste Mal von der »unheilvollen Vorahnung der Freude« hörte, ein Konzept, das von der Dozentin und Autorin Brené Brown beschrieben wurde.[10] Bis dahin hatte ich noch keine Bezeichnung für dieses Phänomen gehabt – dem ängstlichen Gefühl, dass selbst dann, wenn wir gerade glücklich sind, etwas Böses hinter der nächsten Ecke lauern könnte. Auch wenn ich bis dahin nicht wusste, wie man es nennt, so kenne ich dieses Gefühl praktisch schon mein ganzes Leben lang. Ich glaube, es ist ein Muster, das sich bereits in meiner Kindheit entwickelte. Ich möchte Ihnen ein paar Ausschnitte aus meinem persönlichen Lebensweg zeigen in der Hoffnung, dass Sie dies zum Nachdenken anregt und Ihnen deutlich macht, welche Ängste und Motive möglicherweise Ihre eigenen Schuldgefühle auslösen.

DIE VISION

Ich erinnere mich noch genau an jenen Herbsttag, an dem ich eine Art Vision für mein Leben geschenkt bekam. Es geschah, als ich gerade auf den Parkplatz des Hauses fuhr, in dessen erstem Stockwerk ich mir eine Wohnung mit einer anderen Studentin teilte. Ich war zwanzig Jahre alt und hatte vor einem Monat mit dem Masterstudiengang Journalistik an der Florida A&M University begonnen. Es war, als ließe Gott mich einen kurzen Blick in meine Zukunft werfen. *Du wirst Bücher schreiben,* spürte ich innerlich. Die Vision enthielt keine weiteren Details, aber sie war zielgerichtet.

Die zweite Botschaft, die ich zu vernehmen glaubte, lautete: *Als Autorin kannst du genau die Arbeit tun, die du liebst, und bist trotzdem flexibel, um Beruf und Familie miteinander zu vereinbaren.* Selbst in jungem Alter machte ich mir schon Gedanken darüber, wie ich beides schaffen konnte. Ich wusste zwar noch nicht, welche Art von Büchern ich schreiben würde, aber beide Gedanken fanden ein tiefes Echo in mir – sowohl das Bücherschreiben als auch die flexible Zeiteinteilung.

Ich *liebe* Bücher. Als Kind hatte ich keine Geschwister und lernte früh lesen, also waren Bücher wie Freunde für mich. Ich kann Phasen meines Lebens mithilfe der Bücher beschreiben, die ich damals las, und kann genau sagen, auf welche Weise diese mein Denken, meinen Glauben und mein Selbstverständnis beeinflussten. Ich nutze Bücher in meinem Haus wie Dekorationen – auf dem Wohnzimmertisch, in der Küche, auf Beistelltischen, Regalen, Kommoden – einfach überall. Folglich war der Gedanke, einen Beruf anzustreben, in dem ich selbst auch Bücher »erschuf«, für mich der größte Traum von allen.

Nur sechs Jahre später veröffentlichte ich mein erstes Buch. Und keine zwei Jahre später begann ich eine hauptberufliche Karriere, in der ich Bücher schrieb und Vorträge hielt. Doch es sollte insgesamt zwei Jahrzehnte dauern, bis meine ursprüngliche Vision vollständig Wirklichkeit wurde.

Ich nahm an, ich würde glücklich und begeistert sein, ja geradezu auf Wolken schweben, weil der Traum, den ich schon so lange hegte, Wirklichkeit geworden war. Doch als sich die Vision erfüllte, die ich zwanzig Jahre lang in meinem Herzen getragen hatte, erwartete ich nicht, dass sich plötzlich Schuldgefühle einstellen würden.

WENN MAN ALLES HAT INKLUSIVE
SCHULDGEFÜHLE …

An einem anderen Herbsttag, dreiundzwanzig Jahre später, erkannte ich, dass ausgerechnet das, was die zwanzigjährige Valorie sich vorgenommen hatte, nun das war, weswegen ich mich am meisten schuldig fühlte. Mein Leben war noch traumhafter, als ich es mir Jahre zuvor hätte ausmalen können: Ich hatte einen Mann, mit dem ich in Colorado aufgewachsen war, ein Büro, das nur einige Hundert Meter von meiner Hauseinfahrt entfernt war, Familie ganz in der Nähe und eine Firma, die blühte und einen positiven Einfluss auf das Leben vieler Menschen weltweit ausübte. Der Weg dorthin war nicht einfach gewesen, aber er glich einem beständigen Aufstieg.

An jenem besonderen Tag brachten mein Mann und ich unseren Sohn in unserem Golfmobil zu seiner Betreuungseinrichtung und parkten dann gleich nebenan vor meinem Büro. Ja, Sie haben richtig gelesen. Von meinem Büro aus konnte ich tatsächlich den Spielplatz seiner Kita überblicken. Damals lebten wir in Peachtree City, südlich von Atlanta im US-Bundesstaat Georgia, wo es rund hundertfünfzig Kilometer Sonderwege für Golfmobile und mehr als fünfzehntausend solcher Fahrzeuge gab. Mit ihnen durfte man überallhin fahren: zur Schule, zum Lieblingsrestaurant, zum Einkaufen. Einmal hatte ich die Zeit gestoppt: Es dauerte drei Minuten, bis wir an der Kita ankamen, und weitere fünfzehn Sekunden, bis ich bei meinem Büro nebenan eingeparkt hatte.

Nachdem wir an jenem Tag unseren Sohn in der Kita abgegeben hatten, sprach ich mit meinem Mann über ein Gefühl, das ich oft hatte.

»Ich fühle mich so schuldig«, sagte ich mit einem lauten Seufzen.

»Warum?«, fragte er verwundert.

»Weil ich ihn im Kindergarten abgebe«, antwortete ich. »Ich weiß, ich arbeite nur drei Tage in der Woche, aber es kommt mir immer noch zu viel vor, so als ob ich etwas Schlechtes täte, wenn ich arbeite.« Wir lebten in einer Umgebung, in der die meisten Mütter nicht berufstätig waren, und so fiel es mir oft auf, dass mein Leben ein wenig anders aussah als das ihre.

Mein Mann brachte das Offensichtliche zur Sprache, indem er eine Frage stellte: »War das alles nicht *deine* Vision? Zu schreiben, Vorträge zu halten und deine eigene Firma zu leiten, damit du flexibel sein kannst, um Beruf und Familie miteinander zu vereinbaren?«

Er erinnerte mich an meine eigene Vision. Bis dahin war es mir noch nicht in den Sinn gekommen, dass ich mich nun endlich dort befand, wo ich schon hinwollte, seit ich dem Teenageralter entwachsen war. Der Weg dorthin war so lang gewesen, dass ich das Ziel aus den Augen verloren hatte! Ich war ehrgeizig und hartnäckig gewesen und hatte nicht aufgegeben, selbst als ich die Hoffnung beinahe verloren hatte. Schließlich dauerte es mehr als zwanzig Jahre, bis die Vision sich komplett entfaltet hatte, weitaus länger als ich es mir vorgestellt hatte. Es war ein Weg, der mit Enttäuschungen, Leid, Furcht und unerfülltem Kinderwunsch gepflastert war – und dann kam die pure Freude über eine zweite Chance und einen Sohn, der uns anvertraut wurde. Doch anschließend stellten sich die Schuldgefühle darüber ein, dass ich ihn in der Kita abgab, obwohl mein Sohn glücklich war, wenn er den Raum betrat und seine Freunde sah. Sie umarmten einander und klatschten sich ab. Alle riefen seinen Namen, wenn er durch die Tür kam: »Alex!«

»Ihm gefällt es dort«, sagte mein Mann, der meine Schuldgefühle nicht nachvollziehen konnte. »Dort sind seine Freunde. Er ist gern mit anderen zusammen. Es tut ihm gut. Und du bist eine tolle Mama. Du führst genau das Leben, zu dem du bestimmt bist.« Seine Worte taten mir gut wie eine herzliche Umarmung. Sie erinnerten mich daran, dass ich auf dem richtigen Weg war, meine Werte lebte und meiner Berufung folgte. Ich wünschte mir, dass ich mir diese Worte zu eigen machen konnte. Ich wollte meine Vorbehalte aufgeben und Ruhe finden.

Indem ich negative Emotionen in Situationen hineinholte, die normalerweise erfreulich gewesen wären, schützte ich mich in gewisser Hinsicht selbst. Das Leben war gut, aber nicht *zu* gut. *Wenn etwas schiefgeht,* so dachte ich anscheinend, *dann falle ich vielleicht nicht so tief, weil mein Leben ohnehin nicht ganz perfekt war. Ich war eigentlich gar nicht so* übermäßig *glücklich.*

Glücklichsein erfordert Mut. Und Anstrengung. Es braucht Hartnäckigkeit, Durchhaltevermögen und viel Hoffnung. Aber Hoffnungen können natürlich auch zerstört werden. Enttäuschungen sind immer möglich.

Diese Lektion lernte ich bereits recht früh, und zwar in der glücklichsten Zeit meiner Kindheit – in den Sommermonaten. Diese verbrachte ich immer bei meinen Großeltern in South Carolina, seit ich drei Jahre alt war. Es waren sorgenfreie, fröhliche Tage, denn ich war im Kreis meiner Familie von liebevollen Menschen umgeben. Diese Zeiten prägten mich im Hinblick darauf, wer ich war und woher ich kam, und sie weckten in mir den Wunsch, etwas Sinnvolles mit meinem Leben anzufangen.

Glücklichsein erfordert Mut. Und Anstrengung. Es braucht Hartnäckigkeit, Durchhaltevermögen und viel Hoffnung.

Während meines siebten Sommers dort erklärte mir mein Großvater, er habe Krebs – ein Wort, das ich vorher noch nie gehört hatte. Wir verbrachten den Sommer mit Arztbesuchen und Großvater machte immer wieder Bemerkungen, dies sei unser letzter gemeinsamer Sommer – Kommentare, die meine Großmutter schnell abwiegelte. Aber er wusste es. Anfang September starb er. Noch heute, so viele Jahre später, muss ich weinen, während ich diese Worte schreibe. Mein Großvater traute mir so vieles zu. Er liebte mich. Er ließ mich spüren, dass ich jemand Besonderes war.

Aber sein Tod war die erste von vielen Veränderungen, die ungefähr alle zwei Jahre in meinem Leben eintraten. Ich weiß noch, wie ich auf dem Schoß meiner Großmutter weinte, unfähig zu glauben, dass wir ihn nie wiedersehen würden. Großmutter wischte mir die Tränen ab und versprach: »Ich werde ab jetzt deine Großmutter und dein Großvater sein. Es wird schon alles wieder gut.« Aber sie konnte dieses Versprechen nicht lange halten. Zwei Jahre später starb sie ebenfalls. Sobald ich mich an eine unerwünschte neue Realität gewöhnt hatte, kam anscheinend die nächste. Zwei Jahre nach Großmutters Tod trennten sich meine Eltern und meine Mutter zog hundertfünfzig Kilometer weit weg in einen anderen Bundesstaat. Weitere zwei Jahre später verloren wir unser Zuhause. Und wieder zwei Jahre später ließen sich meine Eltern schließlich scheiden.

Ich erzähle Ihnen dies alles nicht, um Ihr Mitleid zu wecken. Wir alle haben unsere persönliche Geschichte. Der Punkt ist, dass ich ständig das Gefühl hatte, mir würde der Boden unter den Füßen weggezogen. »Werde nicht zu glücklich, denn es wird nicht lange andauern!« war die Botschaft, die ich immer wieder empfing. In der Tat hatte ich Angst vor dem Glücklichsein, denn ich fürchtete, es zu verlieren.

Glück, das war für mich etwas Riskantes. Es bedeutete, Enttäuschungen in Kauf nehmen zu müssen. Das Glück für mich ganz anzunehmen, hieß, dass ich erwartete, es würde bleiben, obwohl ich nicht daran glaubte. Je größer mein Glück, desto verheerender würde der Absturz sein, fürchtete ich. Wenn es mir also gelang, mein Glücksniveau ein paar Stufen herunterzuschrauben, konnte ich mich ein wenig sicherer fühlen. Ich konnte den unvermeidlichen Fall abfedern, den ich so sehr fürchtete, wenn auch unbewusst.

Folglich neigte ich dazu, eine Art negative Emotion in mein Leben einzuführen, um mit dieser Situation klarzukommen. Als ich mit Anfang zwanzig mein Studium beendete und in ein wunderbares Berufsleben startete, machte ich mir Sorgen. Ich fürchtete, dass irgendeine schreckliche Tragödie über mich hereinbrechen würde. Ich weiß noch, wie ich damals im Gottesdienst saß und mir all die Katastrophen ausmalte, die geschehen könnten, obwohl doch eigentlich alles ganz gut lief! Ich betete zu Gott, er möge mich weiterhin segnen und glücklich sein lassen, dachte jedoch zugleich, dass ich damit wohl zu viel verlangte, denn es ging mir ja bereits sehr gut. Und als ich mich mit meinem Mann verlobte, fürchtete ich, es könnte vor der Hochzeit noch etwas passieren. Es war so ein langer Weg gewesen, bis ich die wahre Liebe fand und heiraten konnte. Würde dieser Traum wirklich in Erfüllung gehen? Ich zählte die Tage, immer in Sorge, dass mir vor meiner Hochzeit wieder der Boden unter den Füßen weggezogen werden würde. Allerdings wagte ich es nicht, irgendjemandem von meinen ängstlichen, irrationalen Gedanken zu erzählen. Und dann heirateten wir. Mein Traum war in Erfüllung gegangen. Nun verschwanden meine Sorgen zwar nicht ganz, aber sie hielten sich im Hintergrund, während mein Alltag sich mit neuen Verpflichtungen als Ehefrau und Stiefmutter füllte und ich schließlich selbst Mutter wurde. Doch meine Sorgen wurden nicht durch Freude ersetzt, sondern durch Schuldgefühle.

»Es ist nicht so, dass Frauen sich davor fürchten, glücklich zu sein«, sagt Jill Jones, die im US-Bundesstaat Georgia als Therapeutin und Sozialarbeiterin tätig ist. »Sie fürchten sich vielmehr vor dem Glück an sich.«[11] Es ist, als ob wir der Auffassung wären, Gott schaue vom Himmel herunter, deute auf uns und sage: »Die da drüben! Die hat zu viel Glück!« Erschwerend kommt noch hinzu, so Jill Jones, dass viele Menschen zwei religiöse Überzeugungen besitzen: 1. dass man sich den Weg in den Himmel verdienen muss, indem man sich immer richtig verhält, und 2. dass wir Menschen die Aufgabe haben, ein wenig zu leiden. Deshalb setzen wir unsere Schuldgefühle und die Furcht ein, um ein wenig Leid unter unser Glück zu mischen, damit wir Gott nicht verärgern.

Oft setzen wir unsere Schuldgefühle und die Furcht ein, um ein wenig Leid unter unser Glück zu mischen, damit wir Gott nicht verärgern.

Jill Jones formuliert es so: »Wir denken: ›Das ist nicht gerecht. Was habe ich schon getan, um all das Gute zu verdienen?‹«[12]

Schauen wir uns also etwas genauer an, um welche Themen es hier geht:

- Unsere Sehnsucht, glücklich zu sein
- Unsere Furcht vor dem Glück
- Die Sicherheit des Unglücklichseins
- Die Vorteile von Schuldgefühlen

UNSERE SEHNSUCHT, GLÜCKLICH ZU SEIN

In meinem Buch *Happy Women Live Better* habe ich darauf hingewiesen, dass Glücklichsein die Motivation für jedes Ziel ist, das wir uns setzen. Das Glück gehört zu den wenigen Dingen, die wir um ihrer selbst willen gezielt anstreben. Alles andere streben wir vor allem deshalb an, weil wir glauben, dass es uns glücklicher machen wird, wenn wir es haben. Ob es sich dabei um eine Beziehung, eine berufliche Karriere, Geld oder Abnehmen handelt – oder sogar um das Wachstum unseres Glaubens – wir verfolgen diese Ziele letztendlich deshalb, weil wir meinen, es ginge uns besser – wir seien *glücklicher* –, wenn wir dieses Ziel erreichen. Niemand stellt uns die Frage, *warum* wir glücklich sein wollen. Es wird als selbstverständlich betrachtet. Nicht einmal der größte Pessimist oder der völlig unmotivierte Nörgler würde es sich zum Ziel setzen, das miserabelste, unglücklichste Jahr seines Lebens zu haben.

Was aber ist Glück? Es ist subjektives Wohlergehen. Ich kann Ihnen nicht sagen, ob Sie glücklich oder unglücklich sind. Nur Sie können das beurteilen.

Das Problem dabei ist, dass der Weg zu jedem Ziel ein verschlungener ist. Überall gibt es Hindernisse und Herausforderungen. Nicht selten muss man einen Preis bezahlen, wenn man ein bestimmtes Ziel erreichen will – und wir bezahlen mit Zeit, Energie und Opfern.

Ganz allgemein gesprochen wollen wir uns also gut fühlen und glücklich sein. Das ist ein grundlegender menschlicher Instinkt. Aber das Glück ist eine Reise, auf der viele Entscheidungen zu treffen sind. Forschungen zeigen, dass zwar etwa 50 Prozent unseres Glücklichseins auf unser Gemüt bzw. unsere Persönlichkeit zurückzuführen sind, dass aber immerhin 40 Prozent in Zusammenhang mit den bewussten Entscheidungen stehen, die wir treffen.[13] Die Tatsache, dass wir unser eigenes Glück durch unsere Entscheidungen beeinflussen können, hat große Auswirkungen. Wenn aber die Entscheidungen, die zu vermehrtem Glück führen könnten, sich in unseren falschen Schuldgefühlen verfangen, wird es kompliziert.

Hinzu kommt noch: Wenn unsere Auffassung von Glück bei uns das Gefühl verursacht, dass unser Wunsch nach Glück irgendwie egoistisch, unfair oder ungeistlich ist, dann wird dieser Wunsch von unseren Schuldgefühlen erstickt.

DIE FURCHT VOR DEM GLÜCK

Der Grund, warum die meisten Leute nie den Glaubensschritt wagen, ihre großen Träume anzupacken, ist das damit verbundene Risiko. Ob es das Risiko des Versagens, der Ablehnung oder der Unsicherheit ist – das Unbekannte flößt uns Angst ein. Die Was-ist-wenn-Frage taucht auf und bremst die meisten Leute aus. *Was ist, wenn ich scheitere? Oder wenn ich mich getäuscht habe? Was ist, wenn die anderen meine Entscheidung nicht gut finden? Was ist, wenn …?* Da Sie ein Mensch sind, haben Sie sich wahrscheinlich auch schon einmal solche Was-ist-wenn-Fragen gestellt und waren daraufhin vor Furcht gelähmt.

Ganz gleich, um welches Ziel es sich handelt: Die meisten von uns neigen dazu, das Risiko zu überschätzen, das mit unserem Streben nach Glück verbunden ist. Das ist ein Schutzmechanismus.

Die Furcht ist sehr mächtig und unser Gehirn ist darauf programmiert, ihr Beachtung zu schenken. Allerdings kann es passieren, dass wir unbegründete Ängste genauso ernst nehmen wie gerechtfertigte. Wenn sich also die Was-ist-wenn-Fragen einstellen und unsere Ängste hochgefahren werden, will unser Gehirn automatisch die potenzielle Gefahr vermeiden (Stichwort: Schmerzvermeidung), die unsere Furcht am Horizont wittert.

Da Glück ein Risiko in sich birgt, tauchen in seinem Fahrwasser ganz eigene Was-ist-wenn-Fragen auf:

- Was ist, wenn ich dieses Glück gar nicht verdient habe?
- Was ist, wenn ich glücklich bin, andere aber leiden müssen?
- Was ist, wenn ich diesen Level an Glück oder Erfolg auf Dauer nicht halten kann?
- Was ist, wenn andere neidisch werden?
- Was ist, wenn meine Bedenkenträger recht haben und am Ende sagen: »Siehst du, ich habe es doch gewusst!«?
- Was ist, wenn mein Glück sich negativ auf meine Beziehungen auswirkt?
- Was ist, wenn es viel länger dauert, mein Glück zu finden, als ich es erwartet habe?

- Was ist, wenn das, wovon ich mir mein Glück erhofft habe, mir kein Glück bringt?
- Was ist, wenn …?

Diese Fragen werden in der Regel nicht laut ausgesprochen. Manchmal sind sie wie Refrains, die immer wieder leise in unseren Gedanken abgespielt werden. Manchmal sind sie ein so fester Bestandteil unserer mentalen Verfassung, dass es uns gar nicht in den Sinn kommt, sie könnten uns Angst einjagen.

Um glücklich zu sein, müssen wir die Sicherheit dessen, was wir kennen, aufgeben. Für manche Menschen fühlt es sich unterbewusst jedoch sicherer an, das festzuhalten, was sie kennen, statt ihre Komfortzone, ihren vertrauten Lebensbereich, zu verlassen. Wenn wir jedoch die Veränderungen in unserem Leben vornehmen, vor denen wir uns fürchten, kann es sein, dass wir am Ende glücklicher sind als je zuvor.

> Wenn wir Veränderungen in unserem Leben vornehmen, vor denen wir uns fürchten, sind wir am Ende vielleicht glücklicher als je zuvor.

DIE SICHERHEIT DES UNGLÜCKLICHSEINS

Wenn Glücklichsein ein Risiko darstellt, dann bedeutet Unglücklichsein Sicherheit. Es schenkt Gewissheit. Wir wissen, was wir zu erwarten haben. Schuldgefühle gehören zu den vielen negativen Emotionen, die das Unglücklichsein bewirken. Wenn wir uns schuldig fühlen, leiten wir daraus Handlungen ab, die für uns zur Norm werden. Wir erwarten es so und die anderen erwarten es auch. Natürlich ist das eine Art Gefangenschaft. Doch wir wissen, wo die Grenzen liegen, die uns auf ein Leben beschränken, das zwar nicht sein volles Potenzial ausschöpft, aber auf jeden Fall vertraut ist.

Die Sicherheit des Unglücklichseins ist die Sicherheit einer Komfortzone. Allerdings ist diese nicht wirklich sicher – sie vermittelt nur das *Gefühl* der Sicherheit. Wir mögen es vielleicht nicht, unglücklich zu sein, aber zumindest wissen wir, was kommt. Wir wissen, welche Argumente wir zu erwarten haben, wen wir beschwichtigen müssen und wie wir uns fühlen werden.

Um glücklich zu sein, müssten wir vielleicht neue und andere Grenzen setzen. Wir müssten aufhören, die Verantwortung für etwas zu übernehmen, das nicht in unserem Verantwortungsbereich liegt, und es anderen gestatten, unseren Platz einzunehmen. Wir müssten zu unseren Werten und unserer Meinung stehen, die sich vielleicht von den Werten und der Meinung der anderen unterscheiden. Wir müssten aufhören, so zu tun, als ob alles in Ordnung sei, wenn das nicht der Wahrheit entspricht. Wir müssten aufhören, andere für die Probleme verantwortlich zu machen, und selbst für unser Verhalten und unsere Rolle geradestehen, auch wenn es eine Rolle ist, in der wir uns schuldig fühlen. Und wir müssten die harte Arbeit anpacken, die Dinge richtig einzuschätzen, dazuzulernen und uns selbst für falsche Entscheidungen in der Vergangenheit zu vergeben. Nichts davon liegt innerhalb der Komfortzone irgendeines Menschen, denn all das fühlt sich riskant an. Aber wenn wir glücklich werden wollen, müssen wir genau diese Aktionen in Angriff nehmen.

Es mag sich lächerlich anhören: Aber wir können uns mit der Abwesenheit des Glücks so gut abfinden, dass wir, wenn es keinen Grund zum Unglücklichsein gibt, einen erfinden. Sorgen. Unzufriedenheit. Neid. Vorwürfe. Und ja, Schuldgefühle. Wenn ich also sage, dass Schuldgefühle Sicherheit geben, dann meine ich damit, dass die Schuldgefühle unsere Emotionen vom Positiven zum Negativen lenken – dorthin, wo es für uns vertrauter und bequemer ist. Also liegt es an uns zu entscheiden, ob wir bereit sind, die falschen Schuldgefühle loszulassen und unsere Freude zurückzufordern.

DIE VORTEILE VON SCHULDGEFÜHLEN

Wenn wir falsche Schuldgefühle haben, bringt uns das gewisse Vorteile, selbst wenn wir diese gar nicht so genau beschreiben können. Wie bereits gesagt haben wir die Wahl zwischen unterschiedlichen negativen Emotionen, um unglückliche Gefühle hervorzurufen, mit denen wir uns sicher fühlen. Schuldgefühle sind eine negative Emotion, die gegenüber den anderen diverse Vorteile hat. Zum einen lassen Schuldgefühle uns gut aussehen. Immerhin zeigen sie, dass wir uns Gedanken machen. Uns kümmern. Das Richtige tun wollen. Wenn andere Mitleid mit uns haben, umso besser. Und wenn nicht, können die Schuldgefühle uns dabei helfen, uns aufgrund der Wahrnehmung durch andere und ihrer Reaktionen in einer bestimmten Situation besser zu fühlen. Ich werde Ihnen gleich zeigen, was ich damit meine, und Ihnen zugleich etwas an die Hand geben, mit dem Sie dieses Problem bewältigen können.

DURCH SELBST-COACHING DEN SCHULDGEFÜHLEN AUF DEN GRUND GEHEN

Wenn ich die verschiedenen Schichten eines Schuld-Dilemmas offenlegen will, um besser zu verstehen, was hier geschieht, setze ich am liebsten Coaching in Verbindung mit Schreiben ein. Es ist gut, wenn man einen Coach hat, der einen durch diese Problematik hindurch begleitet. Noch besser aber ist es, wenn man den Prozess des Selbst-Coachings beherrscht, denn dieses kann man immer und überall einsetzen, wo man es braucht – nicht nur in einem Beratungsgespräch. Der Prozess ist einfach und er verläuft folgendermaßen:

- Nehmen Sie sich Zeit und Ruhe.
- Bitten Sie Gott um Weisheit und den Mut, bei Ihren Antworten ganz und gar ehrlich zu sein.
- Stellen Sie sich eine Frage, die Ihnen hilft, zur Wurzel der Furcht oder des Hindernisses vorzudringen, das Sie von dem abhält, was Sie in Ihrer Situation gerne tun würden. Die Frage könnte zum Beispiel lauten: *Was habe ich davon, dass ich mich in dieser Situation schuldig fühle?* Schreiben Sie Ihre Antwort auf oder diktieren Sie sie in Ihr Smartphone.
- Als Nächstes stellen Sie sich eine Frage, mit der Sie eine zweite Schicht offenlegen können. Wenn Sie zum Beispiel Ihre Antwort auf die erste Frage betrachten, könnte die

zweite Frage lauten: *Was bringt mir das?* oder *Inwiefern gibt mir das Sicherheit?* Schreiben Sie Ihre Antwort auf oder diktieren Sie sie in Ihr Smartphone.

- Allein schon mit diesen Fragen, mit denen die ersten zwei Schichten abgetragen werden, können Sie erkennen, wie sich Schuldgefühle in Ihren Gedankenprozess eingeschlichen und einen inneren Monolog erschaffen haben.
- Nun sollten Sie sich anschauen, was Sie anstelle der Schuldgefühle eigentlich wirklich wollen – *Freude.* Fragen Sie sich: *Wie würde es aussehen, wenn ich in dieser Situation Freude empfinden würde?* Falls es sich nicht um eine Situation handelt, in der Freude eine angemessene Emotion ist, sollten Sie stattdessen den Begriff *Frieden* verwenden. Schreiben Sie Ihre Antwort auf oder diktieren Sie sie in Ihr Smartphone.
- Und schließlich fragen Sie sich im Lichte der ehrlichen Antworten, die Sie hier gegeben haben: *Welches Vorgehen wäre jetzt weise?*

Selbst-Coaching ist keine exakte wissenschaftliche Methode, aber sie funktioniert. Nehmen Sie sich Zeit und Ruhe, stellen Sie fest, welche Schuldgefühle Sie empfinden, gehen Sie diesen auf den Grund und treffen Sie bewusste Entscheidungen in Bezug auf Ihre nächsten Schritte.

Um Ihnen zu zeigen, wie dies praktisch aussehen kann, möchte ich Ihnen erklären, wie ich diesen Prozess im Hinblick auf meine Autorentätigkeit einsetzte. Ich habe oft Schuldgefühle, wenn ich nicht so viel geschrieben habe, wie ich mir vorgenommen hatte, oder noch schlimmer, wenn ein Abgabetermin bevorsteht. Da ich aber eigentlich sehr gern schreibe, ergeben diese Schuldgefühle eigentlich keinen Sinn und rauben mir nur die Freude. Das habe ich in meinem Berufsleben viele Male zugelassen. Darum überlegte ich, ob auch auf mich der Satz zutraf: »Glücklichsein ist ein Risiko und Schuldgefühle geben Sicherheit.« Im Zuge meines Selbst-Coachings stellte ich fest, dass meine Schuldgefühle mir tatsächlich Sicherheit vermittelten.

Im Folgenden gebe ich Ihnen einen kleinen Einblick in mein

Selbst-Coaching-Protokoll. Sie können hier erkennen, wie ich die Gedanken, die mir kamen, ehrlich festhielt und mir dann weitere Fragen stellte, durch die ich tiefere Schichten des Problems offenlegen konnte:

Was habe ich davon, dass ich mich schuldig fühle, wenn ich nicht schreibe? Welche Vorteile bringt es mir?

Ich habe das Gefühl, es wirklich versucht zu haben.
Ich habe das Gefühl, dass ich mich sehr anstrengen muss.
Ich tue mir selbst leid.
Ich bringe andere dazu, dass sie Mitleid mit mir haben.
Ich schiebe die Dinge immer weiter vor mir her.

Was bringt mir all dies?

Diese Vorteile liefern mir eine Entschuldigung, so weiterzumachen wie bisher. Sie geben mir das Gefühl, Schreiben müsse schwer sein und dürfe mir nicht leichtfallen.

Was habe ich von dem Gefühl, Schreiben müsse schwer sein?

Weniger Freude, was eine Strafe dafür ist, dass ich nicht schreibe, denn ich sollte ja schreiben. Nicht zu schreiben und trotzdem glücklich zu sein, ist nicht erlaubt.

Wie wäre es, wenn Schreiben mir Freude bereiten würde?

Ich empfinde es immer als eine sehr sinnvolle und erfüllende Tätigkeit, wenn ich schreibe. Aber ich frage mich auch, ob es mir gelingt, das beizubehalten. Da ist der Erfolgsdruck, der mit der bangen Frage verbunden ist, ob ich wirklich weiterhin erfolgreich sein werde. Es ist wie ein Hochstapler-Syndrom. War es einfach nur Zufall, dass ich zwölf Bücher geschrieben habe? Hatte ich bloß Glück oder kann ich es noch einmal schaffen? Kann ich Buch Nummer dreizehn schreiben?

Als ich mein erstes Buch schrieb, war es einfach wie im Traum. Doch Moment mal. Das stimmt ja gar nicht! Mein erstes Buch war in Wirklichkeit mein dritter Versuch. Und der ist mir erst gelungen, als ich keine Lust mehr hatte, mich selbst immer sagen zu hören, dass ich eines Tages ein Buch schreiben werde, es aber nie in die Tat umsetzte. Also was erzähle ich hier eigentlich – es sei »einfach wie im Traum« gewesen? Vielleicht war es ja traumhaft, als ich dann endlich mal loslegte, aber vorher hatte ich in derselben Zwickmühle gesteckt wie oft noch heute – nicht zu schreiben und sich dann deshalb schuldig zu fühlen. Eine Lizenz zu Selbstmitleid und Ausreden.

Das also ist meine »Voreinstellung«, ähnlich wie bei einer Softwareeinstellung. Diese Gefühle geben mir Sicherheit.

Was aber wäre, wenn ich in diesem Prozess des Bücherverfassens das Schreiben zu etwas Schönem machen würde, das mir Freude bereitet? Wenn das ein fester Bestandteil meiner Autorentätigkeit werden würde?

Wie wäre es, wenn ich glücklich wäre, statt mich schuldig zu fühlen? Was wäre nötig, damit ich mich beim Bücherschreiben glücklich statt schuldig fühle?

Ich müsste meine Ausreden loslassen. Ich müsste akzeptieren, dass es manchmal schwierig ist, genug Zeit zum Schreiben zu haben, und dann einen Weg finden, wie ich trotz dieser Hindernisse schreiben kann.

Die Schuldgefühle zu überwinden, kostet Disziplin. Grundsätzlich müsste ich mich also für Disziplin statt Schuldgefühle entscheiden, wenn ich glücklich sein will. Ich muss es einfach nur tun, um glücklich zu sein.

Welche Gründe gibt es noch, mich nicht schuldig zu fühlen? Oder anders ausgedrückt: Welche Gründe gibt es noch, warum ich glücklich sein könnte, wenn ich mein Buch schreibe?

Weil Gott mir mit dem Schreiben eine Begabung und einen Auftrag gegeben hat! Weil Schreiben das wichtigste und sinnvollste Element meiner Arbeit ist und sich alles andere daraus ergibt! Weil ich glücklich sein will! Ich will glücklich sein! Wenn ich mir das vor Augen halte, dann handle ich auch so, als ob es wahr ist – und es ist ja wahr. Ich möchte mich nicht mit Schuldgefühlen herumschlagen. Ich möchte glücklich sein.

Das Schlüsselwort hier lautet: »Es mir vor Augen halten«.

Mein Sicherheitsnetz aber besteht in einer Voreinstellung, die in der Furcht wurzelt.

Und wie ist es bei Ihnen? Inwiefern trifft der Gedanke »Glücklichsein ist ein Risiko und Schuldgefühle geben Sicherheit« auf eine der Situationen zu, in denen Sie sich schuldig fühlen? Vielleicht widerstrebt Ihnen dieser Gedanke ein wenig, aber ich möchte Sie dazu einladen, ihn als eine Möglichkeit in Erwägung zu ziehen. Wenn wir längere Zeit an etwas festhalten (an unseren Schuldgefühlen), obwohl wir behaupten, das nicht zu wollen, ist es wichtig, die Gründe zu hinterfragen, warum wir keine Veränderung vornehmen. Unsere Gründe, warum wir keine Fortschritte machen, liegen nicht immer auf der Hand – und sie sind auch nicht immer logisch. Aber wenn wir uns klarmachen, was uns dazu bringt, an Ort und Stelle zu verharren, im Sumpf unserer Schuldgefühle, dann können wir neue Entscheidungen treffen, die uns frei machen. So überwinden wir unsere Ängste und heißen die Freude von ganzem Herzen bei uns willkommen.

> Wenn wir uns klarmachen, was uns dazu bringt, im Sumpf unserer Schuldgefühle zu verharren, dann können wir neue Entscheidungen treffen, die uns frei machen.

Der nächste Schritt

Denken Sie ausführlich über die folgenden Fragen nach:

- Gibt es Dinge, die Sie getan oder unterlassen haben und die bei Ihnen das Gefühl verursachen, Sie würden es nicht verdienen, wirklich glücklich zu sein? Worum handelt es sich dabei? Statt den Gedanken zu übernehmen, Sie würden kein Glück verdienen, sollten Sie sich bewusst für das Glück entscheiden. Wählen Sie die Freude trotz Ihrer Unzulänglichkeiten. Sie sind die einzige Person, die diese Entscheidung treffen kann, und Sie sollten dies bewusst tun. Wenn wir über einen längeren Zeitraum die Denkmuster der Schuldgefühle weiterentwickeln, können sie zu unserem grundlegenden Lebensgefühl werden. Das geschieht so lange, bis wir bewusst und dauerhaft neue Denkmuster einüben.
- Haben Sie das Gefühl, Sie müssten immer noch für Fehler, Entscheidungen oder Fehltritte aus der Vergangenheit bezahlen, bevor Sie vollkommenen Frieden und Freude genießen können? Wenn ja, haben Sie nicht schon lange genug dafür bezahlt?
- Unser Verhalten wird dadurch bestimmt, dass wir Schmerz vermeiden oder Freude erleben möchten. Was haben Sie davon, dass Sie immer noch an Ihren Schuldgefühlen festhalten? Statt vorschnell »Nichts« zu antworten, sollten Sie sich in Ruhe mit dieser Frage beschäftigen. Seien Sie ehrlich und denken Sie im Gebet über Ihre Antwort nach.
- Wenn Sie Ihre Schuldgefühle loslassen würden, wie würde sich das auf die Dynamik in Ihren Beziehungen auswirken? Stellen Sie sich vor, wie Freiheit in Ihren Beziehungen aussehen könnte. Überlegen Sie, welche Freude und welcher Friede hier einziehen könnten.

Kapitel vier

Der Gendergap

Warum Frauen mehr zu Schuldgefühlen neigen

- Warum fühlen sich Frauen schuldiger als Männer?
- Empfinden Frauen heute mehr Schuldgefühle als frühere Generationen?
- Warum ist es von Bedeutung, ob Frauen sich schuldiger fühlen?

Es gibt eine lange Liste von Gründen, warum Frauen sich schuldiger fühlen als Männer. Dazu gehören in nicht geringem Maße die ständigen Erwartungen an uns, wer und wie wir sein sollten. Forschungen haben außerdem gezeigt, dass Frauen ausgeprägtere emotionale Höhe- und Tiefpunkte haben, was bedeutet, dass wir Emotionen schneller bemerken und empfinden.[14] Wenn man dazu noch die Tatsache in Betracht zieht, dass Perfektionismus häufiger ein Frauenproblem ist und wir Frauen oftmals hart miteinander ins Gericht gehen – vor allem mit unseren Töchtern –, dann haben wir das perfekte Rezept, um unsere Freude in Schuldgefühlen zu ertränken.

Jessicas Mann arbeitete an Filmsets in Kalifornien, sie selbst war Buchhalterin für ihren Arbeitgeber im südlichen Kalifornien. Während sie gelegentlich kurze Dienstreisen unternehmen musste, war ihr Mann manchmal bis zu acht Monaten am Stück abwesend, um Filme zu drehen.

»Ich glaube nicht, dass mein Mann jemals Schuldgefühle hatte«, erzählte sie. »Er dachte nie, er sei ein schlechter Vater, weil er so viel unterwegs war. Stattdessen hatte er vielmehr den Eindruck, sein Job biete unserer Familie große Vorteile.«

Doch nicht nur er selbst fühlte sich gut dabei, auch die Reaktionen anderer waren bei ihm meist positiv. »Wenn ich hingegen reisen musste«, sagte Jessica, »dann fragten mich die Leute andauernd: ›Wie schaffst du das nur, von deinem Kind getrennt zu sein? Das muss sehr schwer sein.‹ Dabei war ich doch nur ein paar Tage weg. Mein Mann aber war monatelang verreist und niemand fragte ihn, wie er das schaffte und ob er Schuldgefühle hätte. Natürlich war er manchmal traurig und vermisste uns, aber schuldig fühlte er sich nie.«

In gewisser Hinsicht kam Jessica sich vor, als säße sie auf der Anklagebank. Andere schienen ihre Entscheidungen infrage zu stellen und folglich tat sie es irgendwann auch. Ihr Mann aber fühlte sich nicht unter Druck.

STIMMT ES WIRKLICH, DASS FRAUEN SICH SCHULDIGER FÜHLEN ALS MÄNNER?

Gemäß einer Studie des *Journal of Personality and Individual Differences* gibt es unter Frauen geradezu eine Epidemie der Schuldgefühle.[15] Diese Emotionen sind, so die Studie, eng mit der Gewohnheit der Selbstkritik verbunden. »Selbst-Kritik« ist natürlich nur ein anderes Wort für »Selbstvorwürfe«. Und dazu neigen Frauen sehr viel stärker.

Schuldgefühle scheinen bei Frauen etwas ganz Alltägliches zu sein. Es ist im Grunde genommen klar bewiesen, dass wir uns ständig schuldig fühlen.[16] Dabei geht es oft um Kleinigkeiten, eine Selbstkritik, die auf Erwartungen und Idealen beruht, die nur schwer an jedem einzelnen Tag zu erfüllen sind. Männer dagegen fühlen sich eher wegen »großer Dinge« schuldig, zum Beispiel wenn sie jemanden betrogen oder eine falsche Entscheidung getroffen haben, die schwerwiegende Konsequenzen nach sich zieht.

Frauen fühlen sich also häufiger und aus mehr Gründen schuldig als Männer. Warum aber ist das so? Als ich weitere Studien zu dieser Frage heranzog, fand ich dort ein paar interessante Erkenntnisse und allgemeine Beobachtungen, die erklären, warum Frauen eher zu Schuldgefühlen neigen.

Frauen sind eher »fremdzentriert«.
Psychologen weisen darauf hin, dass die (meisten) Schuldgefühle uns dazu bringen, über andere nachzudenken, weshalb man Schuldgefühle als »fremdzentrierte Emotion« bezeichnen kann. Darin unterscheiden sie sich von »selbstzentrierten« Emotionen wie Glück oder Stolz. Wer sich selbst als eng mit anderen verbunden betrachtet, hat überwiegend »fremdzentrierte« Emotionen. Diese Einstellung ist bei Frauen häufiger anzutreffen als bei Männern.[17]

Frauen haben ein komplexeres Spektrum an Emotionen.
Das mag zunächst nicht überraschend klingen, wird aber durch Forschungen bestätigt. Ein Unterschied zwischen den Geschlechtern, was das emotionale Empfinden betrifft, wird hier bereits bei dreijährigen Kindern deutlich. Bei Frauen sind die Hochs und Tiefs stärker ausgeprägt als bei Männern.[18] Wenn wir also glücklich sind, ist dieses Gefühl intensiver. Dasselbe gilt jedoch auch für negative Emotionen wie zum Beispiel Schuldgefühle.

Frauen sind empathischer.
Studien haben gezeigt, dass Frauen sensibler im Hinblick auf die Gefühle anderer Menschen sind und diese auch besser ablesen können. Als die Frauen in den Studien mit hypothetischen Situationen konfrontiert wurden, bewiesen sie im Vergleich zu Männern ein komplexeres Wissen bezüglich der emotionalen Nuancen bei anderen Menschen. Dieses intensivere Bewusstsein kann uns auch sensibler machen gegenüber den Auswirkungen unseres Verhaltens auf andere.[19] Dadurch stellen sich Schuldgefühle schneller ein.

Haben Männer weniger Schuldgefühle?

Eine Studie, die von einer Gruppe von Psychologen in Spanien durchgeführt wurde, weist darauf hin, dass es bei Männern einen »Mangel an Schuldgefühlen« geben könnte. Oder freundlicher ausgedrückt: Männern fehlt es an »interpersoneller Sensitivität«. Das bedeutet schlicht und ergreifend, dass sie anderen Menschen gegenüber weniger Schuldgefühle haben – im Hinblick darauf, wie sich ihre Handlungen oder ihr Unterlassen von Handlungen auf andere auswirkt. Das stimmt mit der Erkenntnis überein, dass Männer weniger empathisch sind als Frauen. Schuldgefühle setzen Empathie voraus. Diese entwickelt sich bei Männern jenseits der fünfzig wieder stärker.[20]

Frauen neigen eher zu Perfektionismus.

Perfektionismus ist eher ein weibliches Problem. Das haben Studien ergeben.[21] Dieser wurzelt in Erwartungen und Maßstäben, die häufig nicht erfüllt werden können. Was hat das mit Schuld zu tun? Wenn wir meinen, Maßstäben gerecht werden zu *müssen*, die schwer zu definieren sind, können Schuldgefühle auftauchen, sobald uns dies nicht gelingt.

Frauen geben sich eher selbst die Schuld.

Der Erklärungsstil oder auch »Denkstil« ist ein Konzept, das der bekannte Psychologe Martin Seligman entwickelt hat.[22] Es beschreibt, wie Menschen die Ursachen für »gute« oder »schlechte« Ereignisse in ihrem Leben erklären. Viele Frauen neigen dazu, die Schuld für »schlechte« Ereignisse bei sich selbst zu suchen. Wer aber schlechte Ereignisse eher auf persönliche Charakterzüge als auf äußere Faktoren zurückführt, ist weniger optimistisch, was seine Fähigkeit zur Überwindung von Hindernissen und zum Erreichen zukünftiger Erfolge betrifft.

Frauen machen sich mehr Sorgen.

Frauen und Mädchen jeden Alters machen sich mehr Sorgen als ihre männlichen Altersgenossen. Forschungen haben gezeigt, dass bereits drei- oder vierjährige Mädchen sich mehr Sorgen machen als Jungen und ältere Frauen mehr als ältere Männer.[23]

Und was sind Sorgen? Sie sind die Angst vor der Zukunft. Das Nachdenken darüber, was alles schiefgehen könnte. Das Heraufbeschwören von Worst-Case-Szenarien, die wir immer wieder in unserem Kopf abspielen, und die Ängste, die dadurch ausgelöst werden. Sorgenvolle Gedanken drehen sich um die Möglichkeit, dass etwas Schlimmes passieren könnte.

Sorgen sind zwar keine Schuldgefühle, aber ständige Schuldgefühle wegen alltäglicher Dinge sind eine Form von Sorgen. Wir machen uns Sorgen, dass wir etwas nicht richtig machen, dass wir nicht genug machen, nicht gut genug sind und nicht genug getan haben. Und ganz gleich, was dieses »Genug« ist, dem wir nicht gerecht geworden sind, letztendlich läuft alles darauf hinaus, dass wir einen Preis dafür bezahlen müssen – und dieser jagt uns Angst ein.

Frauen leiden unter gestiegenen Erwartungen.
Frauen sind heutzutage mit zahllosen Erwartungen konfrontiert, die vergangene Generationen ganz einfach nicht kannten. Vieles davon ist auf positive Errungenschaften zurückzuführen – mehr Bildung und mehr berufliche Chancen zum Beispiel. Aber dies alles führt auch zu mehr Entscheidungsmöglichkeiten und folglich zu mehr Gelegenheiten, diese Entscheidungen zu hinterfragen und sich Vorwürfe wegen falscher Entscheidungen zu machen. Manche dieser hohen Erwartungen sind mit einem größeren Druck verbunden, Geld zu verdienen, gerade jetzt, wo der Doppelverdiener-Haushalt zur Norm geworden ist und Frauen zugleich weiterhin überwiegend für Kinder und Haushalt verantwortlich sind.

Dieser Konflikt kann Schuldgefühle verursachen. Studien haben zum Beispiel gezeigt, dass Frauen sich mit einer 30 Prozent höheren Wahrscheinlichkeit schuldig fühlen als Männer, wenn sie in ihrer Freizeit arbeiten müssen – und dies gilt ganz unabhängig davon, ob diese Frauen verheiratet oder alleinstehend sind, ob sie Kinder haben oder nicht. Am meisten schuldig fühlen sich jedoch Mütter von kleinen Kindern.[24]

Frauen sind durch kulturelle Einflüsse prädestiniert für Schuldgefühle.

Von Mädchen und Frauen wird oft erwartet, dass sie nett sind und Beziehungen pflegen. Die Tatsache, dass solche Verhaltensweisen bei Mädchen mehr gefördert werden als bei Jungen, kann dazu führen, dass Frauen eher die Verantwortung für die Gefühle anderer übernehmen. Außerdem werden wir mit dem Image der perfekten Mutter, Ehefrau und Mitarbeiterin konfrontiert, die den perfekten Körper, das perfekte Zuhause und die perfekte Frisur hat. Diese Erwartungen bestimmen uns zu den ungünstigsten Zeitpunkten, wecken Schuldgefühle und beeinflussen unsere Entscheidungen auf eine Weise, die unnötigen Stress verursacht.

> Von Frauen wird oft erwartet, dass sie Beziehungen pflegen. Das kann dazu führen, dass sie Verantwortung für die Gefühle anderer übernehmen.

Wenn Sie das nächste Mal vor einem Zeitschriftenregal stehen, achten Sie doch einmal darauf, wie Magazine, die sich an Männer richten, zwar Artikel enthalten, in denen es um Selbstverbesserung geht – allerdings liegt der Fokus dabei auf einer Verbesserung, die einem selbst zugutekommt und nicht unbedingt anderen. Frauenmagazine dagegen schreiben oft aus einer entgegengesetzten Perspektive: Hier geht es eher darum, wer man für andere Menschen ist, statt wer man für sich selbst ist, denn auf diese Weise wird man zu einem besseren *Du*. Dieser kleine Unterschied in der Perspektive macht uns glauben: Wenn wir unsere Ideale nicht erfüllen, enttäuschen wir nicht nur uns selbst, sondern auch unsere Umgebung und die Menschen, die uns am nächsten stehen.

Frauen erhalten nicht immer Unterstützung durch ihre Gemeinden.

Gläubige Frauen werden selten in ihrer Rolle als Berufstätige bestätigt. Als Ehefrauen und Mütter finden wir viel Anerkennung, weniger jedoch als Fachkräfte, Angestellte, Kolleginnen und Vorgesetzte. Über diesen Bereich unseres Lebens wird vor allem laut geschwiegen. Die Botschaft, die man daraus ableiten könnte, lautet, dass es sich nicht lohnt, in der Kirche das Thema *Beruf und Karriere für Frauen* anzusprechen, und das, obwohl mehr als zwei Drittel aller Frauen einen Großteil ihrer Zeit am Arbeitsplatz verbringen.

Es mag zwar eine Tradition sein, dass Frauen nicht berufstätig sind, biblisch ist es jedenfalls nicht. Das beste Beispiel dafür ist die Frau, die in Sprüche 31 beschrieben wird. Sie führt ihren Haushalt sorgfältig, unterstützt treu ihren Mann und leitet ein erfolgreiches Unternehmen.

Es ist eine uralte Frage, ob all die Unterschiede zwischen Männern und Frauen biologisch bedingt oder einige davon durch die Umwelt bestimmt sind. Fühlen Frauen sich eher schuldig, weil sie anders beschaffen sind? Oder spielen Kultur und Erziehung eine genauso wichtige Rolle? Die Antwort lautet: sowohl als auch. Denn wir sind alle unterschiedlich. Vielleicht werden Ihre Schuldgefühle mehr durch Ihre Persönlichkeit verursacht, während meine mehr durch das beeinflusst werden, was ich als Heranwachsende gelernt habe – oder umgekehrt.

WARUM SPIELT ES EINE ROLLE, DASS FRAUEN SICH EHER SCHULDIG FÜHLEN?

Warum ist all das wichtig? Zum einen, weil übermäßige Schuldgefühle ein Kennzeichen für eine schwere Depression sind. Die Wahrscheinlichkeit, an einer Depression zu erkranken, liegt für Frauen doppelt so hoch wie für Männer. In den letzten fünf Jahrzehnten ist das durchschnittliche Alter, in dem eine Depression das erste Mal auftritt, dramatisch gesunken. Die meisten Frauen, die heutzutage depressiv sind, hatten ihre erste Depression bereits im Teenageralter. Noch eine Generation davor lag das Durchschnittsalter für das erste Auftreten von Depressionen bei Ende zwanzig. Zwar sind übermäßige Schuldgefühle nicht die Ursache von Depressionen, aber dass sie ein Symptom davon sind, will uns etwas Wichtiges sagen. Sie sind das Ergebnis eines negativen emotionalen Zustands. Wenn unsere mentale Verfassung negativ ist, grübeln wir oft über das Negative nach. Und so wichtig negative Emotionen in gewisser Hinsicht sind, so zehren sie nicht nur an unserer mentalen und seelischen Gesundheit, sondern auch an unserer körperlichen.

Positive Emotionen dagegen, so haben es Studien gezeigt, machen uns erfolgreicher und gesünder und sie tragen eher dazu bei, dass wir Chancen bekommen und Beziehungen eingehen können, die für uns förderlich und zielführend sind. Sich gut zu fühlen, ist gut. Aber die Gewohnheit, sich schlecht und schuldig vorzukommen, kann zu einer Norm werden, die uns abhängig macht, weil sie uns Sicherheit vermittelt. Diese Gewohnheit können wir jedoch durchbrechen, indem wir die Gedanken, die uns Schuldgefühle einflößen, durch Gedanken ersetzen, die es uns erlauben, glücklich und zufrieden zu sein. Schuldgefühle sollten nicht die Währung sein, mit der wir für das Glück in unserem Leben bezahlen. Mögen wir uns noch so unwohl fühlen und uns vielleicht sogar fürchten – dennoch sollten wir die Freude in unserem Leben willkommen heißen. Und denken wir daran: *Sich gut zu fühlen, ist gut.*

> Schuldgefühle sollten nicht die Währung sein, mit der wir für das Glück in unserem Leben bezahlen.

DIE SCHULDGEFÜHLE ZURÜCKWEISEN

Wenn wir verstanden haben, dass wir allein schon aufgrund unseres Geschlechts anfällig für Schuldgefühle sind und dass Schuldgefühle schwere gesundheitliche Folgen haben können, sollten wir dies als einen Weckruf betrachten. Es ist äußerst wichtig, uns die Botschaften bewusst zu machen, die bei uns Schuldgefühle hervorrufen, egal um welche Quelle es sich dabei handelt. Und wir sollten diese Botschaften um unseres eigenen Wohlergehens willen zurückweisen. Wie weiter oben bereits erwähnt, machen wir Frauen oft Witze über unsere chronischen Schuldgefühle, als seien diese etwas, womit wir rechnen und das wir als Teil unseres Lebens akzeptieren müssten. Aber warum sollten wir das tun, wo unsere Seele und unser Körper doch einen so hohen Preis dafür bezahlen?

Wir können diese schädlichen Gedanken zurückweisen. Wir müssen nicht zu den Frauen gehören, die zu falschen Schuldgefühlen neigen und sie ständig mit sich herumschleppen. Wir können zu denen gehören, die Schuldgefühl-Fallen und falsche Schuldgefühle vermeiden, ohne sich dafür zu entschuldigen. Wenn wir uns für diesen Weg entscheiden, werden wir zu einem Licht für die Frauen, die immer noch in fremden Erwartungen und Werten gefangen sind.

Der nächste Schritt

Erkennen Sie Ihre Neigung hin zu falschen Schuldgefühlen oder negativen Emotionen und suchen Sie bewusst nach Gründen, um sich für die Freude zu entscheiden. Halten Sie sich diese Botschaft immer wieder vor Augen: *Mich gut zu fühlen, ist gut.* Heften Sie diese an Ihren Badezimmerspiegel oder an einen Ihrer Schränke. Sie könnten sich sogar durch Ihr Smartphone daran erinnern lassen. Wenn falsche Schuldgefühle an die Oberfläche sprudeln, Ihnen die Freude stehlen und Angst einjagen wollen, denken Sie daran, dass die Freude etwas Gutes ist und dass Sie das Recht haben, diese von ganzem Herzen, ohne schlechtes Gewissen und falsche Schuldgefühle in Ihrem Leben willkommen zu heißen.

Kapitel fünf

Zu den eigenen Werten stehen

Wenn wir nicht entscheiden, was für uns wichtig ist, werden es andere tun

- Nach wessen Werten leben Sie?
- Sind Sie bereit, zu Ihren Werten zu stehen?
- Welche Erwartungen haben Sie an sich selbst, durch die Schuldgefühle ausgelöst werden?

Einfach ausgedrückt sind Werte das, was wir im Leben für wichtig halten. Wir können unsere Werte im Gespräch mit anderen vertreten und eine beeindruckend klingende Liste herunterrattern. Der wahre Test für unsere Werte besteht aber in dem, was wir im Alltag tatsächlich *tun*.

Wir leben unsere Werte, selbst wenn wir sie gar nicht so genau kennen. Sie sind der Ausdruck dessen, woran wir wirklich glauben. Wenn wir unser Smartphone weglegen, um den Menschen, die wir lieben, beim Gespräch in die Augen zu schauen, dann ist das ein Ausdruck unserer Werte. Er besagt: »Die Verbindung zu dir ist mir wichtig und ich wertschätze das, was du mir sagen willst.« Wenn wir aber durch die sozialen Medien scrollen, während unsere Angehörigen uns etwas mitteilen wollen, ist das auch ein Ausdruck unserer Werte. Er bedeutet: »Was ich auf meinem Handy sehe, ist mir gerade wichtiger als du.

Was du mir sagen willst, ist für mich weniger von Bedeutung als das, was meine Freunde in den sozialen Medien gerade gepostet haben.«

Schuldgefühle entstehen, wenn unsere Werte nicht mit unserem Handeln übereinstimmen. Wenn unser Verhalten im Widerspruch zu dem steht, was wir als wichtig empfinden, müssen wir uns der Tatsache stellen, dass unsere Werte in diesem Moment eine Lüge sind. Und diese Lüge verursacht Schuldgefühle.

Was aber, wenn unsere Werte gar nicht *unsere* Werte sind? Wenn uns diese Werte von anderen vermittelt wurden? Wenn wir die Werte anderer übernommen und uns nie wirklich gefragt haben, ob wir mit ihnen übereinstimmen?

So war es zum Beispiel bei Patricia. An Schultagen übernahm ihr Mann die Aufgabe, die beiden Töchter morgens für die Schule fertig zu machen. Das machte er gut und er machte es gern. Patricia hatte dadurch ein bisschen mehr Ruhe, bevor sie zur Arbeit aufbrechen musste. Diese Routine funktionierte ganz gut, bis das Thema in einem Gespräch mit ihrer Mutter aufkam. Die beiden stehen sich sehr nahe und Patricia schätzt ihre Mutter sehr, vor allem in deren Elternrolle.

»Meine Mutter meint, dass nicht mein Mann unsere Kinder morgens für die Schule fertig machen sollte, sondern dass diese Rolle und Verantwortung als Mutter von zwei Töchtern mir zukäme«, erklärte sie. Jahrelang hatte Patricia deswegen Schuldgefühle. Doch nachdem sie intensiv darüber nachgedacht hatte, folgte ein simpler, aber grundlegender Aha-Moment: »Das sind die Werte meiner Mutter. *Meine Werte* besagen, dass wir ein verheiratetes Paar sind, das gemeinsam für die Erziehung der Kinder verantwortlich ist.«

Es dauerte lange, bis Patricia erkannte, dass ihre Erwartungen sich auf Werte gründeten, die nicht einmal ihre eigenen waren. Ihr Handeln stimmte zwar nicht mit den Werten, die sie für sich beanspruchte, überein, aber diese Werte waren die einer anderen Person und Patricia hatte sie nur übernommen.

WAS SIND IHRE WERTE?

Unsere Werte finden tief in uns ein Echo. Wir fühlen uns zu ihnen hingezogen. Sie beinhalten nicht nur das, was wir für gut halten. Sie sind das, was wir feiern und woran wir unseren Erfolg messen. Wir möchten anderen in Erinnerung bleiben als Menschen, die diese Werte gelebt haben. Und wir sind bereit, Opfer dafür zu bringen und uns besonders anzustrengen.

Wenn Sie aus der folgenden Liste drei bis fünf Werte auswählen könnten, die Ihnen an meisten bedeuten, welche wären das? Was ist Ihnen am wichtigsten?

Exzellenz
Wagemut
Gemeinschaft
Freiheit
Schönheit
Humor
Produktivität
Selbstbestimmung
Wachstum
Kreativität
Leistungsbereitschaft
Bildung
Romantik
Hilfsbereitschaft
Partnerschaft
Freude
Sensibilität
Integrität
Einsatzbereitschaft
Professionalität
Aufrichtigkeit
Leidenschaft
Sendungsbewusstsein
Geduld
Macht
Mut
Risikobereitschaft
Spaß

Sicherheit
gute Vorbereitung
Strategiebewusstsein
Wohlstand
Unabhängigkeit
Nächstenliebe
Zielstrebigkeit
Fairness
Gerechtigkeit
Heiligkeit
Zuneigung
Perfektion
Wahrheit
Vorbildlichkeit
Veränderung
Reichtum
Spontaneität
Sieg
Unterstützung
Kraft
Neugier
Kommunikation
Liebe
Familie
persönliche Entfaltung
Gesundheit
Fitness
politisches Bewusstsein

Zu den eigenen Werten zu stehen, bedeutet, die Tatsache zu akzeptieren, dass wir vielleicht anders sind als die anderen Menschen in unserer Umgebung. Allerdings könnten wir dabei auch entdecken, dass wir doch nicht die Einzigen sind, die ähnliche Werte haben.

Emily liebte ihren Beruf. Sie hatte zwei Kinder. Ihr starker Glaube und ihr aufgeschlossenes Wesen ließen sie in ihrer Gemeinde in Chicago fest verwurzelt sein. Dort war sie von berufstätigen Müttern umgeben. Tatsächlich war dies sogar der Normalfall – und so ziemlich alle schienen Schuldgefühle zu haben, weil sie den ganzen Tag von zu Hause weg waren. Diese Ängste erwähnten sie immer nur beiläufig, wenn sie sich in Hauskreisen oder anderen Gruppen trafen.

Aber Emily fühlte sich nicht schuldig. »Ich bin sogar eine viel bessere Mutter, wenn ich arbeite«, sagte sie. »Ich bin rundum besser, weil ich meine Gaben einsetze und meinen Beitrag für die Welt und meine Familie leiste. Ich habe auch das Gefühl, dass meine Kinder sich gut daran gewöhnt haben und dass es ihnen besser geht, gerade weil sie eine berufstätige Mutter haben. Ich habe deswegen also überhaupt keine Schuldgefühle. Ich fühle mich eher schuldig, *weil* ich keine Schuldgefühle habe. Wenn die anderen Mütter in der Gemeinde erzählen, wie schuldig sie sich vorkommen, schweige ich inzwischen lieber. Früher habe ich so getan, als würde ich ihre Gefühle teilen, aber dann hatte ich ein schlechtes Gewissen, weil es ja in Wirklichkeit eine Lüge war.«

Schuldgefühle zu haben, war in Emilys Umgebung die Norm. Es war eine gemeinsame Erfahrung, die die Mütter miteinander verband und die Emily nicht teilte. Als Emily sich jedoch entschloss, nicht mehr so zu tun, als habe sie Schuldgefühle, und stattdessen ehrlich über ihre Empfindungen sprach, geschah etwas Interessantes. Die anderen Mütter horchten auf. Einige wollten wissen, warum Emily so empfand, denn sie wünschten sich das offenbar auch. Und zumindest eine Mutter, die Emily näherstand, gab zu, dass es ihr ähnlich ging.

»In vielen christlichen Gemeinden herrscht noch das Bild vor, dass Frauen vor allem für ihre Familie da sein sollten. Andere Facetten unseres Wesens werden weniger wertgeschätzt«, meinte Emily. »Selbst heutzutage hat man als Frau das Gefühl, sich an Vorstellungen anpassen zu müssen, die nicht unbedingt biblisch, sondern kulturell bedingt sind. Aber als ich authentisch war, konnte ich unter den Frauen in meiner Gemeindegruppe ein Gespräch darüber anstoßen, was es bedeutet, eine gläubige, berufstätige Frau zu sein.«

WELCHE WERTE BESTIMMEN IHRE SCHULDGEFÜHLE?

Unsere Werte sind unterschwellige Überzeugungen, die unsere Entscheidungen und Handlungen bestimmen – und sie prägen die Gedanken, die zu diesen Entscheidungen und Handlungen führen. Unsere Gedanken befinden sich nicht in einem Vakuum. Sie beruhen auf unseren Erfahrungen, den Lektionen, die wir gelernt haben, auf unserer Umgebung und unserer Kultur. Wir können den Ursprung eines Gedankens herausfinden, indem wir den Wert identifizieren, der ihn hervorgebracht hat.

Das ist ein entscheidender Punkt im Prozess des Loslassens von Schuldgefühlen. Warum? Weil unsere Gedanken – das, was wir uns selbst sagen – zu Reaktionen führen. Reaktionen sind das, was wir fühlen, sagen oder tun – mit anderen Worten: Emotionen und Handlungen. Wenn wir das verändern, was wir denken, können wir auch unsere Reaktionen verändern. Und folglich auch das *Gefühl* von Schuld.

Wenn wir das verändern, was wir denken, können wir auch unsere Reaktionen verändern. Und folglich auch das Gefühl von Schuld.

Kontraproduktives Denken führt zu falschen Schuldgefühlen; man kommt sich schuldig vor, obwohl man nicht wirklich etwas falsch gemacht hat. Bevor wir aber unsere kontraproduktiven Gedanken hinsichtlich unserer Schuldgefühle verändern können, müssen wir die Werte identifizieren, die diese Gedanken hervorgebracht haben. Und hier geraten wir oft ins Stolpern.

Falsche Schuldgefühle werden nämlich nicht durch das verursacht, was geschieht, sondern durch das, was wir uns über das

Geschehene sagen. Was wir uns sagen, ist durch die Werte bestimmt, die wir angenommen haben. Und wir haben die Wahl, welche Werte wir übernehmen und welche wir ablehnen. Das aber erfordert ein bewusstes Vorgehen. Die Entscheidung liegt bei uns – und sie setzt den Prozess des Loslassens von Schuldgefühlen in Gang.

Wir müssen also erkennen, ob wir an Werten festhalten, die in ungesunden, nicht hilfreichen und in manchen Fällen sogar geistlich fehlgeleiteten Überzeugungen wurzeln. Ich möchte Ihnen nun dabei helfen, zur Ruhe zu kommen, darüber nachzudenken, welche Werte dazu führen, dass Sie sich schuldig fühlen, und die Entscheidung zu treffen, ob dies Ihre authentischen Werte sind. Mit »authentisch« meine ich ganz einfach dies: Sind es Überzeugungen, die das Leben in Freude und Freiheit, das Sie sich wünschen, am besten widerspiegeln? Wenn Sie nach Werten leben, die für Sie authentisch sind, dann sind dies Ihre ureigenen Werte. Sie müssen sich für diese nicht rechtfertigen, sondern Sie stehen freundlich, aber entschlossen dazu.

In meinem Leben habe ich diesen Prozess immer wieder durchlaufen, um Schuldgefühle loszulassen. Ich setze ihn auch bei meinen Klienten ein. Dabei verwende ich eine Kombination von verschiedenen Vorgehensweisen: Zum einen stammen diese aus der Forschungsarbeit von Aaron Beck, der für die Entwicklung der kognitiven Verhaltenstherapie berühmt geworden ist, zum anderen aus meiner Ausbildung im Themenbereich Resilienz, womit ich schon während meines Studiums bei der bekannten Resilienzforscherin und Psychologin Karen Reivich begann, der Co-Autorin des Buches *The Resilience Factor*.

Das Selbst-Coaching kann dabei helfen herauszufinden, welche Werte unsere Schuldgefühle bestimmen. Ich möchte dies an einem einfachen Beispiel verdeutlichen: den falschen Schuldgefühlen, die ich jedes Mal empfand, wenn ich verreisen musste und über Nacht von zu Hause weg war. Dieses Schuldgefühl war wie eine nasse Decke, mit der das Feuer der Begeisterung und Freude über die mit der Reise verbundenen Chancen ausgelöscht wurde. Schuldgefühle hervorrufende Gedanken schufen eine Atmosphäre der ständigen Sorge, die immer weiterwuchs, wenn ich an zu Hause dachte. Meine Gedanken lauteten unter anderem:

- *Du solltest zu Hause sein.*
- *Es ist falsch, über Nacht weg zu sein, wenn dein Sohn noch so klein ist.*
- *Deine Familie sollte dir wichtiger sein als deine Arbeit.*

Sicherlich können Sie sich vorstellen, wie diese drei verurteilenden Gedanken zu Schuldgefühlen führten – obwohl meine Vortragstätigkeit sehr erfolgreich war, ich zu Tausenden von Frauen sprechen konnte, weniger als vierundzwanzig Stunden von zu Hause weg war und meine Mutter bei uns übernachtete, damit mein Sohn einen möglichst normalen Tagesablauf haben konnte. Ich legte die verschiedenen Schichten offen, um die Werte zu finden, die zu diesen Gedanken führten. Dabei verwendete ich bestimmte Fragen, die ich mir selbst stellte, bis ich tief genug gebohrt hatte, um zum Kern der Werte vorzudringen:

- *Was bedeutet es für dich, dass … ?*
- *Was ist für dich dabei am schlimmsten?*
- *Warum bringt dich das so aus der Fassung?*

Als ich in Ruhe über diese Fragen nachdachte, entdeckte ich einen Wert, den ich anpassen bzw. verändern musste.

Wenn Sie diese Vorgehensweise selbst ausprobieren, sollten Sie mit einem einzigen Schuldgedanken anfangen. Stellen Sie sich die Fragen immer nur in Bezug auf *einen* Gedanken. Ich selbst begann mit dem Gedanken, der sich mir am meisten aufdrängte, dem Refrain, der die schlimmsten Gefühle in mir hervorrief: *Es ist falsch, über Nacht weg zu sein, wenn dein Sohn noch so klein ist.* Im Folgenden möchte ich Ihnen den Prozess genauer schildern. Natürlich ist dieser nicht perfekt. Ich hatte auf jede Frage mehrere Antworten, was völlig normal ist. Darum bohrte ich immer nur bei einer Antwort nach, nämlich bei der, die bei mir am meisten Resonanz fand.

Was ist so schlimm daran, »über Nacht weg zu sein, wenn dein Sohn noch so klein ist«?

Es bedeutet, dass mein Sohn mich vierundzwanzig bis sechsunddreißig Stunden nicht sieht, je nachdem wann ich abreise oder ankomme und je nach seinem schulischen Stundenplan. Es bedeutet, dass ich ihn vermisse und er mich wahrscheinlich auch. Es bedeutet, dass mein Sohn keine Mutter hat, die zu hundert Prozent zu Hause ist, und dass ich mich auf andere verlassen muss, um die Lücke auszufüllen.

Was bedeutet es für dich, dass du dich auf andere verlassen musst, um die Lücke auszufüllen? Was ist das Schlimmste daran?

Das Schlimmste ist, dass ich mir egoistisch vorkomme. Vielleicht löst meine Abwesenheit bei meinem Sohn Ängste aus. Vielleicht bedeutet es, dass ich versagt habe. Ich versage als Mutter, weil ich nicht genug Zeit habe, um meinen Verpflichtungen nachzukommen.

Nun werden Sie vielleicht einwenden: *Was meint Valorie eigentlich damit, dass ihr Sohn »noch so klein ist«? Wann ist ein Kind zu klein, sodass seine Mutter nicht über Nacht weg sein darf? Warum ist es so wichtig, dass die Mutter zu hundert Prozent zu Hause ist? Begeht sie einen Fehler, wenn sie es nicht tut?*

Wenn Sie die Gültigkeit oder die Relevanz der von mir geschilderten Gedanken infrage stellen, dann sind Sie hier einer Sache auf der Spur. Darum geht es, wenn wir uns unsere Gedanken bewusst machen. Manches von dem, was wir sagen, beruht auf falschen Annahmen oder sogar falschen Informationen. Wenn wir uns nicht die Zeit nehmen, unsere Gedanken in Ruhe auszusprechen, übersehen wir leicht, was wir uns da genau sagen und wie sich das auf unsere Schuldgefühle auswirkt.

DIE HINTERFRAGUNG: IST DIESER GEDANKE WAHR?

Der nächste Abschnitt des Prozesses ist unabdingbar, um die Schuldgefühle loslassen zu können. Ich nenne ihn »die Hinterfragung«. Manche unserer Gedanken sind zwar aufrichtig, aber sie entsprechen nicht unbedingt der Wahrheit.

Was mich betraf, so lautete mein aufrichtiger Gedanke: *Du solltest zu Hause sein.* Bemerkenswert ist hier das Wörtchen »solltest«. Es ist ein klassischer Schuldbegriff. Ebenso bemerkenswert ist die sehr allgemeine Formulierung dieser Aussage. Um meine Schuldgefühle loslassen zu können, musste ich diesen hartnäckigen Gedanken hinterfragen. Hinterfragen bedeutet, Fragen zu stellen, mit denen wir herausfinden, ob ein Gedanke wahr ist, und wenn ja, unter welchen Umständen. Diese Fragen könnten zum Beispiel folgendermaßen lauten:

- *Ist das wahr?*
- *Wer legt fest, ob es wahr ist?*
- *Warum ist es wahr? Warum ist es nicht wahr?*
- *Wenn es wahr ist, warum ist es für **mich** wichtig? Wenn es nicht wahr ist, warum ist es wichtig, dass ich diese Lüge nicht mehr akzeptiere?*
- *Wenn es so, wie ich es formuliert habe, nicht wahr ist, unter welchen Umständen könnte es für mich wahr sein?*

Als ich zu hinterfragen begann, ob der Gedanke *Du solltest zu Hause sein* wahr ist, lautete meine Antwort: *Nicht wenn ich beruflich etwas zu tun habe, das meine Abwesenheit über Nacht erfordert. Ich möchte jedoch so viel wie möglich zu Hause sein. Meine Familie hat in dieser Lebensphase für mich eine höhere Priorität als mein Beruf, deshalb muss ich sorgfältig abwägen, welche Aufgaben ich übernehme. Dies ermöglicht es mir, Frieden zu haben und kein schlechtes Gewissen zu entwickeln, wenn ich aufgrund einer beruflichen Verpflichtung über Nacht abwesend bin.*

Indem ich den ersten Gedanken hinterfragte, fand ich in ihm ein Körnchen Wahrheit: *Ich möchte so viel wie möglich zu Hause sein.* Warum? Weil ich in meiner Familie so viele Augenblicke wie möglich genieße, viele wichtige Dinge vermittle, so viel

Freude wie möglich haben und so viele schöne Erinnerungen wie möglich schaffen möchte. Meine Arbeit ermöglicht es mir, meine Berufung zu erfüllen und meinen Beitrag für meine Familie so zu leisten, dass mein Mann und ich das Leben führen können, zu dem wir uns von Gott berufen sehen. Dieses Leben mag anders aussehen als bei anderen Leuten, aber ich bin überzeugt, dass ich das tue, was ich in dieser Phase meines Lebens tun soll.

Als ich über die Gedanken nachdachte, die ich mir notiert hatte, spürte ich, wie sich eine Überzeugung in mir festigte. Die Beantwortung dieser einfachen, aber aussagekräftigen Fragen zwang mich, meine eigenen Werte zu klären. Und nachdem ich das getan hatte, konnte ich zu diesen Werten stehen! Ich konnte in Worte fassen, was für mich galt, und dies in einer nie zuvor gekannten Weise.

Wenn wir also einen Gedanken artikulieren, der bei uns Schuldgefühle verursacht, sollten wir uns die einfache, aber wirksame Frage stellen: *Ist das wahr?* Und wenn es nicht wahr ist, sollten wir uns selbst korrigieren. In meinem Fall bedeutete dies, dass ich mich fragen musste: *Unter welchen Umständen wäre es schlecht, längere Zeit ohne mein Kind unterwegs zu sein?* Erstaunlicherweise hatte ich darüber noch nie nachgedacht. Ich bin mir noch nicht einmal sicher, ob mir überhaupt klar war, was ich da dachte, bis ich die Fragen beantwortete, mit denen ich meine Werte offenlegte. *Okay*, dachte ich, *wenn ich mein Kind noch stillen würde, dann würde ich Reisen so weit wie möglich vermeiden. Oder wenn ich mein Kind gerade erst bekommen hätte und der Arzt mir von einer Reise abraten würde. Ich würde auch dann nicht über Nacht verreisen, wenn ich keine zuverlässige Person hätte, die sich während meiner Abwesenheit um meinen Sohn kümmert. Für mich müsste das ein vertrautes Familienmitglied sein. Doch meistens sind Jeff und unsere zwei anderen Kinder (meine Stieftöchter) da, wenn ich verreist bin. Wenn sie alle zu Hause sind, vermisst Alex mich ehrlich gesagt nicht einmal. Und wenn Jeff nicht da ist,*

> Wenn wir einen Gedanken artikulieren, der bei uns Schuldgefühle verursacht, sollten wir uns die einfache, aber wirksame Frage stellen: Ist das wahr?

kommt meine Mutter über Nacht zu uns nach Hause, was Alex besonders toll findet. Er genießt es, wenn Oma kommt.

Damit hatte ich mein Werte-Statement gefunden: *Es ist nicht falsch, wenn ich über Nacht verreist bin.* Ich habe viel darüber nachgedacht, unter welchen Umständen ich guten Gewissens weg sein kann, und habe viel Zeit damit zugebracht, alles gut zu organisieren. Ich glaube nicht, dass meine Abwesenheit Alex schadet. Und meine beruflichen Verpflichtungen, zu denen auch Reisen gehören, sind Teil unserer familiären Realität. In gewisser Hinsicht ist mein Sohn dadurch auch flexibler und unabhängiger geworden.

Sehen Sie, wie es funktioniert? Wenn wir uns die Zeit nehmen und uns diese wirksamen Fragen stellen, können wir die Schichten abtragen und das entdecken, wovon wir wirklich überzeugt sind. Ansonsten können Gedanken der Selbstsabotage, die noch nicht einmal wahr sind, Schuldgefühle verursachen, die uns jede Freude rauben. Sind Sie bereit, sich die Mühe zu machen und Ihre Gedanken bewusst wahrzunehmen, damit Sie sich ebenso bewusst für Ihre Werte entscheiden können?

ZU DEN EIGENEN WERTEN STEHEN

Zu unseren eigenen Werten zu stehen, macht uns stark. Es bedeutet im Grunde genommen, dass wir uns hinstellen und sagen: »Das ist meine Überzeugung und ich werde mein Leben danach ausrichten. Ich verstehe, dass du nicht dieselben Überzeugungen und Werte hast, aber das hier sind meine.«

Wie aber fangen wir das an – zu unseren eigenen Werten zu stehen? Der erste Schritt, mit dem wir weiter oben bereits begonnen haben, besteht darin, die eigenen Werte herauszufinden. Das erfordert ein Nachdenken über sich selbst. Die meisten von uns versuchen das aber gar nicht erst. Stattdessen leben wir nach unseren Werten, ohne uns bewusst zu machen, worin sie bestehen. Wenn ich ein Video über die letzten sieben Tage Ihres Lebens sehen könnte, dann könnte ich Ihnen genau sagen, was Ihre Werte sind. Wie Sie Ihre Zeit verbringen, zeigt, was Ihnen am wichtigsten ist, welche Prioritäten Sie setzen und was Sie tun (und nicht tun). Doch das Schöne an einem bewussten Erkunden der eigenen Werte ist, dass es uns zu einer Stellungnahme bringt. Wir rammen einen Pflock ein und sagen: »Darum geht es mir. Das glaube ich und deshalb tue ich das.«

Jahrelang stellte Patricia ihre Beziehung zu ihren Töchtern infrage, nachdem ihre Mutter ihre Missbilligung darüber zum Ausdruck gebracht hatte, dass Patricia und ihr Mann sich die Erziehung der Kinder teilten. Doch eines Tages fing Patricia an, in Ruhe über ihre eigenen Gedanken zu diesem Thema nachzudenken. Da erkannte sie, dass ihre Werte auf diesem Gebiet einfach anders waren als die ihrer Mutter – und sie fand das völlig in Ordnung.

Wenn wir unseren Standpunkt einnehmen und Schuldgefühle zurückweisen für etwas, das wir für uns als richtig erkannt haben, dann stehen wir zu unseren Werten. Fühlen wir uns aber in der Defensive oder schuldig, nur weil andere denken, dass wir irgendetwas tun sollten, das wir gar nicht wollen, dann ist es an der Zeit, unsere Gedanken in Ruhe zu überprüfen. Wenn Sie möchten, können Sie den IGEL-Prozess anwenden, um die Wahrheit über Ihre eigenen Werte herauszufinden. Das könnte folgendermaßen aussehen:

- **Identifizieren Sie den Auslöser:** Wo fühlen Sie sich schuldig aufgrund der Werte anderer Menschen oder weil Sie versuchen, nach Werten zu leben, die eigentlich gar nicht Ihre sind? Patricias Mutter zum Beispiel gab missbilligende Kommentare darüber ab, dass Patricias Mann die Kinder für die Schule fertig machte.
- **Gehen Sie Ihren Gedanken auf den Grund:** Wo haben Sie das Gefühl, etwas falsch zu machen? Welchen Schaden haben Sie verursacht? Stimmen Ihre Gedanken mit Ihren Werten überein – Ihrer Auffassung von *falsch* und *richtig* – oder sind es die Werte einer anderen Person? Im Fall von Patricia lautete der Wert: »Mütter übernehmen die Erziehung, vor allem wenn sie Töchter haben.« Aber das war der Wert ihrer Mutter, nicht Patricias. Patricias Wert lautete: »Bei uns zu Hause kümmern sich beide Elternteile um die Kinder und teilen die Verantwortung.«

- **Ersetzen Sie die Lüge durch Wahrheit:** Wenn es um Werte geht, ist das, was wir loslassen, nicht unbedingt eine Lüge, sondern eher ein Wert, der nicht für uns gilt. Wir ersetzen den Wert, der falsche Schuldgefühle in uns hervorruft, durch einen Wert, der unser eigener ist.
- **Listen Sie Beweise auf:** Ihr Beweis in Bezug auf Ihre Werte ist Ihr »Warum« und »Woher«. Warum bedeutet Ihnen dieser Wert so viel? Woher kommt er? Stimmt er mit Ihrem Glauben überein? Mit Ihren sonstigen Überzeugungen? Listen Sie Ihre Beweise auf und machen Sie sich auf diese Weise Ihre Werte automatisch zu eigen.

Es ist schade, dass nicht viel mehr Menschen zu ihren Werten stehen. Wir treffen unsere Entscheidungen im Hinblick darauf, was alle anderen glauben, statt ehrlich und mutig klarzumachen, was wir glauben und warum, und dann an diesen Überzeugungen festzuhalten und unsere Lebensführung entsprechend auszurichten. Wenn wir aber zu unseren Werten stehen, schenkt uns dies Kraft und wirkt befreiend. Darauf sollten wir nicht verzichten!

Nehmen Sie sich also Zeit und Ruhe, um diese Dinge zu klären. Atmen Sie tief durch. Beten Sie um Klarheit und Mut. Sie werden erleben, wie viel Zuversicht und Selbstvertrauen entsteht, wenn Sie die werden, die Sie wirklich sind – eine Frau, die sich ihrer Werte bewusst ist, ihrer Erwartungen an sich selbst, ihrer Grenzen gegenüber anderen und der Kraft ihres Gottes, die wirksam wird, wenn sie aus Glauben handelt statt aus Furcht.

Sobald Sie Ihre eigenen Werte geklärt haben und sich zu ihnen bekennen, können Sie der Neigung widerstehen, Ihre Entscheidungen ständig zu hinterfragen. Denn nun sind Sie entschlossen, diese Entscheidungen gutzuheißen, weil Sie die zugrunde liegenden Werte verstanden haben. Es gibt keinen Grund mehr, sich selbst auf die Anklagebank zu setzen. Sie können Ihr Leben führen in dem Wissen, dass Sie genau das tun, wozu Sie bestimmt sind. Sie haben Ihre Werte im Gebet vor Gott festgelegt, und selbst wenn andere Sie verurteilen oder wenn Sie scheinbar nicht mehr zu ihnen passen, müssen Sie sich nicht mehr schuldig fühlen.

Der nächste Schritt

Schauen Sie sich Ihre Schuldgefühl-Liste an und wählen Sie Ihr hartnäckigstes Schuldgefühl-Szenario aus. Beantworten Sie dann die folgenden Fragen.

- Welcher Wert löst bei mir diese Schuldgefühle aus?
- Ist das wahr?
- Wer legt fest, ob es wahr ist?
- Warum ist es wahr? Warum ist es nicht wahr?
- Wenn es wahr ist, warum ist es für mich wichtig? Wenn es nicht wahr ist, warum ist es wichtig, dass ich diese Lüge nicht mehr akzeptiere?
- Wenn es so, wie ich es formuliert habe, nicht wahr ist, unter welchen Umständen könnte es für mich wahr sein?

Kapitel sechs

Die gute Seite der Schuldgefühle

Warum das, was bei uns Schuldgefühle verursacht, uns zugleich erfolgreich macht

- Wozu sind Schuldgefühle gut?
- Wie haben Schuldgefühle Ihnen geholfen?
- Bestimmt Ihr Gewissen Ihre Gewissenhaftigkeit?

Bei meinen Nachforschungen zum Thema *Schuldgefühle* fand ich eine Studie, deren Ergebnisse mich vollkommen überraschten. Ich hatte Schuld bisher immer nur mit negativen Emotionen in Verbindung gebracht und so war ich regelrecht fasziniert von einer Entdeckung aus dem Bereich der Neurobiologie: dass unser Gehirn uns nämlich für unsere Schuldgefühle belohnt. Schuldgefühle und ihre Verwandten, Stolz und Scham, aktivieren Nerven-Schaltkreise, die als das Belohnungszentrum unseres Gehirns angesehen werden – so Alex Korb, Neurobiologe und Autor des Buches *The Upward Spiral*.[25] Und da Schuldgefühle sogar durch ganz triviale Ereignisse ausgelöst werden können, die dennoch das Belohnungszentrum unseres Gehirns in Gang setzen, kann dies geradezu in eine Abhängigkeit führen. Das könnte erklären, warum wir die Schuldbekenntnisse anderer Menschen so genießen. Wir denken: *Nun, zumindest bin ich ja nicht so schlecht* und schon fühlen wir uns ein kleines bisschen besser. Wir erkennen, dass wir mit unserer Schuld nicht allein dastehen. Vielleicht schwelgen wir manchmal sogar darin, wenn wir unsere Witze reißen und mit unseren Missgeschicken und Unzulänglichkeiten prahlen. Die sozialen Medien sind voll mit von Schuldgefühlen geprägten Memes und Posts über elterliches Versagen und Frustration im Hinblick auf das eigene Liebesleben, berufliche Fehlpässe und sportliche Misserfolge. Es gibt eine Art kameradschaftlichen Zusammenhalt beim Thema *Unerfüllte Erwartungen:* »Oh, das geht also nicht nur mir so! Dir auch! Sind wir nicht zwei herrliche Versager?«

Aber warum sollten unsere Schuldgefühle mit dem Ausschütten von Wohlfühlhormonen belohnt werden? Das mag wohl daran liegen, dass Schuldgefühle zu einem besseren Verhalten führen können. Sie sind ein Anreiz, das moralisch Richtige zu tun, fair zu sein und andere gut zu behandeln.[26]

Wenn Sie sich oft Vorwürfe wegen Ihrer Schuldgefühle machen, mag es für Sie vielleicht eine willkommene Botschaft sein, dass diese auch ihre guten Seiten haben. So zermürbend Ihnen solche Gefühle manchmal vorkommen mögen, haben diese dennoch möglicherweise zu Ihrem beruflichen Erfolg, Ihren Beziehungen und den guten Entscheidungen, die Sie getroffen haben, beigetragen. Das könnte daran liegen, dass unsere Schuldgefühle durchaus einem Zweck dienen und mehr sind als rein negative Emotionen. Letztendlich motivieren sie uns dazu, unser Verhalten zu verbessern, das Richtige zu tun und auch mit anderen Menschen richtig umzugehen.

Im Allgemeinen nimmt man an, dass erfolgreiche Menschen deshalb erfolgreich sind, weil sie ihre Leidenschaft zum Beruf gemacht haben und das lieben, was sie tun. Dahinter steckt der Gedanke, dass wir einen natürlichen Antrieb haben und uns engagieren, wenn wir etwas gern tun. Was aber, wenn das nur ein Teil des gesamten Puzzles ist? Wenn wir der Motivationskraft positiver Emotionen zu viel zuschreiben und die positive Kraft negativer Emotionen unterschätzen?

Zum Beispiel könnte es sein, dass Schuldgefühle sehr viel stärker zu unserer Anwesenheitsquote bei der Arbeit beitragen als unsere Liebe zu dem, was wir tun. Eine Studie untersuchte den Zusammenhang zwischen der Zufriedenheit im Job und der Häufigkeit der Anwesenheit. Die Annahme war, dass Angestellte, die ihren Beruf gern ausüben, eher jeden Tag zur Arbeit kommen, während unzufriedene Mitarbeiter mehr Fehltage aufweisen. Das erscheint logisch, oder? Es stellte sich jedoch heraus, dass die Annahme falsch war. Rebecca Schaumberg, Dozentin an der Wharton School der University of Pennsylvania, und Francis Flynn, Professor für Organisationsverhalten an der Stanford Graduate School of Business, veröffentlichten im *Journal of Applied Psychology* die Ergebnisse ihrer Studie über die Auswirkung von Schuldgefühlen auf die Verlässlichkeit von Mitarbeitern. Sie definierten die »Neigung zu Schuldgefühlen« als die »Tendenz des oder der Angestellten, bei einem persönlichen Fehlverhalten negative Emotionen zu empfinden«.[27] Sie fanden heraus, dass diejenigen, die eher zu Schuldgefühlen neigten, eine höhere Anwesenheitsrate am Arbeitsplatz aufwiesen, ganz unabhängig davon, ob sie mit ihrem Job zufrieden waren oder nicht. Diejenigen, die weniger zu Schuldgefühlen neigten, waren nur dann häufiger anwesend, wenn sie ihren Job mochten. Schaumberg und Flynn fanden ähnliche Resultate in verschiedenen Branchen, vom Callcenter über die Landwirtschaft bis hin zur Unterhaltungsindustrie.

Gemäß der Studie sind die verlässlichen Mitarbeiter mehr dadurch motiviert, dass sie die »normativen Erwartungen« anderer erfüllen, als dass sie ihre eigenen unmittelbaren Interessen verwirklichen. Mit anderen Worten: Zu Schuldgefühlen neigende Menschen werden durch Normen bestimmt. Man könnte den Begriff *Normen* auch ganz einfach durch *Erwartungen* ersetzen. Und wie wir ja bereits wissen, werden Schuldgefühle oft durch das Gefühl verursacht, den Erwartungen nicht gerecht geworden zu sein, egal ob wir selbst oder andere diese Erwartungen aufgestellt haben. Der Erfolg am Arbeitsplatz hängt oft damit zusammen, dass die Erwartungen ernst genommen und erfüllt werden, die von der Organisation als Norm gesetzt wurden. Schaumbergs und Flynns Studien über zu Schuldgefühlen neigende Individuen haben weitere positive Auswirkungen aufgezeigt: Unter anderem werden diese Angestellten hinsichtlich ihrer Leistung besser beurteilt und als fähige Mitarbeiter betrachtet, die sich gegenüber ihrem Arbeitgeber loyaler verhalten.

Zu Schuldgefühlen neigende Mitarbeiter haben möglicherweise auch ein besseres Sozialverhalten. In einem Interview mit der Zeitschrift *Harvard Business Review* erklärte Francis Flynn: »Es könnte sein, dass diese Mitarbeiter auch selbstloser sind. Wir sehen eine enge Verbindung zwischen erhöhtem Schuldbewusstsein und altruistischem Verhalten. Die Schuldbewussteren sind eher bereit, sich sozial zu engagieren und Kollegen in Not zu helfen. Es scheint einen Zusammenhang zu geben zwischen Schuldgefühlen und einem positiven Sozialverhalten.«[28]

Die Frage, was erfolgreiche Frauen anders machen, ist im Lauf der Jahre zu einem Schwerpunkt meiner Arbeit geworden. Ich bin fest davon überzeugt, dass wir uns viel zu sehr auf die Schritte konzentrieren, die zum Erfolg führen, und zu wenig auf den damit verbundenen gedanklichen Prozess. Wir meinen, wenn wir nur die richtigen Schritte kennen, würden wir jedes Ziel erreichen können. Doch hier fehlen entscheidende Informationen. Auf dem Weg zum Ziel gibt es nämlich jede Menge Hindernisse, Enttäuschungen oder Rückschläge. Der Unterschied zwischen denen, die erfolgreich sind, und denen, die nur mittelmäßig bleiben oder gar keinen Erfolg haben, besteht in dem, was sie sich selbst bei jedem Schritt auf diesem Weg sagen. Was sagen sie zu sich selbst, wenn sie sich ein Ziel setzen? Was sagen sie, wenn sie Zweifel haben? Was sagen sie, wenn es Fehlschläge gibt? Wenn sie sich geirrt haben? Wenn sie in peinliche Situationen geraten? Wenn eine wichtige Beziehung zerbricht? Die Frauen, die am erfolgreichsten sind, befolgen nicht einfach irgendwelche Schritte – sie denken anders, wenn sie mit einer Herausforderung oder einer Chance konfrontiert werden. Nun könnte man meinen, dass ihre Gedanken stets positiv sind, aber das stimmt nicht. Bevor ich mich mit dem Thema dieses Buches beschäftigte, hätte ich nie gedacht, dass Schuldgefühle beim Erfolg eine so große Rolle spielen.

Schuldgefühle haben viele gute Seiten. Eine davon ist, dass das *Vorausahnen von Schuldgefühlen* unser Verhalten so steuern kann, dass wir vertrauenswürdiger und erfolgreicher werden. Es führt dazu, dass wir uns in Situationen, in denen wir am liebsten aufgeben würden, selbst beherrschen (zum Beispiel, wenn wir gerne einfach den Wecker ausschalten und uns krankmelden würden). Es kann uns dazu bringen, die Ziele unseres Arbeitgebers hochzuhalten und in seinem Interesse zu handeln (was zu Beförderungen, Anerkennung und Gehaltserhöhungen führen kann). Es kann uns auch dazu motivieren, Menschen in Not zu helfen (ein Verhalten, das wiederum zu einem Gefühl des Glücks und der Erfüllung beiträgt). So mag es also auf den ersten Blick so scheinen, als wären Schuldgefühle eine negative Emotion, die uns immer die Freude raubt. Aber das Vorausahnen von Schuldgefühlen, wenn wir

Das Vorausahnen von Schuldgefühlen kann unser Verhalten so steuern, dass wir vertrauenswürdiger und erfolgreicher werden.

bestimmte Erwartungen nicht erfüllen, kann dazu führen, dass wir Entscheidungen treffen, mit denen wir diesen Erwartungen anderer gerecht werden. Und diese Entscheidungen wiederum ziehen positive Belohnungen und Erfolg nach sich. Das sind die guten Seiten unserer Schuldgefühle: Sie zeigen uns, wie wir besser werden können. Zum Beispiel:

- **Schuldgefühle bringen uns dazu, das Richtige zu tun.** Im Lauf der Zeit entstehen gute Beziehungen, wenn wir das Richtige tun. Wir erreichen wichtige Ziele und werden als vertrauenswürdig erachtet.
- **Schuldgefühle helfen uns, unseren Werten treu zu bleiben.** Der Gedanke, dass wir unseren Werten treu geblieben sind, schenkt uns Frieden. Wir sind authentisch, was eine notwendige Voraussetzung für Resilienz ist.
- **Schuldgefühle fordern uns auf, Verantwortung zu übernehmen.** Es ist gesund, zu seinen Fehlern zu stehen. Schuldgefühle fordern uns dazu auf, die Verantwortung für unser Handeln zu übernehmen.
- **Schuldgefühle können positive Veränderungen herbeiführen.** Wenn wir unser Handeln mit unseren Werten in Übereinstimmung bringen und darin Frieden finden wollen, können Schuldgefühle oder das Vorausahnen von Schuldgefühlen uns zur Veränderung motivieren.

- **Schuldgefühle bringen unsere Habgier unter Kontrolle.** Schuldgefühle können uns zu einem fairen Verhalten motivieren, wenn der Überfluss uns aus dem Gleichgewicht zu bringen droht.

Eine besonders faszinierende Verbindung zwischen Erfolg und Schuldgefühlen hängt mit einem bestimmten Charakterzug zusammen, den höchst erfolgreiche Menschen häufig aufweisen.

EINE EIGENSCHAFT, DIE ZU ERFOLG UND SCHULDGEFÜHLEN FÜHRT

Psychologen haben fünf grundlegende Charaktereigenschaften herausgefunden, mit denen sich jede Persönlichkeit beschreiben lässt. Sie werden häufig als »Big Five« bezeichnet. Dieses Modell der Persönlichkeitspsychologie wird auch als »Fünf-Faktoren-Modell der Persönlichkeit« bezeichnet. Wissenschaftler definieren Persönlichkeitsmerkmale als »relativ dauerhafte Muster des Denkens, Empfindens und Verhaltens, die eine Bereitschaft darstellen, in bestimmter Weise auf spezifische Anreize aus der Umwelt zu reagieren«.[29] Diese fünf Persönlichkeitsmerkmale sind:

- Offenheit für Erfahrung
- Gewissenhaftigkeit
- Extraversion
- Neurotizismus
- soziale Verträglichkeit

Von diesen fünf Persönlichkeitsmerkmalen kommt eines bei sehr erfolgreichen Menschen besonders häufig vor: Gewissenhaftigkeit. »Gewissenhaftigkeit ist die Neigung, planvoll, organisiert, aufgaben- und zielorientiert sowie selbstbeherrscht zu handeln, Belohnungen hinauszuzögern und Normen und Regeln zu beachten.«[30] Der Duden definiert *gewissenhaft* als »mit großer Genauigkeit und Sorgfalt vorgehend«.[31] Doch es gibt noch weitere Eigenschaften, die gewissenhafte Menschen auszeichnen:

- fleißig
- verlässlich
- sorgfältig
- organisiert
- vorsichtig
- pflichtbewusst
- überlegt
- gründlich
- leistungsorientiert

Woran erkennt man, ob jemand gewissenhaft ist? Es sind Leute, die To-do-Listen, Planer und gut geführte Kalender besitzen, ihre Schränke und Bücherregale ordentlich einräumen, stets zur Arbeit oder Schule erscheinen, regelmäßig zum Arzt gehen und sogar ihre finanziellen Ausgaben sorgfältig planen. Das ist natürlich keine vollständige Liste. Der springende Punkt bei dem allem ist, dass gewissenhafte Menschen ein Verhalten zeigen, das eher effizient ist, zukünftige Konsequenzen berücksichtigt und positive Ergebnisse erzielt.

Wenn Sie Bücher lesen oder hören, die Ihnen dabei helfen, persönlich zu wachsen und Ziele zu erreichen, dann ist das bereits ein gewissenhaftes Verhalten. Ich will damit nicht sagen, dass dies Ihr hauptsächliches Persönlichkeitsmerkmal ist, aber ich vermute, dass Sie sich hierin zumindest einigermaßen wiedererkennen. Immerhin könnten Sie Ihre Zeit ja auch mit etwas verbringen, das weit weniger Konzentration und Antrieb erfordert, als ein Buch darüber zu lesen, wie man mit einer großen Herausforderung umgeht. Wer diese Charaktereigenschaft nicht besitzt, macht sich weniger Gedanken über seine Ziele und lebt sorgloser und entspannter.

GEWISSENHAFTIGKEIT UND SCHULDGEFÜHLE

Was aber hat all dies mit Schuldgefühlen zu tun? Gewissenhafte Menschen sind der Ansicht, dass sie ihre Arbeit gut machen und ihre Pflichten und Aufgaben erfüllen – oder es zumindest versuchen. Sie handeln verantwortungsvoll. Sie sind fleißig. Sie halten sich an Normen. Sie erfüllen die Erwartungen anderer. Sie üben sich in Selbstbeherrschung und bringen in der Gegenwart Opfer, um das zu erreichen, was sie in der Zukunft haben wollen. Solche Verhaltensweisen betrachtet eine gewissenhafte Person als tugendhaft – ein Handeln, das zu einer gut geplanten Zukunft führt, in der sich die eigene Sorgfalt und das wohlüberlegte Vorgehen auszahlen.

Es ergibt also einen Sinn, dass gewissenhafte Menschen aus vielerlei Gründen erfolgreich sind. Durch ihr Verhalten erweisen sie sich als ordentlich, fleißig, verantwortungsvoll, selbstbeherrscht und regelkonform.[32] Wissenschaftler weisen darauf hin, dass gewissenhafte Menschen »dazu tendieren, ihr Leben gut zu organisieren, hart zu arbeiten, um bestimmte Ziele zu erreichen, die Erwartungen anderer erfüllen, Versuchungen nicht so leicht nachgeben und sich stärker an die Normen und Regeln des Lebens halten als andere Menschen«.[33] Wenn wir uns diesen letzten Satz genauer anschauen, stellen wir fest, dass diese Tendenzen eine Situation erzeugen, in der die Erwartungen manchmal nicht erfüllt werden können. Ziele, Versuchungen, Normen und Regeln – das alles erfordert Selbstbeherrschung. Und diese ist nicht immer in vollem Maße vorhanden. Wenn wir sie ständig brauchen, wird sie irgendwann unweigerlich zur Neige gehen – und dann fangen die Schuldgefühle an. Und wenn wir diese Beschreibung lesen, verstehen wir auch, warum viele Führungspersönlichkeiten, Starathleten und hochgebildete Menschen sehr gewissenhaft sind. Wer ein hohes Erfolgsniveau erreichen will, benötigt Planung, Durchhaltevermögen und Selbstbeherrschung, geprägt von Gewissenhaftigkeit.

Wenn Schuldgefühle daraus resultieren, dass wir die Erwartungen nicht erfüllen, und wenn Gewissenhaftigkeit dazu führt, dass wir den Erwartungen gerecht werden oder sie sogar übertreffen, dann sollte man meinen, dass gewissenhafte Menschen frei von Schuldgefühlen und voller Freude sind, oder? Sie sind pflichtbewusst und gründlich – und dies stimmt mit ihren Werten überein, was sich für sie gut anfühlt. Folglich müssten sie eigentlich weniger und nicht mehr Schuldgefühle verspüren als andere Persönlichkeitstypen. Doch weil Gewissenhaftigkeit einen

Menschen dazu bringt, sich an Normen zu halten, nach Erfolg zu streben und die Erwartungen anderer zu erfüllen, hat er auch viel mehr Gelegenheit zu versagen. Es ist schwer, all dies die ganze Zeit aufrechtzuerhalten. Wenn das nicht gelingt, hat ein solcher Mensch den Eindruck, etwas falsch gemacht zu haben, was zu Schuldgefühlen führt. Und das sind die Gründe dafür:

- »Normen« sind grundlegende Regeln für das, was akzeptabel ist. Sie sind Erwartungen, die sich auf Werte gründen, und eine gewissenhafte Person hat die Entscheidung getroffen, diese Werte für sich zu übernehmen. Erinnern wir uns daran, dass Schuldgefühle auf unseren Werten und den sich daraus ergebenden Erwartungen basieren. Das Aufrechterhalten von Normen ist ein durch Schuldgefühle motiviertes Verhalten, weil die gewissenhafte Person die Normen als das Richtige ansieht.
- Die Erwartungen anderer Menschen zu erfüllen, ist ein fremdzentriertes Verhalten. Wie bereits erwähnt sind Schuldgefühle eine fremdzentrierte Emotion. Sie tauchen auf, wenn wir den Eindruck haben, wir hätten einen Schaden verursacht. Wenn wir anderen gegenüber versagen, weil wir ihren Erwartungen nicht gerecht werden, erzeugt das in uns Schuldgefühle.
- Da wir alle nur Menschen sind, ist Unvollkommenheit unvermeidbar. Wenn eine gewissenhafte Person den Erwartungen nicht genügt, hat sie das Gefühl, etwas falsch gemacht zu haben. Wenn sie nur ein bisschen sorgfältiger, überlegter oder selbstbeherrschter gewesen wäre, so denkt sie, dann hätte sie vielleicht nicht versagt. Die Unfähigkeit, solche hohen Standards perfekt aufrechtzuerhalten, erzeugt bei gewissenhaften Menschen verstärkt Schuldgefühle, vor allem falsche.

Ein gutes Beispiel hierfür ist Kara. Erst vor Kurzem hat sie sich als Lebensberaterin selbstständig gemacht, nachdem sie bei uns ihre Ausbildung absolviert hatte. Da Kara ein sehr gewissenhafter Mensch ist, befolgte sie den Existenzgründungsplan, den sie in unseren Kursen kennengelernt hatte, sorgfältig. Sie achtete darauf, nur so viel Zeit für den Aufbau ihrer neuen Nebentätigkeit aufzuwenden, dass ihre Leistungen in ihrem Hauptberuf dadurch nicht beeinträchtigt wurden. Sie setzte alles in die Tat um, was sie während ihrer Ausbildung gelernt hatte – sie war sich über ihre Zielgruppe im Klaren, eignete sich ihre Fähigkeiten sorgfältig an und machte nur diskret Werbung, um ihren Arbeitgeber nicht zu irritieren. Ihre Arbeit als Coach hatte zwar nicht viel mit ihrem Vollzeitjob als Unternehmensberaterin zu tun, aber sie wollte dennoch nicht den Eindruck erwecken, sie würde sich dort nicht mehr voll einbringen, weil sie sich auf etwas anderes konzentrierte. In den letzten sechs Monaten hatte sie insgesamt vier Klienten pro Woche gehabt, die sie jeweils dienstagabends und samstagmorgens beriet. Es lief alles gut, obwohl sie sich manchmal wünschte, es könnte sich etwas schneller entwickeln. Ihr Ziel war es letztendlich, ihre Tätigkeit als Angestellte immer weiter zurückzuschrauben und sich irgendwann als Coach selbstständig zu machen.

Regelmäßig scrollte Kara durch den Feed ihrer sozialen Medien, wo sie vielen Lebensberatern folgte, deren Erfolg sie inspirierte. Vor einer Woche jedoch fing sie an, sich Vorwürfe zu machen. Nachdem sie gelesen hatte, was einige dieser Leute so machten und wie erfolgreich ihr jeweiliges Unternehmen schon innerhalb kurzer Zeit geworden war, wurde sie von Schuldgefühlen überwältigt.

Wenn ich meine Zeit besser einteilen würde, wäre ich vielleicht schon viel weiter, sagte sie zu sich selbst. *Ich investiere nur ungefähr acht Stunden pro Woche in meine selbstständige Tätigkeit. Ich könnte mehr machen. Vielleicht nehme ich das Ganze nicht ernst genug. Ich arbeite nicht hart genug.*

Als Kara ihre innere Checkliste in Bezug auf Werbeaktivitäten und Ideen durchging, die sie noch nicht verwirklicht hatte, wuchsen ihre Schuldgefühle noch mehr. Nur sechs Monate nach der Unternehmensgründung waren solche Gedanken sicher etwas überzogen. Ihre Gewissenhaftigkeit ließ sie zu hohe Erwartungen an ihre Arbeitsplanung stellen, die sie in der kurzen Zeit, die ihr zur Verfügung stand, unmöglich erfüllen konnte.

AUF DEN RICHTIGEN GEBIETEN GEWISSENHAFT SEIN

Unsere Gewissenhaftigkeit bringt uns dazu, unsere Aufgaben und Pflichten effektiv zu erfüllen. Dennoch kann es sein, dass wir auf den falschen Gebieten gewissenhaft sind. Normen zum Beispiel sind subjektiv. Sie stellen Werte dar, aber wessen Werte sind das? Es kann zum Beispiel sein, dass die eigene Familie zerstörerische Werte hat und wir uns trotzdem schuldig fühlen, wenn wir ihnen nicht entsprechen. Ebenso ist es möglich, dass wir für eine Firma arbeiten, deren Werte wir nicht teilen und an die wir uns dennoch halten, weil diese Normen aufgestellt wurden und wir dafür belohnt werden. Wir fühlen uns schuldig und geraten in innere Konflikte, wenn wir diese Normen nicht erfüllen – aber auch, wenn wir es tun.

Wir sollten also in unserer Gewissenhaftigkeit nicht einfach irgendwelche Normen erfüllen, sondern nur diejenigen, die wirklich gut und richtig sind. Auf diese Weise können wir unser Verhalten neu ausrichten und so anpassen, dass wir falsche Schuldgefühle eliminieren. Wir sollten unsere Normen bewusst aussuchen, und zwar solche, die auf unseren Werten basieren. Wenn wir zu diesen Werten stehen, können wir unsere Schuldgefühle loslassen.

Statt die Erwartungen oder Normen anderer erfüllen zu wollen, so wie sie uns von unserem Arbeitgeber, unserer Kultur oder der Gesellschaft im Allgemeinen diktiert werden, sollten wir eine Entscheidung treffen, welche Erwartungen richtig sind. Was ist das übergeordnete Richtige? Das höhere Gut? Was sind meine eigenen Normen? Hierüber sollten wir uns im Klaren werden.

Was für andere normal ist, mag für uns nicht normal sein. Und doch ist es manchmal schwierig, unsere eigenen Werte zu klären und uns zu ihnen zu bekennen, gerade wenn wir auf der anderen Seite dafür belohnt werden, dass wir den Werten unserer Familie, unserer Kultur oder unseres Unternehmens folgen.

WAS SAGT IHNEN IHR GEWISSEN?

Anita war seit mehreren Jahren in leitender Position in der Werbeverkaufsabteilung eines millionenschweren Medienunternehmens tätig. Eines Tages eröffnete ihr der Chef, dass das Unternehmen binnen weniger Monate an einen der Marktführer verkauft werden würde. Dennoch sollten weiterhin Werbekunden für die nächsten Quartale angeworben werden. Sie durften von dem bevorstehenden Verkauf jedoch nichts erfahren. Das Problem aber war, dass sich durch den Verkauf der verschiedenen Sender das ganze Format ändern würde, was wiederum bedeutete, dass dann auch das Zielpublikum ein anderes wäre. Viele Kunden würden vielleicht keine Werbung mehr in Auftrag geben, wenn sie von dem geplanten Verkauf wüssten. Immerhin wollten sie ja ein bestimmtes Publikum erreichen. Anita und ihr Team sollten aber weiterhin Kunden gewinnen und so tun, als ob sich nichts ändern würde. Anita war ein sehr gewissenhafter Mensch. Sie hatte ihrem Unternehmen Millionen Dollar an Aufträgen eingebracht, aber sie besaß auch ein Gewissen.

»Ich hatte ein sehr persönliches Verhältnis zu vielen dieser Kunden«, erzählte sie. »Ich hatte bei früheren Aufträgen mit ihnen zusammengearbeitet und sie vertrauten mir. Darum hielt ich es für falsch, so zu tun, als wüsste ich nichts von dem Verkauf. Damit hätte ich zugelassen, dass diese Kunden Geld ausgaben, obwohl ich wusste, dass sie nicht das bekommen würden, was sie zu kaufen glaubten.« Doch die meisten in ihrem Team folgten dem Plan. Anita musste eine Entscheidung treffen: ihre Kunden anzulügen, um Aufträge zu bekommen, oder ihren Job zu verlieren. Sie entschied sich für Letzteres.

Im Grunde genommen hielt ihre Vorausahnung von Schuldgefühlen sie davon ab, ihre Kunden bewusst anzulügen und damit gegen ihre eigenen Werte zu verstoßen. Anita kannte ihre Werte und dazu hätte es nicht gepasst, andere Menschen in die Irre zu führen und Situationen so zu manipulieren, dass sie davon profitierte, während andere einen Schaden erlitten. Allerdings waren genau das die Normen und Erwartungen ihres Arbeitgebers.

Andere Kollegen blieben und hielten sich an diese Normen und Erwartungen. »Ich weiß nicht, ob sie ein schlechtes Gewissen hatten, als sie logen. Aber kaum war die Firma verkauft, verloren auch sie ihre Jobs«, erinnerte sich Anita. »Der neue Eigentümer wollte neue Leute haben. So ist es immer.«

Anitas Dilemma gab ihr die Gelegenheit, sich zu den eigenen Werten zu bekennen, selbst wenn das den Verlust ihres Arbeitsplatzes bedeutete. Allerdings hatte sie einen sehr guten Ruf als Führungspersönlichkeit, die nicht nur gewissenhaft war, sondern auch ein Gewissen besaß; und so fand sie schnell eine neue Stelle in einem anderen Unternehmen, wo sie eine ähnliche Tätigkeit ausübte, die ihr gut gefiel.

DAS GESCHENK DER SCHULDGEFÜHLE

Wenn Sie ein gewissenhafter Mensch sind, kann man sich darauf verlassen, dass Sie bestimmte Aufgaben verlässlich erledigen. Wenn Sie sich von Ihrem Gewissen leiten lassen, kann man sich darauf verlassen, dass Sie das, was *richtig* ist, verlässlich erledigen. Ihr Gewissen ist es, das Ihre Gewissenhaftigkeit zu einem starken Instrument macht. Die Kombination aus beidem führt zu authentischem Erfolg. Eine Frau, die zu ihren Werten steht, besitzt sowohl Gewissenhaftigkeit als auch ein Gewissen.

Durch die Brille des Gewissens betrachtet, sind Schuldgefühle – oder die Vorausahnung derselben – ein Geschenk. Dieses ermöglicht es uns, unsere Werte und Überzeugungen mit unserem Handeln in Übereinstimmung zu bringen. Dies zu tun, ist etwas ganz Wesentliches, vor allem wenn unsere Ethik und Moral dabei ins Spiel kommen. Bei der Gewissenhaftigkeit geht es darum, etwas gut zu machen und bestimmte Erwartungen zu erfüllen. Wenn diese Erwartungen jedoch unmoralisch sind, hilft uns unsere Gewissenhaftigkeit nicht weiter. Dann brauchen wir unser Gewissen.

> Gewissenhaftigkeit ohne Gewissen ist gefährlich. Unsere Gewissenhaftigkeit sollte durch eine höhere Autorität bestimmt sein.

Gewissenhaftigkeit ohne Gewissen ist gefährlich. Im gesellschaftlichen Kontext hat dies zu großem Unrecht und zu einigen der schlimmsten Gräueltaten der Geschichte geführt. Auf diese

Weise konnte es zum Holocaust kommen. So wurde die Rassentrennung in Amerika lange Zeit aufrechterhalten und wurden die Rechte der schwarzen Bevölkerung beschnitten. Auch im ganz privaten Bereich kann dies viel Schaden anrichten. Wir wollen also nicht nur gewissenhaft sein, wir wollen auch ein gutes Ziel verfolgen. Unsere Gewissenhaftigkeit sollte durch eine höhere Autorität bestimmt sein. Unser Gewissen ist unser moralischer Kompass, der uns die Richtung weist. Ich selbst möchte mich vom Heiligen Geist leiten lassen. Er ist die Stimme Gottes, die mich in die richtige Richtung weist.

Wenn Sie ein gläubiger Mensch sind, dann werden Ihre Werte durch den Glauben bestimmt. Wenn ich meine Bibel aufschlage, wird mir klar, worauf es wirklich ankommt. Das ist nichts, was ich mir selbst ausgedacht habe. Es steht dort schwarz auf weiß. Es erfordert Demut, unseren Stand als menschliche Wesen zu begreifen – dass wir alle schuldig sind, dass keiner von uns perfekt ist. Jesus machte diesen Punkt besonders deutlich. Im Johannesevangelium im Neuen Testament wird berichtet, wie er die Leute infrage stellte, die bereit waren, eine Frau zu steinigen, die beim Ehebruch ertappt worden war. Jesus sagte zu ihnen: »»Wer von euch noch nie gesündigt hat, soll den ersten Stein auf sie werfen!‹ Dann bückte er sich wieder und schrieb weiter auf die Erde. Als die Ankläger das hörten, gingen sie einer nach dem anderen davon« (Johannes 8,7-9).

Die Worte von Jesus trafen alle, die an jenem Tag in der Menschenmenge standen, in ihrem Gewissen. Unser Ego ist stolz und will oft über andere richten, aber das Gewissen ist demütig. Wenn wir aus unserem Gewissen heraus handeln, entwickeln sich konstruktive Schuldgefühle – solche, die in der Wahrheit verwurzelt sind, demütiges Handeln hervorbringen und dazu bereit machen, Vergebung zu empfangen.

Die Tatsache, dass Sie mit Schuldgefühlen zu kämpfen haben, ist nicht unbedingt etwas Negatives. Es bedeutet, dass Sie ein Gewissen haben. Und Ihr Gewissen hat Sie gut beraten. In den folgenden Kapiteln möchte ich Ihnen dabei helfen, zwischen echten und falschen Schuldgefühlen zu unterscheiden: echte Schuldgefühle, die uns zu besseren Menschen machen und unsere Beziehungen stärken, und falsche Schuldgefühle, die unseren inneren Monolog verfälschen und dazu führen, dass wir uns schuldig fühlen, obwohl wir es gar nicht sind. Letztere sind schädlich. Darum möchte ich Ihnen ein paar Werkzeuge an die Hand geben, damit Sie sich bei diesem Thema besser zurechtfinden und Ihre Freude zurückgewinnen können.

Der nächste Schritt

Nehmen Sie die guten Seiten der Schuldgefühle in Ihrem Leben an. Ihr Wunsch, die Dinge richtig zu machen, ist eigentlich eine Stärke. Das Ziel dieses Buches ist es, Sie davor zu bewahren, dass Sie diese Stärke so lange überbetonen, bis Sie sich unnötig schuldig fühlen. Schreiben Sie die Antworten auf folgende Frage auf: Inwiefern haben Ihre Gewissenhaftigkeit und Ihr Gewissen positiv zu Ihrem Erfolg beigetragen, ob im Bereich Ihrer Beziehungen, Ihrer Arbeit, Ihrer Finanzen, Ihrer Gesundheit oder Ihres geistlichen Lebens?

Kapitel sieben

Die eigenen Erwartungen neu definieren

Weshalb Schuldgefühle manchmal geradezu vorprogrammiert sind und wie wir das vermeiden können

- Inwiefern verhalten Sie sich so, dass Schuldgefühle vorprogrammiert sind?
- Welche Erwartungen sollten Sie anpassen?
- Was können Sie tun, um Ihre Erwartungen neu zu definieren?

Einer der Gründe, warum Schuldgefühle inzwischen so weitverbreitet sind, liegt vielleicht in unseren gestiegenen Erwartungen. Heutzutage sind viel mehr Informationen verfügbar und wir haben viel häufiger Gelegenheit, uns mit anderen hinsichtlich dessen zu vergleichen, was wir in unserem Leben erreichen »sollten«. Bis in die 1990er-Jahre musste man sich selbst bemühen, wenn man Informationen finden wollte. Heute werden wir mit Informationen überschüttet. Je mehr wir über ein Thema online lesen, desto mehr Artikel werden uns dazu angezeigt. So kann es leicht passieren, dass wir unsere Aufmerksamkeit zu sehr auf das richten, was angeblich perfekt ist, und das wiederum könnte unsere Erwartungen prägen, wie unser Leben aussehen »sollte«.

Erwartungen, die zu Schuldgefühlen führen, sind meistens durch das Wörtchen *sollte* gekennzeichnet. Achten Sie doch einmal darauf, wo es in alltäglichen Gesprächen vorkommt. Wer Schuldgefühle hat, beginnt seine Sätze häufig mit »Ich sollte …« oder »Ich hätte … sollen«. Dass beides miteinander zu tun hat, ergibt durchaus einen Sinn, denn *sollte* bedeutet, dass »etwas Bestimmtes eigentlich zu erwarten wäre«.[34] Natürlich haben Schuldgefühle damit zu tun, dass wir bestimmte Pflichten und Aufgaben nicht erledigt oder etwas falsch gemacht haben. Wenn Sie sich wieder einmal dabei ertappen, dass Sie *sollte* gesagt haben, probieren Sie doch einmal aus, dieses Wort durch *könnte* zu ersetzen. *Könnte* übermittelt eine ähnliche Botschaft, weist aber darauf hin, dass wir die Wahl haben. Bei »Ich könnte« und »Ich hätte können« geht es nicht um etwas Obligatorisches, sondern um eine freie Entscheidung. Aus »Ich hätte mehr tun sollen« wird »Ich hätte mehr tun können«. »Ich sollte zu der Party gehen, zu der ich nicht hinwill« wird zu »Ich könnte zu der Party gehen, zu der ich nicht hinwill«. Eine Veränderung unserer Worte kann zu einer Veränderung unseres Denkens führen.

Ohne Erwartungen gibt es keine Schuldgefühle. Und darum können wir unsere Schuldgefühle durch nichts so schnell überwinden wie durch eine Anpassung unserer eigenen Erwartungen. Doch um das zu tun, müssen wir erst einmal genau hinsehen. Das bedeutet, dass wir unsere Erwartungen ganz in Ruhe unter die Lupe nehmen. Manchmal sind diese Erwartungen nämlich so vage, dass wir nie das Gefühl haben, sie erfüllen zu können. Manchmal sind sie noch nicht einmal unsere eigenen; es sind die Regeln und Normen, die nicht mit unseren Werten übereinstimmen. Und manchmal sind unsere Erwartungen auch einfach überholt. Sie stammen aus einer anderen Phase unseres Lebens, wo sie einen Sinn ergaben, aber heute tun sie das nicht mehr, jedenfalls nicht im Blick auf die Visionen und die Verantwortung, die wir jetzt haben.

Um unsere Schuldgefühle loszulassen, müssen wir die Erwartungen loslassen, die nicht mehr damit übereinstimmen, wer und wo wir heute sind. Wir müssen unsere Erwartungen bewusst neu definieren, damit sie die Freude und die Ziele widerspiegeln, die wir uns ersehnen. Dafür brauchen wir Barmherzigkeit mit uns selbst. Statt uns ständig Vorwürfe zu machen, weil wir fehlgeleitete Erwartungen nicht erfüllen können, sollten wir freundlich mit uns selbst umgehen, denn wir haben uns immerhin angestrengt, um diesen Erwartungen gerecht zu werden. Also holen Sie einmal tief Luft und lassen Sie Ihre Gedanken um die Frage kreisen, ob diese Erwartungen für Sie noch die richtigen sind.

Um ein Leben in Freiheit und Freude zu führen, muss ein bewusster Umgang mit unseren Gedanken zu einer täglichen Gewohnheit werden.

Unser gemeinsamer Weg durch die Seiten dieses Buches hat viel damit zu tun, die Gedanken wahrzunehmen, die zu unseren Schuldgefühlen führen, und uns bewusst für neue Gedanken zu entscheiden. Diese neuen Gedanken rufen neue Gefühle hervor. Die meisten Menschen achten nicht so intensiv auf ihre Gedanken. Sie lassen es einfach zu, von dem gesteuert zu werden, was ihnen gerade in den Sinn kommt. Doch um ein Leben in Freiheit und Freude zu führen, ist ein bewusster Umgang mit unseren Gedanken nicht nur optional. Er muss zu einer täglichen Gewohnheit werden.

Erwartungen sind Gedanken über das, was wir tun *sollten*. Sie sind eine Art Vereinbarung, die wir mit uns selbst treffen in Bezug auf das, was wir tun oder nicht tun werden. Um unsere Schuldgefühle zu überwinden, müssen wir die Erwartungen, die wir an uns selbst stellen, bewusst und zielführend festlegen. Wenn wir das nicht tun, tappen wir leicht in eine Falle, die wir uns selbst gestellt haben, ohne es zu merken. In diesem Kapitel wollen wir über die fünf Typen von Erwartungen nachdenken, die uns in Schuldgefühle hineinmanövrieren können, und herausfinden, wie wir diese entlarven. Anschließend werden wir lernen, wie wir unsere Erwartungen neu definieren können, damit diese Klarheit, Frieden und Freude erzeugen.

Erwartungen unterscheiden sich von Werten dadurch, dass Werte das sind, was uns am meisten bedeutet – was wir für am wichtigsten halten. Erwartungen sind das, was wir glauben tun oder nicht tun zu sollen; sie resultieren aus unseren Werten. Wenn finanzielle Freiheit zum Beispiel einer unserer Werte ist, dann folgt daraus unsere Erwartung, vorsichtig beim Ausgeben von Geld bzw. sehr aktiv beim Verdienen von Geld zu sein, weil wir glauben, dass daraus finanzielle Freiheit erwächst. Wenn Kreativität einer unserer Werte ist, kann daraus die Erwartung entstehen, dass die Geburtstagsfeiern unserer Kinder ein Thema haben, gut organisiert und Ausdruck ihrer Persönlichkeit sein sollten. Oder wir meinen, dass unsere beruflichen Präsentationen nicht auf Formatvorlagen beruhen, sondern ein besonderes, eindrückliches Design vorweisen sollten, das uns mehr Zeit und Mühe kostet.

VAGE ERWARTUNGEN

Vage Erwartungen sind die hartnäckigsten, denn sie sind am schwersten fassbar – zum Beispiel: *Du solltest mehr tun.* Aber wie viel ist »mehr«? Und was genau sollte ich »tun«? Ohne genauere Beschreibung weiß man nie, ob man genug getan hat. Bei den vagen Erwartungen sind Schuldgefühle geradezu vorprogrammiert, weil es kein Maß dafür gibt, wann wir die Erwartungen erfüllt haben. Und wenn wir dazu neigen, hart mit uns selbst ins Gericht zu gehen, dann werden wir nie das Gefühl haben, genug getan zu haben.

Ericka kam zu mir in die Beratung, weil sie sich schreckliche Vorwürfe machte. Sie hatte eine lange Schuldgefühl-Liste und ganz oben stand, dass sie nicht genug Zeit für zwei Angehörige erübrigte, die in einer schwierigen Situation waren.

»Ich fühle mich sehr schuldig, weil ich in einer anderen Stadt lebe als mein Bruder und ihn nicht oft genug besuchen kann«, erklärte sie. Ihr Bruder hatte seit einem Unfall mit Mitte zwanzig eine Behinderung und obwohl er allein und selbstständig leben konnte, hatte er mit vielen Herausforderungen zu kämpfen. Ericka hatte ihrer Mutter vor deren Tod versprochen, sich immer um ihren Bruder zu kümmern. Das hatte sie zwar stets getan, meinte aber trotzdem, diese Erwartungen nicht so erfüllen zu können, wie sie es gern tun würde.

»Ich sorge dafür, dass er alles hat, was er finanziell braucht, ich spreche jeden Tag zweimal mit ihm und andere Familienmitglieder schauen mehrmals die Woche bei ihm vorbei«, fuhr sie fort. »Aber ich bin halt nicht persönlich da. Und ein Umzug hierher zu mir wäre für ihn zu schwierig. Es würde zu viel Veränderung bedeuten.«

»Denken Sie, Ihre Mutter wäre enttäuscht von Ihnen?«, fragte ich. »Haben Sie sich nicht um Ihren Bruder gekümmert und Ihr Versprechen gebrochen?«

Ericka überlegte eine Weile und seufzte. »Na ja, ich habe mich schon um ihn gekümmert, aber ich denke, meine Mutter hätte gewollt, dass ich näher bei ihm wäre.« Das war zwar schon seit Langem ihr Ziel, aber sie hatte es noch nicht verwirklichen können, weil es finanziell nicht möglich war. Also besuchte sie ihren Bruder, sooft sie konnte.

Es war jedoch nicht nur die Situation mit ihrem Bruder, die bei Ericka Schuldgefühle verursachte. Sie hatte auch noch eine Tante, die schon alt und krank war. Ericka hatte sie seit fast einem Jahr nicht mehr gesehen. »Es ist eine fünfstündige Fahrt dorthin und wir hatten in letzter Zeit einfach zu viel zu tun. Mein Mann ist beruflich sehr oft unterwegs und so war es fast unmöglich, ein Wochenende zu finden, an dem wir die Fahrt unternehmen konnten«, sagte sie. »Aber ich fühle mich trotzdem so schuldig deswegen. Sie ist meine letzte Tante, die noch am Leben ist – die Letzte aus der Generation meiner Eltern, sowohl meines Vaters als auch meiner Mutter. Sie lebt in einem Pflegeheim und ich wünsche mir einfach, dass sie sich geliebt fühlt und spürt, dass ich mich um sie kümmere.«

Als ich Ericka von ihren Schuldgefühlen erzählen hörte, steckte ich mir zwei Ziele: 1. Ich wollte ihr helfen zu klären, ob es sich um echte oder falsche Schuldgefühle handelte. 2. Ich wollte ihr helfen, die falschen Schuldgefühle loszulassen und etwas zu unternehmen, was wieder Freude in diese beiden Beziehungen brachte, die ihr so wichtig waren. Um das zu tun, mussten die verschiedenen Schichten der Erwartungen offengelegt werden, die dazu führten, dass Ericka sich jeden Tag Vorwürfe machte. Diese Vorwürfe geschahen nicht immer bewusst. Sie äußerten sich eher in dem immer wieder auftauchenden traurigen Gedanken, dass sie ihre verstorbene Mutter enttäuschte, gegenüber ihrem Bruder versagte und ihre geliebte Tante vernachlässigte. Auch wenn sie selbst diese Gedanken nicht direkt als »Erwartungen« bezeichnete, handelte es sich dennoch um solche. Und sie waren so hartnäckig, dass sie selbst dann, wenn sie Zeit mit ihrem Bruder verbrachte oder ihre Tante anrief, immer noch ständig das Gefühl hatte, nicht genug zu tun.

Der Prozess, durch den ich Ericka begleitete, war der gleiche, den wir alle anwenden können, um die verschiedenen Schichten an Gedanken und Emotionen freizulegen, die es uns so schwer machen, unsere Schuldgefühle loszulassen. Der Prozess brachte zutage, dass Erickas Gedanken sich um Erwartungen drehten, die sie nie hinterfragt oder artikuliert hatte. Das sah ungefähr so aus:

Ich: Versuchen Sie einmal, in einem einzigen Satz zusammenzufassen, weswegen Sie sich genau schuldig fühlen.

Ericka: Dass ich mich nicht genug um meinen Bruder kümmere, so wie ich es versprochen habe. Und dass ich für meine Tante in ihrem hohen Alter nicht da bin und sie auf diese Weise wertschätze.

Ich: Okay. Beginnen wir mit dem ersten Vorwurf, dass Sie sich nicht genug um Ihren Bruder kümmern. Wie definieren Sie »sich kümmern«?

Ericka: Ich würde ihm immer mal wieder etwas Leckeres kochen. Das ist das Einzige, worum er mich immer bittet, wenn ich zu ihm komme. Er bekommt nie eine selbst gekochte Mahlzeit. Das tut mir einfach so leid.

Ich: Wie oft müssten Sie für Ihren Bruder kochen, um das Gefühl zu haben, dass Sie sich genug um ihn kümmern?

Ich möchte hier für einen Moment unterbrechen, um zu erklären, warum ich diese Fragen stellte. Wenn wir Schuldgefühle haben, erwähnen wir oft Erwartungen, die wir nicht erfüllen, ohne diese jemals genauer zu *definieren*. Ericka fühlte sich schuldig, weil sie sich ihrer Meinung nach nicht genug um ihren Bruder kümmerte. Es war wie ein Refrain, den sie oft und seit Jahren wiederholte, nicht nur in Beratungsgesprächen, sondern auch gegenüber Freunden und Familienangehörigen sowie beinahe täglich sich selbst gegenüber, was am meisten Schaden anrichtete. Und dennoch: Als ich sie fragte, wie oft sie bei ihrem Bruder sein müsste, um diese Erwartung zu erfüllen, erwiderte sie, dass sie sich diese Frage noch nie gestellt habe.

Wie oft tun wir uns das an? Wir stellen eine Erwartung auf, die nicht genau definiert ist und keine klar umrissenen Grenzen hat – *Ich sollte mehr für meine Kinder tun, mehr Zeit mit meiner Familie verbringen, mehr arbeiten, mehr Sport machen* –, und machen uns Vorwürfe, wenn wir versagt haben. Wenn wir aber kein genaues Ziel festlegen, wie können wir dann meinen, dass wir nicht genug getan haben? Wir könnten immer noch mehr tun. Legen wir also die verschiedenen Schichten dieses Problems mithilfe des IGEL-Prozesses offen.

1. IDENTIFIZIEREN Sie den Auslöser.

Ich nenne dies das »Schuld-Statement«. Formulieren Sie einen Satz, der Ihren Schuldauslöser beschreibt, sowie den Grund, warum dieser Schuldgefühle bei Ihnen verursacht. Bei Ericka lautete das »Schuld-Statement«: »Dass ich mich nicht genug um meinen Bruder kümmere, so wie ich es versprochen habe. Und dass ich für meine Tante in ihrem hohen Alter nicht da bin und sie auf diese Weise wertschätze.«

BESCHRÄNKEN SIE SICH IMMER NUR AUF EIN PROBLEM. Ericka benannte zwei Dinge, derentwegen sie sich schuldig fühlte, aber man kann immer nur eines nach dem anderen angehen. Also grenzten wir das Ganze ein. Wenn wir uns auf einen bestimmten Gedanken beschränken, können wir die damit verbundenen Gefühle besser identifizieren. Wenn wir mehrere Probleme gleichzeitig angehen wollen, wird ein Durchbruch viel schwieriger. Wir können dann nur allgemeine Aussagen treffen. Es ist, als ob man gleichzeitig auf mehrere Ziele schießen würde. Damit haben wir keinen Erfolg.

2. GEHEN SIE Ihren Gedanken AUF DEN GRUND (definieren Sie die Erwartung).

»Wie definieren Sie ›sich um jemanden kümmern‹?«, fragte ich Ericka. Das ist ein entscheidender Punkt. »Sich um jemanden kümmern« ist sehr vage; wir alle definieren das unterschiedlich. Ericka verstand darunter, dass sie für ihren Bruder kochte, aber sie legte nicht genau fest, wie oft das geschehen sollte. Also stellte ich als Nächstes die Frage: »Wie oft müssten Sie für Ihren Bruder kochen, um das Gefühl zu haben, dass Sie sich genug um ihn kümmern?« Das Ziel dieser Frage besteht darin, die Erwartung so genau wie möglich zu formulieren, denn die Erwartung ist es, die über unseren Erfolg oder Misserfolg, Freude oder Schuldgefühle entscheidet.

Schauen wir uns nun an, was Ericka darauf antwortete.

Ericka: Ich würde meinen Bruder alle drei Monate übers Wochenende besuchen.

Ich: Wenn Sie Ihren Bruder also alle drei Monate besuchen und in dieser Zeit für ihn kochen würden, dann hätten Sie das Gefühl, sich genug um ihn gekümmert zu haben?

Ericka: Ja, dann hätte ich ein gutes Gefühl.

Ich: Und wie oft besuchen Sie ihn zurzeit?

Ericka: Da muss ich mal überlegen. Wir haben ihn letztes Jahr zum Geburtstag besucht, an Weihnachten, an Thanksgiving, am Geburtstag meines Sohnes und darüber hinaus noch weitere zwei Male. Also sechsmal. Aber es waren nicht alles Reisen, die wir extra für ihn unternommen haben.

Ich: Sie haben ihn also sechsmal besucht? Haben Sie da für ihn gekocht?

Ericka: Nicht immer. Zweimal habe ich nicht gekocht.

Ich: Sie haben letztes Jahr also bei vier Besuchen für ihn gekocht?

Ericka: Ja.

Ich: Sie haben also im Durchschnitt schon so viele Reisen unternommen und so oft für Ihren Bruder gekocht, wie es Ihrer Aussage nach nötig ist, damit Sie das Gefühl haben, sich genug um ihn zu kümmern. Was fehlt jetzt noch, damit Sie sich nicht mehr schuldig fühlen müssen?

Ericka *(überlegt)*: Ich glaube, es liegt daran, dass ich noch keinen Plan für zukünftige Besuche habe. Ich habe das Gefühl, zu viel zu tun zu haben.

3. ERSETZEN Sie die Lüge durch WAHRHEIT.

Wie zu sehen ist, waren Erickas Schuldgefühle nicht gerechtfertigt. Sie hatte eigentlich nichts falsch gemacht. Aber sie hatte das *Gefühl,* etwas falsch gemacht zu haben. Indem ich ihr half, ihre Definition von »genug« zu klären, konnte ich ihr zeigen, dass sie bereits mehr Besuche unternommen hatte, als es ihre Erwartung von ihr verlangte. Weil sie aber immer wieder darauf hinwies, wie beschäftigt sie sei, wollte ich auch hier die Schichten abtragen und sie ermutigen, ein wenig in die Zukunft zu planen, damit sie mehr Freude und Frieden im Hinblick auf die Besuche bei ihrem Bruder haben konnte. In den vorangegangenen Monaten war sie mehrmals verreist: anlässlich des Geburtstages ihres Bruders, zur Verlobungsfeier eines ihrer erwachsenen Kinder und zu einem weiteren Ereignis in der Familie ihres Mannes. Sie hatte einen einwöchigen Urlaub genommen und war zweimal beruflich unterwegs gewesen. In zwei Monaten wollte sie ihren Bruder zu Weihnachten wieder besuchen. Wenn sie dort war, kochte sie meistens ein Festtagsessen, zu dem ein größerer Familienkreis eingeladen wurde.

Ich: Wie viele Wochenenden pro Monat würden Sie gern zu Hause verbringen?

Ericka: Diesen Monat ist es nur eines. Zwei wären ganz nett.

Ich: Ist es das, was Sie wollen, oder das, womit Sie sich abfinden würden?

Ericka: Womit ich mich abfinden würde.

Ich: Wie viele Wochenenden zu Hause wünschen Sie sich denn?

Ericka: Drei wären toll.

Ich: Gut. Wie wäre es, wenn Sie drei Wochenenden anpeilen würden? Dann hätten Sie jedes Jahr ungefähr dreizehn Wochenenden, um zu verreisen. Wie viele davon würden Sie im kommenden Jahr gern bei Ihrem Bruder verbringen und wie viele bei Ihrer Tante?

4. LISTEN Sie BEWEISE auf.

Wie Sie vielleicht schon bei den Punkten »Gehen Sie Ihren Gedanken auf den Grund« und »Ersetzen Sie die Lüge durch Wahrheit« bemerkt haben, führte Ericka Beweise dafür an, dass sie ihren Bruder tatsächlich sechsmal besucht und viermal für ihn gekocht hatte. Damit hatte sie die Erwartungen erfüllt, die sie beschrieb, als ich sie um eine Definition bat. Danach erstellte sie einen genauen Plan für das weitere Vorgehen. All dies erfüllte den Teil »Listen Sie Beweise auf« des IGEL-Prozesses. Wenn Sie sich mithilfe des IGEL-Prozesses selbst coachen, um Ihre Erwartungen zu identifizieren und zu klären, dann ist es völlig in Ordnung, wenn Sie das nicht in der ursprünglich vorgesehenen Reihenfolge tun. Das Wichtigste ist, dass Sie wirklich jeden Schritt des Prozesses durchlaufen.

Mein Ziel bestand darin, dass Ericka ihre Erwartungen genauer definieren und die Voraussetzungen dafür schaffen konnte, sich bei dem, was sie für ihre Angehörigen tat, wohlzufühlen. Wir hatten zwar noch nicht über die Schuldgefühle gesprochen, die sie gegenüber ihrer Tante empfand, aber ich wusste, dass auch dieses Thema ihre Sichtweise beeinflusste. Und da Ericka ihre Ziele hinsichtlich der Versorgung ihres Bruders nun geklärt hatte, bezog ich ihr Verhältnis zu ihrer Tante ebenfalls mit ein.

Am Ende unseres Beratungsgespräches sagte Ericka, sie fühle sich, als sei ihr eine große Last von den Schultern genommen worden. Sie hatte nun den Vorsatz gefasst, insgesamt vierzehn Wochenenden auswärts zu verbringen. Dazu gehörten Ausflüge mit ihrem Mann, eine gemeinsame Unternehmung mit ihren Freundinnen, eine Geburtstagsfeier sowie die Wochenenden mit ihrem Bruder, ihrer Tante und anderen Familienangehörigen.

Ich fragte sie, was sie sonst noch tue, um sich um ihren Bruder und ihre Tante zu »kümmern«. Es folgte eine ganze Liste. Zum Beispiel sorgte sie dafür, dass die Rechnungen ihres Bruders bezahlt wurden, sie telefonierte mehrmals am Tag mit ihm und vergewisserte sich, dass ihre erwachsenen Kinder ihn regelmäßig besuchten. Sie engagierte sich auch sehr für seine Geburtstage, Weihnachten und andere Feiertage. Immer noch plante sie, irgendwann wieder in seine Nähe zu ziehen. Unser Gespräch brachte sie dazu, mit ihrem Mann über ein mögliches Datum für diesen Umzug zu sprechen, selbst wenn er erst in fünf Jahren stattfinden würde. Was ihre Tante betraf, so hatte Ericka ein großes Fest zu deren 80. Geburtstag organisiert, sie in den letzten Jahren immer zum Geburtstag besucht, ihr einmal monatlich ein Päckchen geschickt und sie mindestens zweimal im Monat angerufen. Als Ericka noch in der Nähe ihrer Tante lebte, hatte sie diese oft besucht, ihre Kinder kannten sie gut und hatten sie in liebevoller Erinnerung. »Es besteht kein Zweifel, dass ich meine Tante wertgeschätzt habe. Sie weiß, dass ich sie lieb habe, auch wenn ich nicht so oft da sein kann«, musste Ericka zugeben.

Erickas Schuldgefühle rührten von vagen Erwartungen her, die sie anscheinend nicht erfüllen konnte. Ihre Schuld-Statements ließen sich nur schwer infrage stellen: »Dass ich mich nicht genug um meinen Bruder kümmere, so wie ich es versprochen habe« und: »Dass ich für meine Tante in ihrem hohen Alter nicht da bin und sie auf diese Weise wertschätze«. Als Ericka jedoch genau definierte, was »sich genug kümmern« bedeutete, erkannte sie plötzlich, dass sie ihre eigenen Erwartungen in Wirklichkeit erfüllt hatte. Nur weil sie diese Erwartungen nicht klar definiert hatte, konnte der Gedanke, dass sie mehr Zeit bei ihren Angehörigen verbringen sollte, sie so sehr belasten. Wir könnten immer noch mehr machen! Wenn wir aber eindeutig beschreiben, unter welchen Bedingungen wir dieses »mehr« erreicht haben, ist dies ein Schlüssel, um unsere falschen Schuldgefühle zu überwinden.

ÜBERHOLTE ERWARTUNGEN

Erwartungen müssen neu bewertet werden, wenn sich die Umstände ändern. Die meisten Leute kommen jedoch nicht auf die Idee, sich selbst zu sagen: *Ich beginne gerade eine neue Le-*

bensphase. Ich sollte mich mal hinsetzen und meine Erwartungen an mich selbst überdenken. Wer dies aber tut, der ist eindeutig im Vorteil.

Wenn unser Leben sich auf irgendeine Weise verändert, sollten wir uns die Zeit nehmen, unsere Erwartungen zu überprüfen und sie wenn nötig neu zu formulieren. Ob es sich bei der Veränderung um einen neuen Job handelt, eine neue Beziehung, finanzielle Umbrüche, gesundheitliche Veränderungen, einen Umzug oder irgendetwas anderes, das sich auf unseren Alltag auswirkt – Schuldgefühle sind geradezu vorprogrammiert, wenn wir in dieser neuen Lebensphase an unseren alten Erwartungen festhalten. Selbst eine Veränderung in Bezug auf unser geistliches oder seelisches Wachstum ist es wert, eine Denkpause einzulegen. Wenn Sie sich die Konzepte dieses Buches erarbeitet und ein Selbst-Coaching durchgeführt haben, werden Sie selbst gemerkt haben, wie sich Ihre Perspektive verändert, und genau das erfordert ein Überdenken der Erwartungen, die Sie bisher übernommen haben.

Wenn sich unser Leben verändert, sollten wir unsere Erwartungen überprüfen und sie gegebenenfalls neu formulieren.

Die Erwartungen, die in der vorangegangenen Lebensphase angemessen waren, sind es jetzt vielleicht nicht mehr. *Und das ist gut so.* Wenn wir versuchen, überholte Erwartungen zu erfüllen, behindern wir damit unsere Fähigkeit, den neuen Erwartungen, die mit unserer derzeitigen Lebensphase verbunden sind, gerecht zu werden. Wir bekommen Schuldgefühle, weil wir nicht den Erwartungen entsprechen, die in dieser neuen Phase eigentlich gar nicht mehr angemessen und vielleicht auch nicht erfüllbar sind.

Nehmen wir das Beispiel von Eltern, die einem erwachsenen Kind versprochen haben, ihm beim Übergang von der Ausbildung zum ersten Job finanziell unter die Arme zu greifen, bis es seinen Unterhalt selbst bestreiten kann. Wenn in diesem Zusammenhang keine zeitliche Beschränkung festgelegt wurde, kann dies auf beiden Seiten zu Irritationen führen. Wenn die Eltern ursprünglich mit einem Zeitraum von sechs bis zwölf Monaten gerechnet haben, aber nach drei Jahren immer noch kein Ende in Sicht ist, kann der Gedanke, dem Kind die finanzielle Unterstützung zu streichen, zu Schuldgefühlen führen. Die Erwartung, für bestimmte Ausgaben aufzukommen, war für einen gewissen Zeitraum gedacht und dieser ist nun vorüber. Indem die Erwartung neu definiert wird, werden die Eltern von einer Verpflichtung befreit, die nicht mehr angemessen ist, und das erwachsene Kind wird frei, Fortschritte zu machen und auf eigenen Beinen zu stehen, was für alle Beteiligten heilsam ist. Auch wenn wir unsere Erwartungen nicht von Anfang an klargemacht haben, können wir das immer noch nachholen.

Überholte Erwartungen finden sich häufig in der Beziehung zwischen Eltern und Kindern, weil die Kinder älter und reifer werden, mehr Fähigkeiten entwickeln und mehr Verantwortung übernehmen können. Ähnlich ist es auch auf anderen Gebieten. Es ist einfach, das weiterzumachen, was man schon immer getan hat. Vielleicht haben Sie einen neuen Job, müssen eine größere Strecke pendeln oder mehr arbeiten. Und jetzt machen Sie sich Vorwürfe, weil Sie sich mit Ihren Freunden nicht mehr so oft treffen können oder Ihren Haushalt nicht mehr so ordentlich in Schuss haben. Doch wenn Sie sich einmal die Zeit nehmen, Ihre Erwartungen zu überprüfen, werden Sie erkennen, dass Sie diese vielleicht anpassen sollten, wenn Sie Ihre Schuldgefühle loslassen und die Freude zurückgewinnen wollen.

UNAUSGEWOGENE ERWARTUNGEN

Unausgewogene Erwartungen sind dann vorhanden, wenn wir von uns selbst mehr erwarten als von anderen. Das geschieht häufig, wenn wir das Gefühl haben, wir müssten unser Glück oder unsere vermeintliche Schuld kompensieren, indem wir auf unausgewogene Weise Verantwortung übernehmen. Zum Beispiel muss ich beruflich häufig verreisen – manchmal spreche ich an Wochenenden auf Konferenzen – und meine Tätigkeit als Autorin erfordert es, dass ich dann arbeite, wenn ich die nötige Ruhe finden kann, manchmal um vier Uhr morgens oder spät am Abend, wenn alle anderen schlafen. Das bedeutet, dass ich mir unter der Woche manchmal freinehme, während der Rest meines Teams arbeitet. Ich musste lernen, meine diesbezüglichen Schuldgefühle loszulassen. Ich dachte nämlich, es sei unfair, von den anderen zu erwarten, dass sie zu den regelmäßigen Bürozeiten arbeiteten, während ich mich ausruhe. Diese Gedanken waren von falschen Schuldgefühlen durchtränkt. Oft ließ ich zu, dass diese Gedanken mein Handeln bestimmten. Dann ging ich ins Büro, weil ich den anderen gegenüber fair sein wollte, statt mir eine wohlverdiente und dringend nötige Pause zu gestatten. Meine Erwartungen waren unausgewogen. Ich musste diese unvernünftigen Erwartungen neu definieren, indem ich mir überlegte, welches Körnchen Wahrheit hinter der Situation steckte.

Da ich sowohl die Kreative als auch die Unternehmerin bin, unterscheidet sich meine Rolle von der anderer Teammitglieder und ich trage auch mehr Verantwortung. Meine Erwartung lässt sich weder mit der Anzahl an Arbeitsstunden beschreiben noch mit der Arbeitszeit oder den Tagen, an denen ich arbeite. Sie wird gemessen an der Qualität und dem Einfluss der Inhalte, die ich schaffe, sowie am Fokus, der Freude und der Exzellenz, mit der das Unternehmen geführt wird. Ich wandte den IGEL-Prozess an, um meine Erwartungen auf diesem Gebiet neu zu definieren. Zuerst identifizierte ich mein Schuldgefühl, das darin bestand, dass ich meinte, etwas Falsches zu tun, wenn ich mich gelegentlich während der Bürozeiten ausruhte. Dann ging ich diesem Gedanken auf den Grund – der Erwartung, dass ich mich während der Bürozeiten nicht ausruhen durfte. Anschließend ersetzte ich die Lüge durch die Wahrheit: Als Eigentümerin/Autorin/Referentin/ Produzentin von Medieninhalten bin ich nicht verpflichtet, mich an feste Bürozeiten zu halten. Ich bin verpflichtet, meine Aufgabe zu erfüllen und ein erfolgreiches Unternehmen zu leiten, egal wie viel oder wenig Zeit dies erfordert. Niemand sonst hat diese Verantwortung und diese Pflicht. Es war völlig unausgewogen, die Bürozeiten für heilig zu halten und keine Rücksicht auf die Belastungen zu nehmen, die außerhalb des Büros auf mich zukamen. Ich glaube, dass mein Denken in den Erwartungsmustern verwurzelt war, die ich aus der kurzen Zeit als Angestellte kannte. Als ich Unternehmerin wurde, hielt ich in dieser neuen Lebensphase an den überkommenen Erwartungen fest, die daraufhin zu unausgewogenen Erwartungen wurden und unweigerlich zu Schuldgefühlen führten.

Unausgewogene Erwartungen zeigen sich auch bei Menschen, die zu einer »Überverantwortung« neigen. Wer ein übermäßig ausgeprägtes Verantwortungsgefühl hat, übernimmt die Verantwortung anderer Leute und mit der Zeit kann diese Gewohnheit zu einer unausgewogenen Erwartung werden. Am Ende fühlt man sich schuldig, wenn man die Verantwortung nicht beibehält. Manchmal geraten wir aus Furcht in die Überverantwortung: *Die anderen werden es nicht richtig machen, also mache ich es für sie.* Oder aus Eigeninteresse: *Ich will, dass Tim später mal ein tolles Fach studieren kann, denn dann stehe ich als Mutter auch gut da. Also behalte ich alles im Blick, schreibe seinen Lehrkräften eine Mail und bitte sie um eine Fristverlängerung, wenn er einen Abgabetermin vergessen hat oder zu spät dran ist.* Oft ist die Überverantwortung jedoch in falschen Erwartungen begründet, die nicht berücksichtigen, vor welchen Herausforderungen wir stehen.

PERFEKTIONISTISCHE ERWARTUNGEN

Reshma Saujani, die Gründerin von *Girls Who Code*, einer Organisation, die Mädchen und Frauen für technische Berufe begeistern will, sagte in einem Video bei TED Talk, dass »wir in unserer Kultur unsere Jungs dazu erziehen, mutig zu sein, und unsere Mädchen, perfekt zu sein«.[35] Das ist im Großen und Ganzen wahr. Perfektionismus ist vor allem ein Frauenproblem und das hat mit unserer Sozialisierung zu tun. Wir sollen hübsch und ordentlich sein, einen Traumprinzen zum Mann haben und gut erzogene Kinder. Wir sollen das perfekte Heim mit der perfekten Ausstattung haben, perfekte Mahlzeiten und einen perfekten Körper. Diese Botschaften bekommen wir immer und immer wieder zu hören. Kein Wunder, dass wir so viele Ängste und Stress haben! Selbst wenn wir es nicht wollen, kann es doch leicht passieren, dass wir diese Erwartungen aufnehmen und sie uns aneignen.

In unserer Kultur wird der Perfektionismus belohnt: mit Bewunderung und Lob, mit Wohlwollen und Anerkennung statt

Ablehnung. Aber wenn wir unsere Schuldgefühle loslassen wollen, dann müssen wir auch bestimmte Erwartungen loslassen. Das ist ein Risiko. Es ist das Risiko, nicht akzeptiert und anerkannt zu sein. Es ist das Risiko der Unvollkommenheit. Wenn Perfektion uns Wohlwollen und Anerkennung garantiert, dann ist es immer schwer, sie loszulassen. Die Frage ist: Wessen Anerkennung ist uns wichtig?

Eine der schädlichsten Erwartungen ist die selbst auferlegte Erwartung, perfekt zu sein. Die Symptome sind Reizbarkeit, Vergleichsdenken und massive Selbstvorwürfe. Wir gehen mit uns selbst unerbittlich ins Gericht für unsere vermeintliche Unvollkommenheit, aber wenn wir den Eindruck haben, dass andere diese Unzulänglichkeiten bemerken, reagieren wir genervt. Da wir uns ja selbst schon genug Vorwürfe machen, brauchen wir es nicht auch noch, dass andere uns auf unsere Fehler aufmerksam machen. Das Problem ist aber, dass die anderen uns oft gar nicht kritisieren und wir uns dennoch kritisiert fühlen. Wir interpretieren es nur so, weil wir frustriert sind über unsere Unfähigkeit, unserer selbst auferlegten Erwartung der Perfektion zu genügen.

Ich kenne mich hier gut aus, denn ich habe selbst so gelebt. Das ist einer der Bereiche, den ich entdeckte und bearbeiten konnte, während ich zum Thema *Schuldgefühle* recherchierte. Bei mir zeigte es sich durch das Symptom der Reizbarkeit. Eine gute Freundin fragte mich, warum ich so genervt reagierte, als sie mir eine bestimmte Frage stellte. (Es geht doch nichts über eine gute Freundin, die einem offen ihre Meinung sagt!) Zunächst war ich irritiert, weil ich dachte, es sei ja offensichtlich, warum ich genervt war. Meine Freundin hatte versucht, mir zu helfen, damit ich den besten Weg fand, um mit einem Projekt voranzukommen. Aber statt mir Ratschläge zu geben, stellte sie mir dauernd Fragen, auf die ich keine Antwort hatte. Und mit jeder Frage wurde ich daran erinnert, wie viel ich noch nicht wusste von dem, was ich meiner Meinung nach eigentlich wissen müsste. Hatte sie denn keine Ahnung, dass ich das nicht wusste? Warum musste sie mich dauernd darauf stoßen, indem sie Fragen stellte, die ich nicht beantworten konnte? Ich fühle mich bloßgestellt und von dem Gefühl überwältigt, versagt zu haben und inkompetent zu sein. Das war ganz schön hart.

Dabei war die Absicht meiner Freundin eine ganz andere: Sie wollte, dass ich über mögliche Antworten nachzudenken begann, und nicht, dass ich mich schuldig fühlte, weil ich sie noch nicht wusste. Daraufhin begann ich meine Gedanken zu hinterfragen. Welche selbst auferlegte Erwartung rief diese Schuldgefühle hervor? Perfektionismus. Wir sprachen über etwas, das mit meiner Arbeit zu tun hatte, und meine Erwartung war, dass ich alle Antworten kannte. Ich hatte eine feste Vorstellung und merkte es nicht einmal. Solche festgelegten Denkweisen lassen uns glauben, unsere Intelligenz, unser Talent und unsere Fähigkeiten seien unveränderlich und könnten nicht durch Anstrengung verbessert werden; sie seien vorprogrammierte Charakterzüge, die wir entweder haben oder nicht haben.[36]

Als ich meine Gereiztheit zugab, entdeckte ich etwas über mich selbst: Ich hatte eine Erwartung an mich selbst, die mich in die Falle der Schuldgefühle tappen ließ. Ich musste perfekt sein, um von anderen akzeptiert zu werden. Und meine Definition von »perfekt« beinhaltete unter anderem, dass ich alle Antworten wissen musste, wenn es um meine Arbeit ging. Wenn mir das nicht gelang, hieß das, dass ich etwas falsch gemacht hatte – ich hatte nicht hart genug gearbeitet und verdiente deshalb nicht die Chancen, die sich mir boten.

Wenn ich von mir erwarte, dass ich alles weiß, fühle ich mich schuldig, wenn ich nicht alles weiß. Als meine Freundin mir eine Frage stellte, die ich nicht beantworten konnte, hatte ich das Gefühl, sie richte einen Scheinwerfer auf das, was ich falsch machte und weswegen ich mir ja bereits selbst Vorwürfe machte: *Ich weiß es nicht, weil ich mir nicht die Zeit genommen habe, darüber nachzudenken. Ich weiß es nicht, weil ich faul bin! Ich habe nicht genug gearbeitet. Ich muss mich mehr auf diese Sache konzentrieren.*

Ich war ziemlich schockiert über das, was ich herausfand, als ich den IGEL-Prozess anwandte, um meine Gedanken zu überprüfen. Bei mir war es die gereizte Reaktion, die das Problem offenbarte. Doch auch Vergleichsdenken und Selbstvorwürfe können ein Hinweis sein. Dazu ein weiteres Beispiel:

Sophia schließt die Augen und inhaliert das süße Aroma der Erdbeer-Buttercreme, die sich auf dem leckeren Cupcake türmt. Sie hat ihn auf dem Nachhauseweg in ihrer kleinen Lieblingskonditorei erstanden. Erst einmal den herrlichen Duft zu genießen, bevor sie in ihren absoluten Lieblingskuchen hineinbeißt, war schon immer ihr Ritual. Sie sitzt im Auto und isst langsam, schwelgt in dem wunderbaren Geschmack und genießt das Gefühl, wenn die weiche Creme mit dem saftigen Teig verschmilzt. Nach einem stressigen Tag ist dies ein schöner Moment, bei dem einem das Wasser im Mund zusammenläuft.

Doch kaum hat Sophia den letzten Bissen hinuntergeschluckt, krampft sich ihr Magen zusammen – allerdings nicht wegen der süßen Nascherei, sondern wegen ihres schlechten Gewissens. Sie ist enttäuscht von sich selbst und fühlt sich sofort schuldig, weil sie genau das Gegenteil von dem getan hat, was sie sich für diese Woche vorgenommen hatte: Süßigkeiten wegzulassen und gesünder zu essen. Ihr negatives Selbstgespräch ist niederschmetternd.

Ich habe mir doch fest vorgenommen, diese Woche endlich mit dem gesünderen Essen anzufangen. Und jetzt sitze ich hier und verputze einen 500-Kalorien-Cupcake, und zwar im Auto, damit niemand mich dabei sieht. Ich wollte mir doch nur etwas Schönes gönnen nach diesem langen, hektischen Tag. Warum kann ich mich nicht entspannen, indem ich Sport mache, so wie meine so gesundheitsbewusste Kollegin Angela? Warum bin ich nicht so diszipliniert wie meine Schwester?

Sophia seufzt und lässt den Kopf sinken.

Ich fange nächste Woche damit an, verspricht sie und glaubt es selbst nicht.

Vergleiche und harte Selbstkritik sind Hinweise auf Sophias Perfektionismus. Als ich anfing, dieses Buch zu schreiben, dachte ich, dass Schuldgefühle am häufigsten mit der Erziehung der eigenen Kinder, mit dem Job oder den Beziehungen zu nahen Freunden und Familienmitgliedern zu tun hätten. Ich war daher sehr überrascht, als ich bei einer Umfrage unter Hunderten von Frauen herausfand, dass in diesen Bereichen zwar tatsächlich viele Schuldgefühle auftauchen, die eigenen Essgewohnheiten jedoch ganz oben auf der Liste stehen (dicht gefolgt von Schuldgefühlen über die mangelnde sportliche Betätigung).

Und da wir alle mehrmals am Tag essen, gibt es hier viele Gelegenheiten, sich schuldig zu fühlen. Vielleicht haben Sie das noch nie als eine Schuld betrachtet oder nie darüber nachgedacht, wie Ihre Selbstgespräche über das, was Sie essen oder nicht essen sollten, an Ihrem Glück nagen. Es kann aber durchaus so sein. Und genau das ist der springende Punkt: Wir werden mit so vielen Informationen bombardiert, was wir essen sollen und was nicht. Das verschärft das Problem, vor allem, wenn man ohnehin zum Perfektionismus neigt. Heutzutage gibt es Bluetooth-Waagen, die mit unserem Smartphone verbunden sind und uns sagen, wie viel wir wiegen und wie viele Schritte wir gegangen sind. Sie fordern uns auf, alles, was wir essen, in die App einzutragen. Das ist zwar ganz hilfreich, wenn man ein bestimmtes Ziel verfolgt und sich auf dem Laufenden halten will – aber es zeigt uns auch ganz genau auf, wo wir versagt haben.

Wenn wir die Entscheidung treffen, das Ganze etwas leichter anzugehen und uns ab und zu etwas Schönes zu gönnen, können wir dadurch unsere Schuldgefühle reduzieren. Untersuchungen des Meinungsforschungsinstituts Gallup haben ergeben, dass wir unsere Essgewohnheiten am besten verbessern können, indem wir eine einfache Regel befolgen: mehr Gutes als Schlechtes essen.[37] Wenn Essen bei Ihnen Schuldgefühle verursacht, wie wäre es dann, wenn Ihre Erwartung an sich selbst in Zukunft lauten würde, mehr gute als schlechte Entscheidungen zu treffen? Inwiefern würde das Ihre Gefühle verändern?

DIE ERWARTUNGEN ANDERER

Eine Erwartung ist eine Vereinbarung, die wir mit uns selbst über das treffen, was wir tun oder nicht tun wollen. Oft beginnt es aber mit einer Erwartung, die andere an uns richten. Manchmal ist das, was die anderen wollen, nicht das, was wir selbst wollen oder was Gott für uns will, und manchmal ist es auch einfach nicht machbar. Und trotzdem kann es sein, dass die Furcht – vor allem die Furcht vor Missbilligung – uns dazu bringt, die Last auf uns zu nehmen, die uns andere mit ihren Erwartungen aufbürden. Auf diese Weise wollen wir unangenehme Gespräche oder gar die direkte Ablehnung vermeiden.

Wenn wir uns nicht die Zeit nehmen zu klären, welche Erwartungen wir an uns selbst haben, dann bleibt uns nur übrig, die Erwartungen aller anderen blind zu erfüllen. Die »anderen«, das können nahestehende Menschen wie unsere Eltern oder unsere Kinder sein, aber auch weiter entfernte bis hin zu einer Allgemeinheit, die wir nicht einmal genau definieren können, von der wir aber annehmen, dass sie bestimmte Meinungen und Erwartungen hat, wie wir unser Leben führen sollten. Heutzutage können die »anderen« auch die Botschaften bekannter Stars oder geistlicher und politischer Influencer sein, die wir den sozialen und den traditionellen Medien entnehmen.

Es erfordert ein gründliches Nachdenken und Mühe herauszufinden, wer wir sind und was wir glauben. Es ist viel einfacher, uns von anderen sagen zu lassen, welche Erwartungen wir haben sollten, vor allem wenn das Erfüllen dieser Erwartungen uns Beifall und Anerkennung verspricht. Wahres Wachstum aber geschieht, wenn wir jede Erwartung, die an uns gestellt wird, überprüfen und uns fragen:

- *Ist das meine Erwartung oder die anderer Leute?*
- *Wenn es meine Erwartung ist, warum ist sie mir wichtig?*
- *Wenn es nicht meine Erwartung ist, woher kommt sie?*
- *Welche Erwartung wäre für mich in dieser Lebensphase klug?*

Der nächste Schritt

Um die Erwartungen, die bei Ihnen falsche Schuldgefühle hervorrufen, neu zu definieren, können Sie sich selbst coachen, indem Sie die Anregungen verwenden, die ich Ihnen im Folgenden gebe. Erwartungen neu zu definieren, ist äußerst hilfreich, erfordert aber auch Übung. Sobald Sie Ihre neuen Erwartungen formuliert haben, sollten Sie diese im Blick behalten. Vielleicht möchten Sie sie aufschreiben, sich durch Ihr Smartphone daran erinnern lassen oder sie mit einer Freundin teilen, die Sie immer wieder daran erinnert, wenn die falschen Schuldgefühle der alten Erwartungen sich wieder einschleichen wollen.

In welchen Situationen haben Sie im Moment die meisten Schuldgefühle? Schreiben Sie diese hier auf:

_____

_____

_____

_____

Falsche Schuldgefühle beruhen auf einer Erwartung, die neu definiert werden muss.

Ich möchte Sie nun dazu einladen, die Erwartungen, die bei Ihnen falsche Schuldgefühle hervorrufen, neu zu definieren, weil Sie die Erwartung nicht erfüllen können oder weil die Erwartung nicht zu dem passt, was Sie wollen und was Ihnen wichtig ist. Fragen Sie sich selbst:

- Was ist hier meine Erwartung?
- Woher kommt diese Erwartung?
- Habe ich diese Erwartung genau genug definiert, damit ich weiß, wann ich sie erfüllt habe?
- Spiegelt diese Erwartung das wider, was für mich wichtig ist?

Wenn Sie festgestellt haben, inwiefern bei bestimmten Erwartungen Schuldgefühle vorprogrammiert sind, können Sie einen Schritt weitergehen und überlegen, woher diese Erwartungen kommen.

Es ist leicht zu behaupten, wir wollten nur von uns selbst und von Gott akzeptiert werden. Doch dies erfordert, dass wir intensiv an uns selbst arbeiten. Dazu braucht es viel Vertrauen. Dazu gehört, dass wir uns nicht darum kümmern, was andere von uns denken mögen – und egal wie oft wir sagen, es sei uns egal, was andere denken, ist es doch leichter gesagt als getan. Und dennoch ist es notwendig, wenn wir die Ketten sprengen wollen, mit denen uns der Perfektionismus gefangen hält.

Schauen Sie sich die Bereiche genauer an, in denen Sie Erwartungen haben, die in eine der von mir beschriebenen Kategorien fallen: vage Erwartungen, überholte Erwartungen, unausgewogene Erwartungen, perfektionistische Erwartungen und die Erwartungen anderer. Welche Erwartungen bemühen Sie sich zurzeit zu erfüllen, die neu definiert werden müssten? Listen Sie diese hier auf.

_____

_____

_____

_____

Verwenden Sie die folgenden vier Schritte, um die Reset-taste zu drücken und authentische Erwartungen zu formulieren, die Sie mit Freude, Frieden und leichten Herzens erfüllen können.

GEBEN SIE IHRER INNEREN STIMME EINEN NEUEN TEXT VOR: Stellen Sie sicher, dass Ihre innere Stimme die Schuldgefühle loslässt, statt sie immer weiter anzuhäufen. Sie können zwar nicht die Gedanken auswählen, die Ihnen durch den Kopf gehen, aber Sie können eine Entscheidung treffen, welche dieser Gedanken Sie wiederholen wollen. Was sagen Sie zu sich selbst, wenn Sie sich wegen unerfüllter Erwartungen Vorwürfe machen? Ersetzen Sie diese Gedanken durch hilfreichere: *Ich darf unvollkommen sein. Ich entscheide mich für die Freude statt für Schuldgefühle. Mich gut zu fühlen, ist gut. Ich entscheide mich dafür, mich gut zu fühlen. Ich vergebe mir selbst, dass ich versagt habe, und danke Gott für die Gnade, daraus etwas lernen zu dürfen.*

GESTATTEN SIE SICH SELBST, DIE ERWARTUNGEN, DIE BEI IHNEN ZU SCHULDGEFÜHLEN FÜHREN, NEU ZU DEFINIEREN: Nur Sie können die Entscheidung treffen, Ihre Erwartungen neu zu definieren, damit bei Ihnen nicht Schuldgefühle vorprogrammiert sind, sondern die Freude. Konzentrieren Sie sich auf Gedanken wie: *Ich habe das Recht, die Erwartungen in dieser Situation neu zu definieren. Folgende Erwartung wäre klüger: …*

LEGEN SIE DIE NEUE ERWARTUNG FEST: Im Blick auf die fünf Kategorien von Erwartungen verwenden Sie am besten die folgenden Coaching-Fragen, um eine neue Erwartung festzulegen, durch die Sie die bisherige Erwartung ersetzen können.

VAGE ERWARTUNGEN: Beschreiben Sie die neue Erwartung genau. Welche spezifische, messbare Erwartung spiegelt am ehesten das wider, was Ihnen wichtig ist, und welche Frist setzen Sie sich, um diese Erwartung zu erfüllen?

ÜBERHOLTE ERWARTUNGEN: Tragen Sie der neuen Lebensphase Rechnung, indem Sie Erwartungen formulieren, die zum gegenwärtigen Zeitpunkt im Blick auf Ihre Verpflichtungen, Ihr persönliches Wachstum und Ihre Vision sinnvoll sind. Inwiefern sind Ihre bisherigen Erwartungen überholt und welche neuen Faktoren sollten Sie jetzt berücksichtigen? Wie soll Ihre Erwartung in dieser Lebensphase genau aussehen?

UNAUSGEWOGENE ERWARTUNGEN: Lassen Sie den Gedanken fahren, Sie seien in Ihren Beziehungen zu mehr verpflichtet als die anderen. Streben Sie stattdessen gleichberechtigte Beziehungen an. Wo gibt es eine unausgewogene Dynamik? Inwiefern sind Sie überverantwortlich? Wie könnte eine ausgewogene Erwartung aussehen?

PERFEKTIONISTISCHE ERWARTUNGEN: In welchen Bereichen neigen Sie dazu, gereizt zu reagieren, Vergleiche anzustellen oder sich selbst besonders hart zu kritisieren? Welche Erwartungen stellen Sie an sich selbst, wodurch solche Reaktionen ausgelöst werden? Welche neuen Erwartungen könnten Sie stattdessen formulieren – Erwartungen, die bei Ihnen das Gefühl hinterlassen, genug getan zu haben?

ERWARTUNGEN ANDERER: Welchem Menschen gegenüber fühlen Sie sich am häufigsten schuldig, weil Sie dessen Erwartungen nicht erfüllt haben? Spiegeln diese Erwartungen Ihre Werte wider und den Auftrag, den Gott Ihnen gegeben hat? Wenn nicht, welche Erwartung können Sie ganz fallen lassen oder anpassen? Wie lautet die neue Erwartung?

NEUE ERWARTUNGEN VERMITTELN: Wenn Ihre neuen Erwartungen auch andere Menschen betreffen oder wenn Sie neue Grenzen setzen müssen, sprechen Sie am besten mit diesen Menschen darüber, um ihnen Ihre neuen Erwartungen mitzuteilen. Wenn die neue Erwartung rein persönlich ist, machen Sie diese sichtbar. Heften Sie eine Notiz an einen Ort, wo Sie sie oft sehen (zum Beispiel auf Ihrem Schreibtisch, an Ihrem Spiegel oder dem Armaturenbrett), oder richten Sie eine Erinnerung auf Ihrem Smartphone ein, die jeden Tag auftaucht, bis Sie sich an die neue Erwartung gewöhnt haben.

Kapitel acht

Raus aus der Schuldgefühl-Falle

Deaktivieren Sie die Knöpfe, die Manipulatoren gerne drücken

- In welchen Situationen reagieren Sie »auf Knopfdruck« mit Schuldgefühlen?
- Ziehen Sie mit Ihrer Neigung zu Schuldgefühlen »Fallensteller« an?
- Welche neun Kennzeichen zeigen Ihnen, dass Sie in der Schuldgefühl-Falle sitzen?

»Warum wurde ich nicht in eine Familie hineingeboren, die mir mein Studium bezahlen kann? Jetzt habe ich zwar einen Abschluss, bin aber verschuldet!«, sagte Jason zu Joy, seiner Mutter.

Das war nicht das erste Mal. »Jason drückt immer auf denselben Knopf«, sagt Joy. »Irgendwann nach der Pubertät fing er damit an, mir mit allen möglichen Dingen ein schlechtes Gewissen zu machen. Es ist, als ob er mir das Gefühl vermitteln wolle, ich würde ihm noch mehr schulden. Ich habe ihm schon gesagt, er sei verwöhnt und unrealistisch, aber das hat gar nichts bewirkt.«

☙

Amanda bekommt von ihren Kindern keine derartigen Vorwürfe zu hören. Wenn sie das Wort »Schuldgefühle« hört, dann denkt sie sofort an ihre Mutter.

»Ich kann meine Mutter nicht einfach zu mir einladen, damit wir uns ein bisschen unterhalten. Sie kommt immer zur Bewertung. Sie beurteilt mein Haus, meine Erziehung, meine Kochkünste, meinen Mann, mein Gewicht, einfach alles!«, erzählt Amanda mit ängstlicher Stimme. »Und das macht sie noch nicht einmal direkt. Stattdessen stellt sie Fragen wie: ›Hast du gemerkt, dass dein Wohnzimmerteppich da drüben schon ziemlich abgenutzt ist? Solltest du nicht allmählich mit dem Kochen anfangen? Es ist immerhin schon vier Uhr. Wann bringst du Mikey endlich dazu, dass er mehr Sport treibt? Es wird langsam Zeit, findest du nicht?‹ Nichts, was ich mache, ist ihr jemals gut genug, und so ist es schon immer gewesen.«

Amanda sagt, es sei mittlerweile schon so schlimm, dass sie die Stimme ihrer Mutter im Kopf hört, sooft sie eine Pause machen, sich hinsetzen und fernsehen will. »Ich kann sie förmlich hören, wie sie sagt: ›Was sitzt du hier herum? Du solltest die Wäsche waschen. Du solltest kochen. Du bist faul.‹ Und wenn wir zusammen sind, ist es die ganze Zeit so – sie stellt mir Fragen, warum ich nicht mehr tue, und äußert Erwartungen, was ich alles für sie tun sollte. Meine Mutter hat bei mir Schuldgefühle verursacht, seit ich auf dieser Welt bin«, klagt Amanda. »Egal was ich gemacht habe, es war nie genug.«

Doch es war noch schlimmer: Ihre Mutter erwartete von Amanda, dass sie mit eingeladen wurde, wenn sich Amanda mit ihren Freundinnen treffen wollte. Sie wollte auch bei Aktivitäten einbezogen werden, die Amanda lieber mit ihren Kindern allein unternommen hätte.

»Wenn ich meine Mutter nicht zu allem, was ich unternehme, einlade, ist sie beleidigt«, erzählt Amanda. »Ich kann ohne sie nicht einmal meine Freundinnen zu mir nach Hause einladen oder mit den Kindern ins Kino gehen. Dabei beklagt sie sich immer, weil sie Kinderfilme überhaupt nicht mag! Wenn sie herausfindet, dass wir ohne sie weg waren, sagt sie: ›Nun ja, du hättest mich ja zumindest mal fragen können, ob ich mitkommen will.‹«

In solchen Fällen wird Amanda mit Schweigen bestraft. »Meine Mutter redet dann drei Tage lang nicht mehr mit mir. Statt zum Geburtstag anzurufen, sendet sie nur eine Textnachricht. Das ist ziemlich verletzend.«

⚃

Die Schuldgefühl-Falle, mit der Ava es zu tun hatte, wurde von ihrem eigenen Mann aufgestellt. »Er spielt praktisch alle meine Probleme herunter, indem er sagt, er hätte es viel schwerer gehabt«, berichtet sie frustriert. Auf diese Weise ist ihre Ehe in eine sehr schwierige Lage geraten. Ava musste ihr Verhalten ständig anpassen, um ihren Mann zufriedenzustellen, aber es reichte einfach nie aus. Sie hatten geheiratet mit dem Plan, Kinder zu bekommen. Doch nachdem sie zwei Jahre verheiratet gewesen waren, verkündete ihr Mann plötzlich, dass er eigentlich keine Kinder wolle und er nicht glaube, dass Ava »organisiert genug« sei, um Mutter sein zu können.

»Du wäschst immer an verschiedenen Tagen in der Woche, wir essen abends nie zur selben Zeit und du hast in deinem Beruf viel zu viel zu tun«, stellte er fest. »Ich weiß gar nicht, wo ›Muttersein‹ noch auf deine To-do-Liste passen würde.«

So lächerlich sich das alles anhört, begann Ava dennoch ihre organisatorischen Fähigkeiten infrage zu stellen. Sie reagierte auf die Kritik ihres Mannes, indem sie versuchte, einen besser vorhersehbaren Tagesablauf zu schaffen, und indem sie Artikel über die richtige Zeiteinteilung las.

Als Nächstes kam ihr Mann mit neuen Forderungen. »Du musst mir mal erklären, warum du eigentlich Kinder willst«, sagte er zu ihr. »Ich habe mir halt schon immer Kinder gewünscht«, antwortete Ava. »Ich mag Kinder und möchte eine Familie haben.« Doch diese Antwort, so meinte ihr Mann, sei nicht zielgerichtet genug. Sie brauche einen besseren Grund, um Kinder in die Welt zu setzen. Jedes Mal, wenn das Thema zur Sprache kam, endete es damit, dass Ava Schuldgefühle hatte, weil sie sich Kinder wünschte. Sie begann sich zu fragen, ob sie wirklich Kinder bekommen sollte.

»Ich begann mich tatsächlich schuldig zu fühlen, weil ich Mutter sein wollte«, erinnerte sie sich. »Wir redeten monatelang und sogar fast ein Jahr nicht mehr darüber, weil das Gespräch immer mit dem Vorwurf endete, dass ich irgendetwas nicht tat, weshalb ich es nicht verdiente, eine Familie zu haben.«

DIE SCHULDGEFÜHL-FALLE

Die Schuldgefühl-Falle ist eine Form der Manipulation. Indem man einem Menschen ein schlechtes Gewissen macht, bringt man ihn dazu, etwas zu tun, das er sonst nicht machen würde. Das Gefühl, dem anderen etwas schuldig zu sein, verändert das Verhalten und die Entscheidungen dieser Person auf eine Weise, die dem »Fallensteller« nützt. Falsche Schuldgefühle sind eine Falle, in die man sich selbst hineinmanövriert. Wenn andere uns jedoch diese Falle stellen, ist das Entkommen schwieriger. Hier geht es darum, jemandem ein schlechtes Gewissen zu machen mit dem Ziel, ihn zu einem bestimmten Verhalten zu bewegen.

Es gibt mehrere Kennzeichen, die Ihnen verraten können, ob Sie sich in einer Schuldgefühl-Falle befinden. Denken Sie an eine Person, die versucht, Sie durch Ihr schlechtes Gewissen zu beeinflussen. Wie viele der folgenden neun Kennzeichen finden sich in Ihrer Beziehung zu dieser Person?

1. **SIE KÖNNEN DIE ERWARTUNGEN DIESER PERSON ANSCHEINEND NIE ERFÜLLEN.** Es kommt Ihnen so vor, als würden Sie immer etwas falsch machen. Sie genügen den hohen Maßstäben dieses Menschen nicht. Im Grunde genommen ist nichts, was Sie tun, gut genug.
2. **DIE ANDERE PERSON VERGLEICHT SIE MIT LEUTEN, DIE IRGENDWIE BESSER SIND ALS SIE.** Sie werden mit anderen verglichen, die die Erwartungen erfüllen. Dies dient als Beweis dafür, dass Sie falschliegen und sich ändern müssen.
3. **DIE ANDERE PERSON SCHAFFT ES NICHT OHNE SIE.** Obwohl der Fallensteller mit Ihnen nicht zufrieden ist, behauptet er, ohne Sie nicht auszukommen. Er lässt Sie wis-

sen, dass Sie ihn in eine schwierige Lage gebracht haben; Sie haben ihn verwundbar gemacht, weil Sie seinen Erwartungen nicht gerecht geworden sind. Sie stecken also in einem Dilemma, weil Sie dieser Person schaden, wenn Sie nicht herausbekommen, wie Sie deren Erwartungen erfüllen können. Die andere Person will nicht, dass Sie weggehen, sondern dass Sie sich fügen und das tun, was diese Person will.

4. **SIE SIND DER ANDEREN PERSON ÜBERMÄSSIG DANKBAR UND MACHEN IHR ÜBERZOGENE KOMPLIMENTE.** Wir erinnern uns: Schuldgefühle bedeuten, jemandem etwas schuldig zu sein. Wenn Sie in eine Schuldgefühl-Falle geraten sind, meinen Sie, dem anderen zu Dank verpflichtet zu sein – immerhin findet er sich mit Ihnen ab und mit all dem, was Sie falsch machen. Weil Sie sich unwürdig oder abgewertet fühlen, überschätzen Sie die andere Person und bewerten deren Beitrag und Verdienste im Vergleich zu Ihren ungleich höher.

5. **DIE ANDERE PERSON STELLT IHRE LIEBE ODER IHRE LOYALITÄT INFRAGE.** Wenn Sie Sätze zu hören bekommen wie: »Wenn du mich lieben würdest, dann würdest du …« oder »Wenn dir diese Sache so wichtig wäre wie mir, dann würdest du …«, befinden Sie sich in der Schuldgefühl-Falle. Mit dieser Taktik sollen Sie dazu herausgefordert werden, den geäußerten Satz zu widerlegen. Das bringt Sie dazu, alles zu tun, was Ihnen gesagt wird, um zu beweisen, dass die andere Person oder die Situation Ihnen wirklich wichtig ist.

6. **SIE HABEN DEN EINDRUCK, NICHT NEIN SAGEN ZU KÖNNEN, OHNE DASS ES SCHWERWIEGENDE KONSEQUENZEN GIBT.** Sie fühlen sich verpflichtet. Sie schulden der anderen Person etwas und deshalb können Sie nicht Nein sagen. Das wäre die Konsequenzen nicht wert. Also beugen Sie sich dem Druck, nur um des lieben Friedens willen. Sie sind zwar nicht glücklich, aber die Alternative kommt Ihnen schlimmer vor.

7. **SIE SIND IMMER SCHULD, WENN ETWAS SCHIEFGEHT.** Sie sind diejenige, die geführt, belehrt und korrigiert

werden muss. Und zwar deshalb, weil alles Ihre Schuld ist – sogar oder vielleicht gerade dann, wenn es nicht so ist. Fallensteller geben meistens ihren Anteil an den Problemen nicht zu. Alle Schuldgefühle, die sie empfinden, projizieren sie auf Sie oder auf einen anderen bedauernswerten Menschen.

8. **DIE ANDERE PERSON BRINGT OPFER, UM EINE BEZIEHUNG ZU IHNEN ZU HABEN.** Es fühlt sich so an, als sei die Beziehung aus dem Gleichgewicht geraten, und das ist sie auch. Es ist wie zwischen einem Gläubiger und einem Schuldner: Die andere Person hat Ihnen einen Gefallen getan oder Ihr »Versagen« im Hinblick auf ihre Maßstäbe erduldet, also ist sie das Opferlamm, das sich mit Ihnen abfindet. Nach Meinung dieser Person sollten Sie ihr dankbar sein, dass sie ihre eigenen hohen Maßstäbe und Pflichten erfüllt, indem sie weiterhin Ihr Freund, Kollege, Angehöriger usw. bleibt.

9. **SIE STRENGEN SICH AN, UM DIE ERWARTUNGEN DER ANDEREN PERSON ZU ERFÜLLEN, ABER DIESE WEISS NICHT EINMAL, WELCHE ERWARTUNGEN SIE EIGENTLICH HABEN!** Fallensteller sind gut darin, Erwartungen zu äußern und zu etablieren. Sie tun das früh und oft, manchmal bevor Sie überhaupt über Ihre eigenen Erwartungen nachgedacht haben. Also werden die Erwartungen der anderen Person zum Standard. Und diese Erwartungen bringen ihr Vorteile. Und wenn Sie überhaupt irgendwelche Erwartungen haben, dann finden diese kaum je Eingang in die Gespräche.

In einem Onlinewörterbuch gibt es für die Schuldgefühl-Falle eine Definition, mit der die Sache auf den Punkt gebracht wird: »Eine Manipulationstaktik: Einer Person wird ein schlechtes Gewissen gemacht, damit dieses für sie zum Anreiz wird, auf eine Weise zu denken und zu handeln, wie sie es normalerweise nicht tun würde. Oft stellt sich die manipulierende Person als Opfer dar oder sie tritt mit großartigem Gestus auf, um eine emotionale Schuld herbeizuführen.«[38]

WARUM WIR SO LEICHT IN DIE SCHULDGEFÜHL-FALLE TAPPEN

Niemand kann uns zwingen, uns in die Schuldgefühl-Falle zu begeben. Wir müssen uns selbst darauf einlassen. Warum aber geraten wir dann so leicht hinein? Hier ein paar Gründe dafür:

- **DIE FALLE WURDE VON JEMANDEM AUFGE-STELLT, DER UNS WICHTIG IST.** Schuldgefühl-Fallen funktionieren nur bei Personen, die uns nahestehen. Wenn es keine echte emotionale Verbindung gibt, funktionieren sie nicht.
- **WIR FÜRCHTEN DIE KONSEQUENZEN.** Fallensteller halten uns in der Regel eine Drohung vor. Dabei handelt es sich nicht immer um offen ausgesprochene Forderungen; manchmal sind diese eher unterschwellig vorhanden. Dennoch können wir uns sicher sein, dass es Konsequenzen geben wird, wenn wir auf diese Forderungen nicht eingehen. Ob es sich dabei um Schweigen, ausgesprochene Kritik oder etwas Greifbareres handelt – jedenfalls fürchten wir die Folgen unserer Weigerung.
- **WIR HALTEN DIE VORWÜRFE TATSÄCHLICH FÜR WAHR.** Auf einer gewissen Ebene funktioniert die Schuldgefühl-Falle, weil wir selbst glauben, dass die Anschuldigungen stimmen. Darum ist es so wichtig, unsere eigenen Gedanken zu überprüfen – vor allem wenn uns diese Gedanken vom Fallensteller eingepflanzt wurden.

Erin ist eine nette Frau, sie ist hübsch, klug, fleißig – und voller Schuldgefühle. Als ich sie fragte, was bei ihr diese Schuldgefühle auslöse, lautete ihre Antwort: »Einfach alles.«

Ihr größtes Problem, sagte sie, seien die Schuldgefühl-Fallen, die ihre Mutter ihr stellt, seit sie denken kann. »Ich habe einfach das Gefühl, dass ich als Tochter für meine Mutter nie gut genug bin«, erzählte sie mit beklommener Stimme. »Egal was ich für sie tue, es genügt ihr einfach nicht. Es ist wie ein Loch, das man nie auffüllen kann, und doch versuche ich das immer wieder – aber ohne Erfolg!«

Vor Kurzem nahm Erin ihre Mutter auf eine Reise mit. Sie besuchten ihre Cousins und Cousinen in Denver. Einmal machten sie einen Ausflug zum Pike's Peak, verbrachten einen Tag in den Bergen und feierten sogar eine kleine Party, weil ihre Mutter in dieser Zeit Geburtstag hatte. Erin und eine ihrer Cousinen kauften einen Kuchen, brachten Geschenke mit und sangen »Happy Birthday«. Es war eine schöne Reise – und das will schon viel heißen, denn normalerweise, sagt Erin, findet ihre Mutter immer irgendwo ein Haar in der Suppe. Dieses Mal jedoch nicht.

Dann fuhren sie wieder nach Hause und ein paar Tage später kam jemand aus der Familie auf Mutters Geburtstag zu sprechen. Und die Reaktion ihrer Mutter? »Ja, aber dieses Jahr gab es keine Geburtstagsfeier.«

Erin war überrascht. »Mama, was meinst du denn damit? Wir haben doch deinen Geburtstag in Denver gefeiert. Weißt du das nicht mehr? Wir haben ›Happy Birthday‹ gesungen und du hast Geschenke bekommen.«

»Na ja, aber das zählt ja nicht«, erwiderte die Mutter. »Du hast das ja nicht geplant. Das war deine Cousine.« Doch in Wirklichkeit war die Geburtstagsfeier Erins Idee gewesen und sie hatte alles organisiert, lediglich unterstützt von ihrer Cousine. Anscheinend war das jedoch nicht genug gewesen.

Die Schuldgefühl-Falle basiert auf dem Gedanken, dass wir dem anderen etwas schuldig sind. Der Fallensteller ist geschickt darin, die Beziehung aus dem Gleichgewicht zu bringen, sodass wir das Gefühl haben, nicht genug getan zu haben, oder das Gefühl, dass der andere mehr getan hat als wir. Die andere Person setzt sozusagen das Schuldgefühl auf den Fahrersitz unserer Beziehung, damit die Reise in die von ihr beabsichtigte Richtung geht. Nun fehlt nur noch, dass wir in das Auto einsteigen.

Schuldgefühl-Fallensteller sind Meister der Manipulation. Oft machen sie kleine Bemerkungen, mit denen sie die Saat des schlechten Gewissens aussäen in der Hoffnung, dass wir dann das tun, was sie wollen, oder dass wir dafür »bezahlen«, indem wir uns wegen einer Sache schlecht fühlen. Der Zweck der Schuldgefühl-Falle ist, unser Verhalten und unsere Entscheidungen zu beeinflussen. Erinnern wir uns daran, dass es nicht genügt, uns bewusst zu machen, was unsere Schuldgefühle auslöst. Wir müssen auch unsere instinktiven Wut- oder Fluchtreaktionen, die durch unsere Schuldgefühle hervorgerufen werden, unter Kontrolle bekommen. Die Fallensteller wissen vielleicht nicht, was in unserem Kopf vor sich geht, wenn Schuldgefühle entstehen, aber sie wissen sehr wohl, wie stark unser Verhalten dadurch zu beeinflussen ist. Wenn sie sozusagen in unsere Gedanken eindringen und Schuldgefühle erzeugen können, stehen die Chancen gut, dass unsere Wut- oder Fluchtreaktion sich so schnell einstellt, als würden wir von einem wilden Bären verfolgt.

Der Zweck der Schuldgefühl-Falle ist, unser Verhalten und unsere Entscheidungen zu beeinflussen. Doch wir haben die Wahl, ob wir uns manipulieren lassen oder nicht.

Wir sollten uns klarmachen, dass die Schuldgefühl-Falle keine Forderung ist, sondern eine Einladung, die wir mit gutem Recht ablehnen können. Es mag zwar Drohungen und Konsequenzen geben, aber letztendlich haben wir die Wahl, ob wir uns lieber mit den Konsequenzen auseinandersetzen wollen, als uns manipulieren zu lassen.

Ein extremes Beispiel hierfür ist Edye Frankel, eine der jüngsten Holocaustüberlebenden. Sie ist die Mutter einer guten Freundin von mir. Vor nicht allzu langer Zeit war ich zu einer Familienfeier im Haus meiner Freundin eingeladen. Dort erwähnte ich in einem Gespräch, dass ich gerade dieses Buch schrieb. Sofort erzählte mir Edye von ihren eigenen Problemen mit Schuldgefühlen. Fasziniert hörte ich ihr zu. Sie beschrieb, dass sie sich schuldig fühlte, weil sie sich nicht mehr an die Zeit erinnerte, die sie als Baby und Kleinkind in drei verschiedenen Konzentrationslagern verbracht hatte. Sie hatte das Gefühl, dass ihre mangelnde Erinnerung ihr nicht das Recht gab, sich als Überlebende zu bezeichnen. Ich fragte sie, ob ich bezüglich ihrer Erfahrungen mit Schuldgefühlen ein Interview mit ihr führen dürfte. Dieses fand ein paar Monate später statt. Edye erzählte mir, sie habe mit Anfang zwanzig ein Gespräch mit einem Rabbi gehabt, das eine bestimmte Erwartung in sie einpflanzte und tiefe Schuldgefühle hinterließ. Mit Edyes Geschichte könnte man ein ganzes Buch füllen, aber ich möchte hier nur einen kleinen Teil davon als Beispiel dafür anführen, wie die Erwartungen anderer uns in die Schuldgefühl-Falle locken können.

Edye war Anfang zwanzig, als sie sich in einen Mann verliebte und sich mit ihm verlobte. Es gab dabei nur ein einziges großes Problem, zumindest in den Augen ihres Vaters: Ihr Verlobter war kein Jude. »Mein Mann war schwarz«, erzählte sie, »aber das war das geringere Problem. Wenn er zum Judentum konvertiert wäre, hätte mein Vater ihn, wenn auch widerwillig, akzeptiert.« Ihr Mann konvertierte aber nicht und Edye gab nicht nach, obwohl ihr Vater drohte, er werde sie enterben, wenn sie keinen Juden heiratete.

Nach ihrer Hochzeit machte ihr Vater die Drohung wahr. Edye war damals zweiundzwanzig. »Er betrauerte meinen Tod«, sagte sie. »Er verbrannte meine Geburtsurkunde und wir redeten kein Wort mehr miteinander, bis er starb.« Es war eine mutige Entscheidung gewesen, sich nicht auf diese Schuldgefühl-Falle einzulassen, aber Edye musste dafür einen hohen Preis zahlen.

Der Versuch ihres Vaters, durch Drohungen die Wahl ihres Ehepartners zu beeinflussen, hätte bei Edye große Schuldgefühle auslösen können. Aber die Entscheidung, jemanden zu heiraten, den ihr Vater nicht billigte, war bei ihr nicht die Quelle eines dauerhaft schlechten Gewissens.

»Ich war sehr stur«, meinte sie. »Man muss sich selbst treu bleiben. Ich folgte bei allem, was ich tat, meinen eigenen Grundsätzen.«

Allerdings hat Edye bis heute Schuldgefühle aufgrund des Gespräches mit ihrem Rabbi, das sie mitten in der Zeit des Konfliktes mit ihrem Vater führte. »Ich versprach dem Rabbi, meine Kinder jüdisch zu erziehen«, erzählte sie. »Und deshalb fühle ich mich schuldig. Das ging nämlich noch viel tiefer. Der Holocaust geschah, weil wir Juden waren. Unsere Religion aufzugeben, hieße, den Grund aufzugeben, warum wir so viel erduldet haben.«

Der Rabbi schärfte Edye ein, es sei ihre Pflicht gegenüber ihrer Religion und ihrem Volk, dafür zu sorgen, dass ihre Kinder im jüdischen Glauben aufwuchsen. »Jedes Mal, wenn jemand die

Religion verlässt, schmälert er dadurch das jüdische Volk«, wurde ihr gesagt.

Also meldete Edye ihre Kinder zum Hebräischunterricht in der Synagoge an. »Die anderen Kinder verspotteten sie deswegen. Sie wurden grausam beschimpft.«

Bald darauf kamen Edyes Kinder dann in die staatliche Schule, wo die meisten ihrer Freunde schwarz waren. An der jüdischen Schule waren sie kritisiert worden, weil sie »nicht jüdisch genug« waren. An der staatlichen Schule waren sie »nicht schwarz genug«. Edye tat ihr Bestes, um ihren Kindern durch diese Situation hindurchzuhelfen. Aber sosehr sie sich auch wünschte, dass ihre Hautfarbe und Religion nicht zählten – die Welt, die sie und ihre Familie jeden Tag betraten, bestand auf dieser Unterscheidung. Als ihre älteste Tochter sie fragte: »Mama, welche Hautfarbe habe ich?«, antwortete Edye ihr: »Du hast die Menschenfarbe.« Aber die Kinder aus der Nachbarschaft lehnten diesen Gedanken ab. Empört stellte Edye fest: »Die Gesellschaft sagt dir, dass du schwarz sein musst, also musst du es auch sein.«

Edye hat einen ausgeprägten Sinn für Fairness und Gerechtigkeit. Dieser rührt aus den Erfahrungen ihrer Kindheit her, den Vorurteilen, denen sie selbst begegnet ist, und dem Überleben des Holocaust. Dies alles brachte sie dazu, ihren Töchtern beizubringen, dass alle Religionen gut seien. »Ich hielt in meinem Haus Sederfeiern mit allen möglichen Leuten unterschiedlicher Religionen und Hautfarben ab und es war wunderbar.« Letztendlich blieben ihre Töchter jedoch nicht beim jüdischen Glauben und Edye gab sich selbst die Schuld dafür. »Ich weinte tagelang, als ich hörte, dass eine meiner Töchter sich christlich taufen lassen würde«, gesteht sie. »Es war so schmerzhaft für mich. Ich musste meine ganze Kraft zusammennehmen, um darüber hinwegzukommen. Ich ließ mir Zeit dafür. Dann wog ich meine Werte gegeneinander ab: Ist meine Religion mir wichtiger als meine eigenen Kinder?«

Dies mag ironisch klingen, wenn man bedenkt, dass Edyes Vater die Religion über seine Tochter stellte. Noch ironischer sind Edyes Gedanken, dass vielleicht die persönlichen Probleme, die aus ihrer ersten Ehe resultierten, von ihr selbst verursacht waren, und zwar aufgrund ihrer Schuldgefühle. »Ich schuf Situationen, die mir Schmerz verursachten, um meinen eigenen Holocaust zu schaffen«, resümierte sie. Sie vermutete, dass vielleicht ihr Unvermögen, sich an den Holocaust zu erinnern, zu Entscheidungen führte, die leidvolle Situationen hervorriefen.

Die Schuldgefühle, die Edye empfand, weil sie die Bitte ihres Rabbis nicht hatte erfüllen können, saßen tief. Sie waren extremer als das, was die meisten von uns erleben, wenn es um Schuldgefühle geht. Aber an diesem Beispiel wird auch deutlich, wie mächtig die Schuldgefühl-Falle sein kann. Edye behielt ihre Werte hinsichtlich der Gleichberechtigung der verschiedenen Religionen und Hautfarben bei, als sie gegen den Willen ihres Vaters heiratete. Aber die Erwartung, ihre Kinder dauerhaft im jüdischen Glauben zu verwurzeln, konnte nicht von ihr selbst erfüllt werden. Das lag letztendlich außerhalb ihres Einflussbereiches.

»Es ist schwer zu sagen, was ich hätte anders machen sollen. Ich wollte meine Kinder nicht zum Glauben zwingen. Es war eine Sache der Fairness«, sagte sie. Vielleicht war ihr Wert der Fairness nicht mit der Erwartung zu vereinbaren, die aus dem Wunsch des Rabbis entstand. Die beiden Werte kollidieren miteinander und Schuldgefühle waren unvermeidlich.

Oberflächlich betrachtet mag es sich bei der Forderung des Vaters und der Bitte des Rabbis nicht um eine Schuldgefühl-Falle handeln. Dennoch lag beidem der Gedanke zugrunde, dass Edye jemandem etwas schuldig war. Sie war es ihrem Volk und denen, die gelitten hatten, schuldig, dass sie ihren Glauben und ihr Erbe weiterführte. Letztendlich ließ Edye sich bei ihren Entscheidungen jedoch von ihren Werten der Fairness und der Liebe leiten. Und das bedeutete, dass ihre Kinder ihre eigenen Entscheidungen treffen konnten, frei von den Drohungen und Erwartungen, mit denen Edye einst konfrontiert gewesen war.

SCHULDGEFÜHLE ZIEHEN FALLENSTELLER AN

Erin, deren Probleme mit ihrer Mutter wir bereits weiter oben kennengelernt haben, erzählte mir ein interessantes Detail aus ihrem Leben. Seit über zehn Jahren, angefangen in der Highschool, erweckte ihre beste Freundin bei ihr Schuldgefühle, um bestimmen zu können, mit wem Erin außer ihr befreundet war. »Anscheinend ziehe ich solche Situationen wie ein Magnet an«, meinte Erin.

Das ist ein schrecklicher Gedanke, aber es könnte ein Funke Wahrheit darin stecken, dass wir, wenn wir falsche Schuldgefühle hegen, Menschen anziehen, die unsere Verwundbarkeit an dieser Stelle ausnutzen. Wir sollten uns also klarmachen: Wenn jemand Schuldgefühle einsetzt, um seinen Willen zu bekommen, muss er auch Menschen finden, die diesen Köder schlucken. Deshalb sucht er sich Menschen aus, die sich auf seine Manipulationen und seinen emotionalen Missbrauch einlassen.

Craig ist leider das perfekte Beispiel dafür, wie man in eine solche Falle geraten kann. Er erzählte mir, er sei als Teenager im Großen und Ganzen ein netter Junge gewesen. Er war freundlich, lustig und umgänglich. Außerdem war er in gewisser Hinsicht privilegiert. Seine Familie war recht wohlhabend und er dachte nie viel über Geld nach, weil er dazu keinen Anlass hatte. Aber seine Eltern baten ihn und seine Geschwister oft darum, ihre gute finanzielle Lage herunterzuspielen, wenn sie Verwandte besuchten.

»Sie wollten nicht, dass die anderen in der Familie den Eindruck bekamen, wir hätten mehr als sie«, erinnerte sich Craig. »Ich durfte noch nicht einmal über meine schulischen Leistungen sprechen. Das erweckte bei mir irgendwie das Gefühl, dass all das Gute, das wir hatten, für andere anstößig war oder sie neidisch machte.«

Als Craig älter wurde, zeigte sich ein bestimmtes Muster in seinen Freundschaften. »Anscheinend wurde ich von Leuten angezogen, die nicht so viel hatten wie ich. Ich glaube nicht, dass ich das bewusst tat, aber im Rückblick muss ich feststellen, dass sich das durch meine ganze Teenagerzeit hindurchzog und sich auch später noch fortsetzte.« Craig hatte Freunde, die gewisse Kommentare fallen ließen: Er hätte das, was er besaß, eigentlich gar nicht verdient und wenn er wirklich ihr Freund sei, dann würde er ihnen Geld geben.

»Die Schuldgefühl-Falle, in der ich steckte, besagte, ich würde mich für etwas Besseres halten und hätte all das Gute nicht verdient«, erklärte Craig. »Und es stimmte, dass ich das alles nicht verdient hatte. Ich habe mir meine Familie ja nicht ausgesucht. Ich hatte einfach Glück, dass ich in eine solche Familie hineingeboren wurde. Allerdings stimmte es nicht, dass ich mich für etwas Besseres hielt.« Diese Anschuldigung ärgerte Craig und im Rückblick erkannte er, dass es sich dabei um eine gut funktionierende Schuldgefühl-Falle gehandelt hatte.

»Ich wurde oft dahin gehend manipuliert, dass ich anderen Leuten etwas kaufte und ihre Probleme löste, wenn sie sich verantwortungslos verhalten hatten. Es mag sich verrückt anhören, aber als ich Mitte zwanzig war, war ich mit einer Frau viel zu lange zusammen, und zwar zum Teil deshalb, weil ich beweisen wollte, dass ich mich nicht für etwas Besseres hielt als die Leute aus einer anderen sozialen Schicht. Unsere Beziehung war durch die dauerhafte Botschaft geprägt, mein Leben sei leichter als ihres, und deswegen sollte ich mich schuldig fühlen und dafür bezahlen. Ich mag gar nicht mehr darüber nachdenken, was ich alles tat, um dafür zu bezahlen – ich half ihr und ihrer Familie finanziell, kaufte Geschenke und erfüllte alle möglichen Erwartungen, bis das Ganze völlig aus dem Ruder lief.«

Craig erkannte schließlich, wie er von Leuten manipuliert wurde, die seine Neigung zu Schuldgefühlen als wunden Punkt sahen, den sie ausnutzen konnten. Er suchte sich andere Freunde und Beziehungen und setzte denen Grenzen, die ihn manipulieren wollten. Als er das tat, so berichtete er, suchten die Fallensteller immer seltener seine Freundschaft.

Manipulative Menschen wollen bestimmte Knöpfe drücken und eine vorhersehbare Reaktion von uns bekommen. Für sie sind Schuldgefühle wie ein Werkzeug. Wenn wir die Knöpfe, die sie drücken, deaktivieren, ist dieses Werkzeug nicht mehr brauchbar. Daraufhin versuchen sie unsere alten Schuldauslöser aus einer anderen Richtung zu aktivieren, aber wenn wir stand-

> Für manipulative Menschen sind Schuldgefühle wie ein Werkzeug. Wenn wir die Knöpfe, die sie drücken, deaktivieren, ist dieses Werkzeug nicht mehr brauchbar.

haft bleiben, werden sie irgendwann aufgeben und sich jemanden suchen, der leichter zu manipulieren ist.

SELBST GESTELLTE SCHULDGEFÜHL-FALLEN

Manche Schuldgefühl-Fallen sind nicht so offensichtlich. Sie stecken fast ausschließlich in unseren Köpfen. Wir stellen uns vor, wie andere sich über uns ärgern oder uns für Egoisten halten könnten, oder wir meinen, dass die anderen etwas Besseres verdienen als wir.

Claire war eine Meisterin der selbst gestellten Schuldgefühl-Fallen und sie merkte es nicht einmal. Sie war klug, nett und fleißig und kam zu mir in die Beratung, um einige ihrer sozialen Ängste zu überwinden. Allerdings hatte sie diese Ängste nie mit Schuldgefühlen in Verbindung gebracht. Ihr tiefster Wunsch war es, wahrgenommen und wertgeschätzt zu werden, was sie anderen gegenüber stets praktizierte. Aber sie selbst fürchtete sich oft vor der Kritik anderer Menschen und hatte den Eindruck, dass sie übersehen wurde.

Claire erzählte mir während des Beratungsgespräches etwas Seltsames. Sie arbeitete als Spitzenkraft in einem der fünfhundert größten Unternehmen der USA. Für ihre besonderen Leistungen erhielt sie eines Tages eine interne Auszeichnung. Das war eine ganz große Sache und sie hatte es durchaus verdient. Ihre Eltern pflegten ihr immer Blumen zu schicken, wenn es etwas zu feiern gab. Als sie aber an jenem Tag anriefen, um mit ihrer Tochter zu sprechen und ihr zu sagen, wie stolz sie auf sie waren, äußerte Claire eine Bitte.

»Bitte schickt mir dieses Mal keine Blumen«, sagte sie.

»Warum nicht? Du hast doch so eine großartige Leistung vollbracht! Das ist unsere Art zu feiern, was für ein besonderer Mensch du bist.«

Claire zögerte mit ihrer Antwort. »Ich möchte nicht, dass die anderen sich deswegen schlecht fühlen«, sagte sie. »Das würde nur Probleme verursachen.«

Das verblüffte mich. Claire hatte ausgerechnet die Geste zurückgewiesen, nach der sie sich doch am meisten sehnte – sich wahrgenommen und wertgeschätzt zu fühlen. Es war genau ihr Thema. Oft spielte sie ihre eigenen Leistungen herunter. Das täte sie, damit andere sich nicht unwohl fühlten, meinte sie. Aber inzwischen hatte sie eine andere berufliche Laufbahn eingeschlagen, heraus aus dem Angestelltenstatus und hinein in die Selbstständigkeit. Sie leitete ein digitales Werbeunternehmen und befand sich nun in einer Situation, in der sie sich bei anderen Menschen bekannt machen musste, die nichts von ihrem Hintergrund wussten. Weil sie aber ihre Leistungen stets herunterspielte, stimmte die Wahrnehmung, die andere von ihr und ihrem Können hatten, bei Weitem nicht mit der Wirklichkeit überein. Das wirkte sich negativ auf ihre Fähigkeit aus, neue Geschäftspartner zu gewinnen.

»Warum verbergen Sie, wer Sie wirklich sind?«, wollte ich von ihr wissen. »Warum machen Sie sich selbst klein, damit die anderen sich wohler fühlen?«

»Weil es negative Folgen hat, wenn Menschen sich bei einem nicht wohlfühlen«, antwortete sie.

Claires Schuldgefühle gingen auf eine Handvoll Menschen zurück, die sie in der Vergangenheit kritisiert hatten, und sie ließ es zu, dass die Fallen, die diese Leute ihr gestellt hatten, ihr immer noch im Kopf herumspukten. Und diese Fallen funktionierten auch in einer neuen Umgebung und in anderen Situationen.

Und so lautete Claires Schuld-Statement: *Es ist falsch, den eigenen Fleiß und die eigenen Leistungen hervorzuheben, weil dadurch andere das Gefühl bekommen könnten, nicht genug getan zu haben.*

Wenn man das Ganze jedoch etwas genauer betrachtet, erkennt man besser, was Claires Schuldgefühle befeuerte – sie wollte sich selbst schützen. Der damit verbundene Gedanke lautete: *Wenn andere sich unwohl fühlen, muss ich einen Preis dafür bezahlen.* Wie wir bereits gesehen haben, entdecken wir beim Abtragen der verschiedenen Schichten unserer Schuldgefühle manchmal, dass es hier um etwas anderes geht, als es auf den ersten Blick scheint. Bei selbst auferlegten Schuldgefühlen steht oft unser Selbstschutz vor dem Zorn der anderen im Mittelpunkt. Darum entschloss sich Claire, noch eine weitere Schicht offenzulegen und eine sehr wichtige, wirkungsvolle Frage zu stellen: »Was ist, wenn die anderen sich nicht wohlfühlen? Was passiert dann?« Mit anderen Worten: Statt sich von der Furcht einreden zu lassen, dass sie einen Preis würde bezahlen müssen, stellte sie eine Frage, die sie zu der Entscheidung zwang: War dieser Preis es wert, bezahlt zu werden?

Dass eine andere Person sich nicht wohlfühlt, ist kein Problem, das wir lösen müssen, wenn die Lösung dazu führt, dass wir unsere eigenen Ziele und unsere Arbeit zurückstellen. Wir müssen ja nicht unhöflich sein, aber wir sollten ganz und gar dazu stehen, wer wir sind, egal was andere darüber denken. Wer Schuldgefühl-Fallen einsetzt, will uns unter seine Kontrolle bringen, indem er uns mit falschen Schuldgefühlen überhäuft. Aber wir müssen diesen Köder ja nicht schlucken. Allerdings sollten wir uns schon darauf einstellen, dass es manchmal ungemütlich werden kann. Wir müssen unsere Gedanken überprüfen, uns entscheiden, ob diese falsch oder richtig sind, und die falschen durch richtige Gedanken ersetzen. Indem wir lernen loszulassen, deaktivieren wir die Knöpfe, die von Manipulatoren gerne gedrückt werden, damit wir das tun, was sie wollen.

DIE MACHT DER GEGENSEITIGKEIT

Mein Sohn Alex kam von einer Golf-Freizeit mit einem kleinen Zettel in der Hand zurück. Er strahlte übers ganze Gesicht, wie es nur ein Fünfjähriger tun kann, der gerade einen Gutschein für Fast Food geschenkt bekommen hat: ein Kindermenü bei einer Schnellrestaurantkette. »Mama, wir kriegen mit dem Zettel hier ein kostenloses Essen!«, rief er.

Also hielten wir auf dem Nachhauseweg an einer Filiale an. Es war erst elf Uhr vormittags und ich hatte noch keinen Hunger. Zu Hause im Kühlschrank wartete ein köstliches Hühnchen, das mein Mann am Abend zuvor gegrillt hatte. Davon wollte ich gegen dreizehn Uhr etwas zu Mittag essen.

Wir parkten gleich rechts neben dem Eingang des Restaurants. Alex war immer noch ganz aufgeregt, als wir zum Tresen gingen, um unsere Bestellung aufzugeben. »Hallo«, sagte ich zu dem jungen Mann im frisch gebügelten Poloshirt. »Ich habe hier einen Gutschein für ein Kindermenü und hätte dafür gern Chicken Nuggets und eine Schokomilch.« Das war die geplante Bestellung. Deshalb waren wir hergekommen.

Doch ich spürte einen Knoten im Bauch. Ausgelöst durch Gedanken, die ungefähr so lauteten: *Du kommst also hier rein mit deinem Gutschein, bestellst nur das kostenlose Essen, benutzt die Toilette, lässt deinen Sohn auf dem Spielplatz spielen, während du ein paar Mails beantwortest, und dann gehst du, ohne einen einzigen Cent ausgegeben zu haben?*

Meine Antwort auf diese Frage hätte schlicht und ergreifend lauten sollen: *Ja. Genau das werde ich tun.* Aber Sie wissen ja, wie das mit dem schlechten Gewissen läuft. Meine Schuldgefühle beantworteten die Frage laut und deutlich: *Das ist einfach unhöflich. Man geht nicht in ein Restaurant, holt sich ein kostenloses Essen, benutzt die Einrichtung und bestellt nichts!*

Das Nächste, was aus meinem Mund zu hören war, lautete: »… und ich nehme auch noch ein Hühnchen-Sandwich ohne Gurken, einen Früchtebecher und eine Flasche Wasser, bitte.« Ich war nicht hungrig. Zu Hause wartete das Mittagessen auf mich. Und ich hatte noch nicht einmal Durst! Aber ich bestellte trotzdem nur aus einem Schuldgefühl heraus.

Dafür gibt es eine Bezeichnung. Robert Cialdini, Autor des Buches *Influence* und Professor an der Arizona State University, spricht von der »Macht der Reziprozität« in der Werbung. Das bedeutet kurz zusammengefasst: Wenn wir etwas geschenkt bekommen, fühlen wir uns dem Geber in irgendeiner Weise verpflichtet, selbst wenn das Geschenk für uns keinen besonderen Wert hat.[39] Deshalb bekommen wir von Hilfsorganisationen zum Beispiel kostenlose Adressaufkleber zugesandt, obwohl wir diese nicht angefordert haben. Das ist der clevere Einsatz der Schuldgefühl-Falle in der Marketingstrategie. Es wird davon ausgegangen, dass ein genügend großer Anteil der Empfänger sich schuldig fühlen wird, weil er für das Geschenk nichts bezahlt hat. Wir erinnern uns: Eines der Merkmale von Schuld ist es, jemandem etwas schuldig zu sein, also quasi Schulden bei jemandem zu haben. Ein Gutschein-Coupon kann Schuldgefühle verursachen, wenn wir es zulassen – das heißt, wenn wir diese Emotion nicht klar benennen und nicht erst nachdenken, bevor wir reagieren.

WER MIT SCHULDGEFÜHLEN BELADEN IST, LÄDT DIESE ANDEREN AUF

Vielleicht haben Sie schon einmal davon gehört, dass Menschen, die selbst verletzt wurden, auch andere verletzen. Das bedeutet, dass sie Entscheidungen aus ihrem Schmerz heraus treffen und dabei auch anderen wehtun. Etwas Ähnliches lässt sich bei Schuldgefühlen beobachten. Wer sich schuldig fühlt und dieses Gefühl nicht bearbeitet hat, versucht es loszuwerden, indem er es anderen Menschen auflädt. Hier sollten wir auf der Hut sein.

> Wer eigene Schuldgefühle nicht bearbeitet hat, wird oft versuchen, sie loszuwerden, indem er sie anderen auflädt.

Eines der schlimmsten Beispiele, das ich in diesem Zusammenhang gehört habe, ist das einer Frau, die ähnlich wie ich als Referentin tätig ist. Auf einer Konferenz berichtete sie, wie ihr Weg als Mutter von einer Frau aus ihrer Gemeinde beeinflusst worden war. Diese nahm sie einmal beiseite und riet ihr dringend davon ab, ein Kind zu adoptieren. Die Referentin war damals um die vierzig Jahre alt und alleinstehend. Die Frau aus der Gemeinde riet ihr nicht deshalb von der Adoption ab, weil es schwierig sein könnte, ein Kind allein großzuziehen. Stattdessen verwendete sie eine tiefe Verletzung, die besagte Referentin früher erlitten hatte, quasi als Waffe gegen sie. Und das, obwohl die Referentin an diesem Problem hart gearbeitet hatte, um es zu überwinden. Sie war nämlich als Kind sexuell belästigt worden. Die Frau sagte zu ihr: »Wenn du sexuell belästigt wurdest, solltest du keine Kinder haben.« Dahinter stand die Annahme, dass der Schaden, den die Referentin während ihrer schweren Kindheit erlitten hatte, sie als Mutter disqualifizierte. Der verquere Rat kam von einer Frau, die aufgrund ihrer eigenen Vergangenheit von Schuldgefühlen geplagt wurde. Er war nicht auf Weisheit, Liebe und Wahrheit gegründet, sondern auf Schuld, Scham und Schmerz.

Dennoch nahm die Referentin diesen Rat – die Erwartung – einer von Schuldgefühlen geleiteten, zerstörerischen Person an. Sie war kurz davor gewesen, ein Kind zu adoptieren, und gab den Gedanken daraufhin ganz und gar auf. Sie verzichtete auf ihren Traum. Es vergingen Jahre, bis sie die verschiedenen Schichten ihrer Schuldgefühle offenlegte und neue Erwartungen schuf, die in der Wahrheit verwurzelt waren. Mit fünfzig Jahren adoptierte sie schließlich doch noch ein Kind.

FÜHREN SIE EIN HARTES GESPRÄCH

Wenn Sie in einer Schuldgefühl-Falle sitzen, ist ein schwieriges Gespräch nötig, um wieder freizukommen. Schauen wir uns also einmal an, was nötig ist, damit ein solches Gespräch effektiv verläuft. Wenn Sie bisher oft aus Schuldgefühlen heraus gehandelt haben und die Ihnen nahestehenden Menschen daran gewöhnt sind, werden sie Ihnen vielleicht an der einen oder anderen Stelle widersprechen. Lassen Sie sich davon nicht abschrecken. Hin und wieder wird Ihr Gesprächspartner aber sicher ehrlich sein und erkennen, dass eine Veränderung nötig ist und Sie sich vernünftig verhalten. Das ist dann möglich, wenn der andere emotional zugänglich und in der Lage ist, unbequeme Gespräche zu führen. Sollte das nicht der Fall sein, entscheiden Sie sich, das Gespräch trotzdem fortzusetzen. Seien Sie die Stärkere. Fassen Sie Mut.

Furcht entsteht oft deshalb, weil wir unsere Gedanken auf das konzentrieren, was schiefgehen könnte, statt auf das, was gut verlaufen könnte. Wenn wir unsere Komfortzone verlassen, kann es sein, dass wir uns in den schlimmsten Farben ausmalen, in welche Richtung sich das Gespräch entwickeln könnte. In unserem Kopf läuft ein Film ab, der uns die negativen Folgen vor Augen führt, wenn wir die Wahrheit sagen, wenn wir äußern, was wir brauchen und uns wünschen, und die Gefühle der anderen Person möglicherweise verletzen. Aber genauso wichtig ist es, sich auf das zu konzentrieren, was gut gehen könnte. Mit anderen Worten: Wenn uns so ein schwieriges Gespräch bevorsteht, muss unsere Fähigkeit, uns die eigenen Gedanken bewusst zu machen, zum Tragen kommen. Statt die Gedanken zu verdrängen, sollten wir sie erforschen. Sie akzeptieren. Und dann eine Strategie entwickeln, wie wir trotz dieser Gedanken zum Ziel gelangen.

Denken Sie über das schwierige Gespräch nach, das jetzt für Sie dran ist, um eine Grenze zu setzen oder eine neue Erwartung zu formulieren. Dann stellen Sie sich folgende Fragen:

- *Welche Befürchtung habe ich im Blick auf das, was bei diesem Gespräch passieren wird?*
- *Wie kann ich damit umgehen, wenn dieser Fall eintritt?*
- *Was sind die Vorteile, wenn ich dieses Gespräch führe?*
- *Was wünsche ich mir als Ergebnis dieser Unterhaltung?*
- *Was genau sollte ich sagen?*
- *Was kann ich nur schwer aussprechen und warum?*
- *Wie wäre es, wenn ich das Gespräch damit beginne, dass ich meine Befürchtungen und Ängste beschreibe und dann erkläre, dass ich dieses Gespräch trotz der Befürchtungen und Ängste führen werde, weil es so wichtig ist?*

Indem Sie offen sagen, dass Sie Befürchtungen haben, vermitteln Sie der anderen Person, wie wichtig Ihnen das Gespräch ist. Sie kommunizieren Ihre Sorge. Sie kommunizieren, dass die andere Person Ihnen wichtig ist und Sie die Beziehung nicht beschädigen wollen, dass Sie aber auch das Gefühl haben, Sie sollten die Wahrheit sagen und das tun, was Gott von Ihnen möchte.

WIE SIE SICH AUS DER SCHULDGEFÜHL-FALLE BEFREIEN

Auf den letzten Seiten dieses Kapitels möchte ich Ihnen sechs Schritte aufzeigen, die Sie aus der Schuldgefühl-Falle heraus auf den Weg der Wahrheit und Freiheit führen. Mit jedem Schritt gebe ich Ihnen genau die Worte an die Hand, die Sie verwenden oder etwas abwandeln können, wenn Sie sich im Gespräch mit einem Fallensteller befinden.

Deaktivieren Sie den Schuldgefühl-Knopf.

Schuldgefühl-Fallen funktionieren deshalb, weil ein anderer Mensch gelernt hat, wie er Sie dazu bringen kann, auf einen Schuldauslöser zu reagieren. Er aktiviert den Auslöser und Sie tun, was er will. Das passiert, weil Sie reagieren, statt zu agieren. Agieren bedeutet, dass Sie nachdenken und sich bewusst für das entscheiden, was Sie tun oder nicht tun werden. Wenn Sie den Auslöse-Knopf deaktivieren wollen, sollten Sie also zuerst nicht das tun, was Sie normalerweise tun würden. Wenn Sie sich normalerweise fügen, tun Sie das jetzt nicht. Wenn Sie sich normalerweise überschwänglich für etwas entschuldigen würden, das Sie gar nicht falsch gemacht haben, hören Sie jetzt damit auf. Wenn Sie normalerweise Ihr Portemonnaie öffnen und Geld verteilen würden, halten Sie Ihr Portemonnaie geschlossen.

Gesprächsverlauf

Sagen Sie zunächst nichts. Reagieren Sie nicht sofort.

Oder sagen Sie: »Ich kann das nicht tun.«

Oder: »Ich werde darüber nachdenken und dir Bescheid geben.«

Dann sagen Sie nichts weiter. Keine Erklärung. Wenn Sie Ihre Haltung zu erklären beginnen, kann es sein, dass Sie versehentlich wieder in der Schuldgefühl-Falle landen, vor allem, wenn Sie sich noch nicht an diese neue Form der Antwort gewöhnt haben!

Benennen Sie das Schuldgefühl.

Wie in den vorigen Kapiteln beschrieben, hilft uns das Benennen einer Emotion dabei, sie bewusst wahrzunehmen, während sie sich in uns aufbaut, und über sie nachzudenken. Schuldgefühl-Fallen lösen eine Wut- oder Fluchtreaktion bei uns aus. Wenn wir die Schuldgefühle aber benennen, verlangsamt sich dieser Prozess. *Benennen* bedeutet ganz einfach, dass wir uns das Auftauchen eines Schuldgefühls und dessen Versuch, das Steuer zu übernehmen, innerlich notieren.

Gesprächsverlauf
Sagen Sie zu sich selbst: »Ich habe Schuldgefühle. Worum geht es hier?« Wenn Sie sich nicht sicher sind, ob es sich um ein echtes oder ein falsches Schuldgefühl handelt, setzen Sie den IGEL-Prozess ein, um Klarheit zu schaffen.

Sprechen Sie die Schuldgefühle offen an.
Schuldgefühle gedeihen im Dunkeln. Fallensteller und Manipulatoren zählen darauf, dass wir uns stillschweigend fügen. Sie wissen, dass wir uns bei einer Konfrontation nicht wohlfühlen, also benutzen sie unsere Furcht, um die Situation unter ihre Kontrolle zu bringen. Wie bereits gesagt sind Schuldgefühle etwas Heimtückisches, deshalb sollten wir sie offen ansprechen. Das funktioniert sowohl bei selbst auferlegten Schuldgefühlen als auch bei solchen, die uns von anderen eingeredet werden. Wenn wir ehrlich zu uns selbst sind, können wir auch ehrlich zu anderen Menschen sein.

Gesprächsverlauf
Sagen Sie zum Fallensteller: »Ich tue nicht gern etwas nur aus einem Schuldgefühl heraus, denn das führt dazu, dass ich bitter werde. Ich möchte Dinge deshalb tun, weil ich sie als sinnvoll erachte und weiß, dass ich sie tun soll.«

Fordern Sie den Fallensteller auf, eine Bitte auszusprechen.
Wer Schuldgefühl-Fallen aufstellt, dem fällt es meistens schwer, ehrliche Gespräche zu führen und Konfrontationen auszuhalten. Darum geht er nicht direkt vor. Seine passiv-aggressive Strategie ermöglicht es ihm, auf bequeme Weise das zu bekommen, was er will. Es ist für ihn schon Gewohnheit, Sie in eine unbequeme Situation zu bringen. Es liegt also an Ihnen, das Gespräch und die Beziehung aus den eingefahrenen Gleisen herauszuholen.

Gesprächsverlauf
Sagen Sie dem Fallensteller: »Ich weiß, dass du etwas ganz Bestimmtes von mir willst, und ich möchte gern, dass du eine Bitte aussprichst, ohne mir dabei ein schlechtes Gewissen zu machen.«

Bitten Sie den Fallensteller, Ihre Entscheidungen zu respektieren.
Äußern Sie Ihr Verständnis dafür, dass dem Fallensteller das, was er will, wichtig ist. Sagen Sie ihm oder ihr aber auch, dass Sie Entscheidungen treffen müssen, die weise und sinnvoll für Sie selbst sind. Bitten Sie die Person, Ihre Entscheidungen zu respektieren. Das bedeutet, dass Ihr Gesprächspartner die von Ihnen getroffene Entscheidung stehen lässt, sie akzeptiert und einen alternativen Plan entwickelt, der Ihre Entscheidung respektiert. Es bedeutet auch, dass die betreffende Person nicht hinter Ihrem Rücken schlecht über Sie redet, damit andere auf Sie einwirken, um Ihre Meinung zu ändern.

Gesprächsverlauf
Sagen Sie dem Fallensteller: »Ich verstehe, dass du meinst, ich solle etwas anderes tun. Aber diese Entscheidung ist für mich sinnvoll. Ich bitte dich zu akzeptieren, dass ich das Recht auf eigene Entscheidungen habe.«

Bestätigen Sie der anderen Person, dass sie Ihnen wichtig ist.
Wie bereits gesagt funktionieren Schuldgefühl-Fallen am besten, wenn die betreffende Person uns nahesteht, wenn uns deren Meinung und Gunst wichtig sind. Vermitteln Sie ihr das.

Gesprächsverlauf
Lassen Sie Ihren Fallensteller wissen: »Mir ist wichtig, was du denkst.«
»Ich habe nicht gern einen Konflikt mit dir.«
»Ich lehne deine Bitte nur ungern ab.«
»Ich würde deine Erwartung ja gern erfüllen, aber ich kann es nicht.«

Stellen Sie sich darauf ein, das Gespräch wiederholen zu müssen, bis sich die Gewohnheiten ändern.
Natürlich wünschen Sie sich, dass das Fallenstellen aufhört – und zwar heute noch. Aber da Sie das Verhalten anderer Menschen nicht steuern können, sollten Sie sich darauf einstellen, dass es

eine Weile dauern kann, bis die betreffende Person sich an Ihre neuen Denkmuster und Grenzen gewöhnt hat. Bleiben Sie dennoch standhaft. Führen Sie das beschriebene Gespräch wenn nötig mehrmals. Sprechen Sie die Schuldgefühl-Falle weiterhin offen an. Werfen Sie ein Licht darauf. Bitten Sie die andere Person, sich direkt zu äußern. Kündigen Sie Konsequenzen an, wenn Ihr Gesprächspartner dieses Verhalten nicht einstellt. Eine kleinere Konsequenz könnte zum Beispiel sein, dass Sie den Raum verlassen, wenn Ihre Bitte nicht respektiert wird; eine größere Konsequenz wäre, die Freundschaft zu beenden, wenn die betreffende Person ihr Verhalten nicht ändert. Überlegen Sie sich schon im Voraus, welche Konsequenzen Sie benennen wollen, und seien Sie bereit, diese auch durchzuziehen. Sie können diese Konsequenzen in einem direkten, aber freundlichen Ton ankündigen. Es mag sein, dass Sie sich dabei nicht besonders wohlfühlen, aber es ist auch befreiend, klare Grenzen zu setzen.

Die Dynamik Ihrer Beziehung kann sich über einen längeren Zeitraum entwickelt haben. Wenn es sich um festsitzende Gewohnheiten handelt, werden Sie den neuen Stil Ihrer Kommunikation so lange weiterführen müssen, bis sich eine neue Gewohnheit einstellt.

Gesprächsverlauf

Sagen Sie Ihrem Fallensteller: »Wir haben ja schon einmal darüber gesprochen, dass … [beschreiben Sie hier, wie Ihre frühere Bitte lautete]. Es ist wichtig, dass du jetzt damit aufhörst, denn es schadet unserer Beziehung, wenn du versuchst, mir ein schlechtes Gewissen zu machen. Es führt zu Verbitterung und solche Gefühle möchte ich dir gegenüber nicht haben.«

Üben Sie sich in Liebe und Geduld.

In 1. Korinther 13,5 heißt es, die Liebe sei nicht nachtragend. Ganz unabhängig davon, ob der Fallensteller sich liebevoll verhält, können Sie entscheiden, wie *Sie* sich verhalten wollen. Denken Sie daran, dass es bei Schuldgefühl-Fallen um Macht geht. Wenn der Fallensteller Sie dazu bringen kann, sich so zu verhalten, dass Sie sich tatsächlich schuldig machen, wird er das gegen Sie verwenden. Schlucken Sie diesen Köder also auf keinen Fall. Sie sabotieren Ihre eigenen Bemühungen, Grenzen zu setzen, wenn Sie die Beherrschung verlieren oder jemanden respektlos behandeln, vor allem, wenn diese Person Ihnen nahesteht. Seien Sie also die Stärkere. Sprechen Sie die Wahrheit aus, aber freundlich. Seien Sie direkt, aber behutsam.

Der nächste Schritt

Bereiten Sie eine Antwort für die Person vor, die Ihnen am häufigsten Schuldgefühl-Fallen stellt. Verwenden Sie die Gesprächsabläufe aus diesem Kapitel und schreiben Sie auf, was die andere Person vermutlich sagen wird, um Sie in eine Schuldgefühl-Falle zu locken. Dann entwerfen Sie Ihre Antwort. Üben Sie das Gespräch laut.

Kapitel neun

Die Freude zurückgewinnen

Acht neue Gewohnheiten für ein schuldgefühlfreies Leben

- Wie könnte Freude für Sie aussehen?
- Woran erkennen Sie, dass Sie frei von falschen Schuldgefühlen sind?
- Wie können Sie Glücksauslöser einsetzen, um Ihre Freude zu fördern?

Ein wichtiger Meilenstein auf dem Weg des Schuldgefühle-Loslassens ist dann erreicht, wenn wir uns gar nicht mehr auf das Loslassen konzentrieren müssen, weil wir die Schuldgefühle gar nicht erst festgehalten haben. Das ist das Zeichen dafür, dass wir uns aus deren Umklammerung befreit haben. Vielleicht tauchen sie manchmal noch vor der Haustür unserer Gedanken auf, aber sie finden diese verschlossen vor.

Wenn wir diesen Meilenstein erreicht haben, ist der Punkt gekommen, an dem wir unsere Energie auf das konzentrieren können, was wir wollen, statt auf das, was wir nicht wollen. Ein attraktives Ziel ist niemals nur die Abwesenheit von etwas. Es muss die Gegenwart von etwas Neuem sein. Es genügt also nicht, dass wir unsere Schuldgefühle losgeworden sind, obwohl wir uns dadurch sicherlich besser fühlen, als wenn wir uns in ihnen suhlen würden. Aber es kommt irgendwann der Punkt, an dem wir erkennen, dass das Loslassen nicht unser tiefster Wunsch ist. Unser Geist sehnt sich nach mehr. Er sehnt sich nach Freude. Nach Frieden. Nach Liebe.

Bei mir war es so, dass mein Geist sich nach Freiheit sehnte, um Entscheidungen treffen zu können, die meine ureigenen Werte und Wünsche repräsentierten. Ich wünschte mir die Freiheit, mich dem Leben anzunähern, das Gott für mich gedacht hatte. Es bedeutete, dass ich mir mehr Gedanken über Gottes Erwartungen an mich machte als über die Erwartungen anderer Leute, vor allem da manche dieser »anderen Leute« nur in meinem Kopf existierten. Es bedeutete, dass ich andere vielleicht enttäuschen musste. Ich musste unrealistische Erwartungen, die ich an mich selbst und an andere richtete, ablegen – den Verlust der Illusion betrauern, wie das Leben aussehen sollte, und die Realität akzeptieren, wie das Leben jetzt aussehen könnte.

DAS UNVOLLKOMMENE AKZEPTIEREN

Ich wusste, dass ich wirklich Fortschritte auf dem Weg des Schuldgefühle-Loslassens gemacht hatte und mich der Freude annäherte, als ich eines Tages diese simple Erfahrung in meinem Tagebuch notierte:

> Was ist das für ein Gefühl, das ich gerade habe, wo ich doch normalerweise Schuld empfinden würde? Ich bin schon vor fünf Uhr aufgestanden und habe noch nicht annähernd das Ziel erreicht, das ich mir heute fürs Schreiben gesetzt habe. Es fühlt sich wie eine Resignation in Bezug auf meine mangelnde Produktivität an. Und doch ist es eher ein Akzeptieren als ein Sich-schuldig-Fühlen. Ich gebe ja nicht auf – welcher Sinn läge also darin, mich schuldig zu fühlen? Was wäre, wenn ich dies einfach als Teil des Prozesses betrachten und nicht schockiert darauf reagieren würde, sondern es annehme und einfach weitermache auf dem Weg zum Ziel? Keine verschwendete Energie, keine Selbstvorwürfe, weil ich heute nicht mehr geschafft habe.

Einfach meine Unvollkommenheit akzeptieren. Sie zeigt sich z. B. in diesem für mich typischen lächerlich langsamen, übermäßig durchdachten Schreibprozess, der mich aber dennoch schon mehrfach zu einem befriedigenden Erfolg gebracht hat.

Akzeptieren, das ist unsere Fähigkeit, die Wahrheit zu sehen und den Mut zu haben, auf ihr aufbauend zu handeln. Es bedeutet herauszufinden, dass unsere Schuldgefühle falsch sind, und keine Entscheidungen mehr auf diese falschen Emotionen zu gründen. Es heißt zu erkennen, wo wir falschliegen und dann den Prozess des Bekennens von Schuld, des Entschuldigens und der Wiedergutmachung zu durchlaufen. Es bedeutet, die Schuldgefühl-Falle beim Namen zu nennen und uns nicht auf sie einzulassen. Aber das Akzeptieren erfordert Übung. Je öfter wir es tun, desto freier fühlen wir uns. Wir räumen den Weg zur Freude in unserem Leben frei, dort wo es bisher keine gab. Wann immer Sie das Gefühl haben, dass Sie sich dem Akzeptieren widersetzen, sollten Sie sich sagen: *Ich sehe die Wahrheit und ich entscheide mich, mit Liebe und Mut zu antworten.*

Das Gegenteil von Akzeptieren ist Widerstand. Um unsere Schuldgefühle loslassen zu können, müssen wir uns darüber klar werden, wogegen wir Widerstand leisten. Der Widerstand ist unsere Blockade gegen Freude, Frieden, Liebe und Wahrheit. Er zeigt sich oft im Gewand der Furcht. Wie sieht das aus, wenn wir uns »widersetzen«, statt zu akzeptieren? Wir widersetzen uns der Realität, indem wir ehrliche, unbequeme Gespräche meiden, so tun, als sei die Wahrheit nicht die Wahrheit, und unsere eigenen Werte und Bedürfnisse unterdrücken, um die Erwartungen anderer zu erfüllen. Wenn wir akzeptieren, was ist – sei es gut oder schlecht –, können wir das tun, was wir tun müssen, um unsere Schuldgefühle loszulassen. Wir können unsere Gedanken der Selbstsabotage ehrlich betrachten und sie durch die Wahrheit ersetzen. Und indem wir das tun, schaffen wir Raum für ein Leben, das emotional aufrichtig und friedvoll ist, ein Raum, in dem die Freude überfließt.

Das Akzeptieren unserer Unvollkommenheit und das Loslassen unserer Schuldgefühle sind die Brücke vom Schuldgefühl zur Freiheit. Auf der anderen Seite dieser Brücke werden wir frei für authentischere Beziehungen, wir vergeben uns selbst unsere Fehler und das, was wir bereuen, wir empfangen Gottes Vergebung und Liebe und erkennen die einzigartige Berufung unseres Lebens an, die vielleicht ganz anders aussieht als die anderer Menschen um uns herum.

> Das Akzeptieren unserer Unvollkommenheit und das Loslassen unserer Schuldgefühle sind die Brücke vom Schuldgefühl zur Freiheit.

Eines der wichtigsten Konzepte, die wir verinnerlichen sollten, ist das Akzeptieren unserer eigenen Einzigartigkeit. Wir sind nicht aus Zufall hier. Gott hat uns mit einer bestimmten Absicht geschaffen und hat einen einzigartigen Auftrag für uns. Es gibt Zeiten in unserem Leben, in denen wir genau hinhören, den uns zugewiesenen Auftrag verstehen und sicherstellen sollten, dass wir in der Lage sind, diesen auszuführen. Das bedeutet nicht selten, dass unser Leben nicht so aussieht wie das Leben der anderen Leute um uns herum. Die Erwartungen, denen wir gerecht werden sollen, können völlig anders sein. Das sollten wir akzeptieren. Es annehmen. Wenn wir das tun, werden wir frei und spüren Freude und Zuversicht in unseren Entscheidungen. Wir werden aus der Gefangenschaft der Schuldgefühle befreit, die wir aufgrund von Erwartungen haben, die uns niemals zugedacht waren. Halten wir also diese beiden Tatsachen fest:

- Solange wir nicht das einzigartige Leben, für das Gott uns geschaffen hat, akzeptieren und darauf zugehen, werden wir uns weiter schuldig fühlen, dass wir nicht das Leben führen, das andere scheinbar von uns erwarten.
- Wir können das einzigartige Leben, für das Gott uns geschaffen hat, nicht akzeptieren und darauf zugehen, wenn wir nicht wirklich glauben, dass Gott uns eine individuelle Berufung und ein bestimmtes Ziel zugedacht hat – ein Ziel, das vielleicht anders aussieht als das anderer Menschen in unserer Umgebung.

ACHT NEUE GEWOHNHEITEN, MIT DENEN WIR UNSERE FREUDE ZURÜCKGEWINNEN

So wie Schuldgefühle zu einer Gewohnheit werden können, kann auch die Freude zur Gewohnheit werden – wenn wir sie praktizieren und uns bewusst für sie entscheiden. Im Folgenden möchte ich Ihnen acht wirksame Übungen vorstellen, mit denen Sie Ihre Freude zurückgewinnen können.

1. Bemerken, dass uns die Freude fehlt

Ich wartete am Flughafengate und wollte zu einer Konferenz reisen, auf der ich einen Vortrag halten sollte. Plötzlich kam eine junge Frau angelaufen und drückte mir meinen Führerschein in die Hand. Ich war zuerst verwundert, fragte mich, wer die Frau war und wieso sie ein so wichtiges Dokument von mir hatte. Sie erklärte mir schnell, dass sie den Führerschein im Terminal auf dem Boden gefunden und mehrere Gates abgesucht hatte, bis sie die Passagierin fand, die so aussah wie die Person auf dem Führerscheinfoto. Ich wäre in große Schwierigkeiten geraten, wenn die Frau meinen Führerschein nicht gefunden hätte. Bereits am nächsten Tag wollte ich nämlich wieder nach Hause zurückfliegen und wäre ohne ein Ausweisdokument nicht durch die Sicherheitskontrollen gekommen. Da ich die Kontrolle für den Hinflug schon passiert hatte, hätte ich den Verlust meines Führerscheins wahrscheinlich gar nicht bemerkt, bevor ich ihn am nächsten Tag brauchte.

Wir suchen in der Regel nicht nach etwas, wenn wir gar nicht bemerkt haben, dass wir es verloren haben. Schuldgefühle können unsere Wahrnehmung vernebeln. Wir sind ängstlich und unglücklich und zerbrechen uns so sehr den Kopf über das, was wir angeblich falsch gemacht haben, dass wir gar nicht erkennen, was uns genommen wurde. Wir fangen an zu glauben, unser Ziel bestünde darin, unsere Schuldgefühle loszuwerden. Aber ich denke, Gott wünscht sich etwas viel Größeres für uns. Sein Plan ist ein erfülltes Leben, das von Frieden, Freude und Freiheit bestimmt ist. Er kann unsere Seelen heilen, sodass wir uns wieder die Freude zurückerobern können, die dort verschüttet liegt, und in Zukunft an ihr festhalten. Der erste Schritt in diese Richtung besteht darin zu erkennen, dass unsere Freude abhandenkommt, wenn Schuldgefühle die Oberhand gewinnen.

Selbst wenn Sie sich nicht mehr daran erinnern können, wann Sie das letzte Mal Frieden und Freude empfunden haben, ist die Freude dennoch da. Sie ist Ihr ursprünglicher Zustand. Beobachten Sie einmal kleine Kinder. Sie sind völlig sorglos, bevor Schuldgefühle, Druck oder Schmerz Teil ihrer Realität werden. Die Freude ist da. Möchten Sie sie zurückgewinnen? Die Antwort *Ja* ist der erste Schritt in diese Richtung.

2. Die Vergangenheit akzeptieren

Es mag Ereignisse in Ihrer Vergangenheit geben, die Sie sich am liebsten wegwünschen würden, oder Gespräche, die Sie, wenn Sie die Zeit zurückdrehen könnten, anders führen würden. Vielleicht würden Sie Entscheidungen gerne rückgängig machen – oder Entscheidungen treffen, die sie nicht getroffen haben. Aber das ist nicht möglich. Die Vergangenheit ist, wie sie ist. Sie verändert sich nicht, sosehr wir uns das auch wünschen. Menschen, die diese Tatsache kennen und akzeptieren, haben die meiste Freude am Leben.

Akzeptieren heißt Frieden schließen. Es kann aber auch bedeuten, dass dies mit unserer Selbstwahrnehmung kollidiert und mit dem, wie wir uns nach außen hin darstellen wollen. Es kann in Konflikt geraten mit dem, was wir uns für unser Leben wünschen – das Idealbild, das wir von uns selbst und unseren Lebensumständen haben. Wenn ein Ereignis aus der Vergangenheit mit diesem Ideal nicht übereinstimmt, versuchen wir das zu bewältigen, indem wir uns der Wahrheit widersetzen. Sie ignorieren. Den Teil unserer Geschichte ablehnen, der nicht zu dem Traum passt, wie wir gern sein wollen oder wie die Dinge sich hätten entwickeln sollen. Manchmal heißt *akzeptieren* aber auch, dass wir zu unseren Werten stehen, ohne uns dafür zu entschuldigen. Es ist schwierig, die Vergangenheit anzunehmen, wenn wir mit dem, was uns wirklich wichtig ist, keinen Frieden geschlossen haben.

Genau das war mein Problem. Irgendwie wollte ich das Ideal aufrechterhalten, als Mutter ganz für meine Familie da zu sein. Ich stellte mir vor, wie es bei meiner Mutter gewesen war. Sie sprach oft darüber, wie viel Freude ihr die Zeit mit mir als Baby bereitet hatte, wie sie das Gefühl gehabt hatte, die perfekte kleine Puppe zu haben, nur dass ich eben echt war. Oft sprach sie davon, wie sie mir schon sehr früh das Lesen und Schreiben beibrachte. Zwar stellte sie ihren Lebensentwurf nie als Ideal dar, nach dem man streben sollte, aber ich verinnerlichte ihn und idealisierte ihn sogar. Meine Mutter war allerdings erst zwanzig gewesen, als sie mich bekam. Sie hatte noch keine berufliche Laufbahn eingeschlagen, geschweige denn ihren College-Abschluss gemacht. Als ich drei Jahre alt war, arbeitete sie in Teilzeit, während ich den Kindergarten besuchte. Als ich sieben war, war sie bereits voll berufstätig. Sie beendete das College, als ich dreizehn war. Und als mein viel jüngerer Bruder geboren wurde, stand ein reines Hausfrau- und Muttersein gar nicht mehr zur Debatte.

Als ich den Entschluss fasste, meine Freude zurückzugewinnen, musste ich meine Schuldgefühle als Mutter genauer betrachten; feststellen, wie sie mir die Freude stahlen, und die bewusste Entscheidung treffen, mir diese Freude zurückzuerobern. Dazu war es nötig, dass ich die verschiedenen Schichten offenlegte, um herauszufinden, woher die Gedanken kamen, die meine Schuldgefühle verursachten. Dann musste ich mir klarmachen, ob mein derzeitiger Lebensstil auf irgendeine Weise nicht mit meinen Werten übereinstimmte. Ich stellte fest, dass mein Vergleichsdenken meine Fähigkeit beeinträchtigte, die Vergangenheit – und meine derzeitigen Lebensumstände – zu akzeptieren. Weil ich mein Leben mit vierzig mit dem Leben meiner Mutter mit zwanzig verglich, führte das zu Schuldgefühlen. Und es schmälerte die Einzigartigkeit meines Lebenswegs. Ich musste mich also dazu entschließen, zu meinem Leben und meinen Entscheidungen zu stehen. Und wenn mir das nicht möglich war, musste ich meine eigenen Werte klären und Veränderungen vornehmen.

Während ich Gott um eine Antwort bat, wurde mir innerlich klar: Mein Leben war genau so, wie es sein sollte. Es war auch so, wie ich es *wollte*. Mit zwanzig wäre ich nicht gern schon verheiratet gewesen und hätte ein Kind gehabt. Mit vierzig schon. Mein Leben war anders als das meiner Mutter – und mein Leben war auch gut. Was fehlte, war, dass ich dieses Leben annahm. Mit der Annahme kam die Erleichterung. Zuversicht. Frieden. *Freude.*

Unser Leben anzunehmen, bedeutet, Gottes Plan für unser Leben anzunehmen einschließlich all dessen, was dieser Plan mit sich bringt. Das schließt auch all die Lektionen mit ein, die wir lernen müssen, sowie die Menschen, die dazu dienen, uns diese Lektionen zu lehren: Alle Dinge müssen denen, die Gott lieben, zum Besten dienen, all denen, die nach seinem Ratschluss berufen sind (Römer 8,28). Und: Was der Feind zum Bösen gebrauchen will (auch Schuldgefühle), das kann Gott auf irgendeine Weise zum Guten gebrauchen (1. Mose 50,20). Wenn wir das tatsächlich glauben, sollten wir auch danach leben.

Jede der Frauen, deren Geschichten ich in diesem Buch erzählt habe und die bereit waren, den von mir vorgestellten Coaching-Prozess zu durchlaufen, sagte mir am Ende, dass das Akzeptieren ihrer Lebenssituation das war, wodurch sie schlussendlich Frieden und Freude fand. Monica, die sich schuldig gefühlt hatte, weil sie ihrer Tochter, die sie mit achtzehn bekam, nicht dasselbe Leben bieten konnte wie ihrer jüngeren Tochter, kam nach dem Coaching zu dem Schluss: »Angesichts meiner Lebensumstände ist es ein Wunder, wie stark und entschlossen ich als junge Erwachsene damals war, meiner Tochter das beste Leben zu ermöglichen, das ich konnte. Es war zwar nicht das Ideal dessen, was ich am liebsten für sie getan hätte, aber es war definitiv das Beste, was ich mit meinen Ressourcen und in meiner Situation damals tun konnte.«

3. Demut einüben

Es mag widersprüchlich klingen, dass Menschen, die ihre Schuldgefühle loslassen und die Freude wiederfinden möchten, sich dafür in Demut üben sollten. Immerhin bringen uns die Schuldgefühle ja dazu, uns eher um andere Menschen Gedanken zu machen und uns oft bei ihnen zu entschuldigen. Doch: Schuldgefühle erfordern Empathie und sie sind fremdzentriert.

Aber wenn wir unsere Freude zurückgewinnen wollen, müssen wir uns selbst vergeben. Bevor wir uns mit diesem Thema beschäftigen können, müssen wir jedoch erst einmal darüber reden, wie schwer es sein kann, uns selbst als unvollkommen zu betrachten. Immerhin machen wir uns in der Regel Vorwürfe, weil wir wütend auf uns sind. Denn wir waren nicht perfekt genug, um unseren eigenen hohen Erwartungen zu genügen. Man braucht ein gewisses Zutrauen in die eigenen Fähigkeiten, um zu glauben, man könne diesen Erwartungen überhaupt gerecht werden. Zu akzeptieren, dass wir hinter diesen Erwartungen

Wenn wir akzeptieren, dass wir oft hinter unseren hohen Erwartungen an uns selbst zurückbleiben, ohne uns deswegen Vorwürfe zu machen, nehmen wir unsere menschliche Schwachheit an.

zurückgeblieben sind, ohne uns deswegen Vorwürfe zu machen, bedeutet, unsere eigene menschliche Schwachheit zu akzeptieren.

Als ich Anfang zwanzig war, nahm ich in meiner Gemeinde als Mitarbeiterin an einer Veranstaltungsreihe teil. Wir lernten dort verschiedene Bibeltexte kennen, die uns zeigen sollten, warum Jesus überhaupt in diese Welt kam und wie wir ihm nachfolgen können. Ein einfacher, aber wichtiger Bibelvers wirkte in diesem Zusammenhang tiefgehend und befreiend: »Alle sind schuldig geworden und spiegeln nicht mehr die Herrlichkeit wider, die Gott dem Menschen ursprünglich verliehen hatte« (Römer 3,23). Keiner von uns ist perfekt – Punkt. Je eher wir akzeptieren, dass wir unzulänglich sind, desto leichter fällt es uns, die Unvollkommenheiten unserer Vergangenheit anzunehmen.

Als ich die Interviews für dieses Buch führte, fragte ich auch meine Mutter, ob sie bereit wäre, ihre Sicht und ihre Erfahrungen mit Schuldgefühlen zu teilen. Daraufhin erklärte sie, sie habe gar keine Schuldgefühle. Ich war überrascht, denn ich hatte etwas anderes erwartet. Als ich bereits erwachsen war und mein jüngerer Bruder noch nicht, gab es nämlich Phasen, in denen sie mir Briefe schrieb und sich entschuldigte, dass sie nicht mehr Zeit für mich gehabt hatte, als ich noch ein Teenager war. Meine Eltern trennten sich, als ich dreizehn war, und ich wohnte zwei Jahre lang bei meinem Vater in Colorado, während meine Mutter etwa hundertsechzig Kilometer entfernt in Wyoming lebte. Als sie wieder zurückzog, wohnte ich bei ihr; jedoch hatte sie in dieser Zeit zwei Jobs. Das bedeutete, dass sie vieles, was sich in meinem Leben ereignete, nicht aktiv begleiten konnte. Und obwohl wir keineswegs arm waren, war das Geld immer ein bisschen knapp. Zwanzig Jahre später hatte sich vieles geändert. Als mein Bruder im Teenageralter war und es viele wichtige Meilensteine in seinem Leben gab, die meine Mutter mit ihm teilen konnte, begann es ihr zu dämmern, wie viel sie bei mir verpasst hatte.

Nachdem sie sich vor Jahren bereits das zweite oder dritte Mal bei mir entschuldigt hatte, versicherte ich ihr, ich hätte ihre Entschuldigung voll und ganz angenommen. Ich verglich mich nicht mit meinem Bruder, denn ich hatte die schwierigen Lebensumstände, in denen sich meine Familie während meiner Teenagerzeit befand, akzeptiert. Ich bin wirklich überzeugt davon, dass meine Mutter das getan hat, was sie für mich für das Beste hielt. Sie hatte hart gearbeitet, um den Lebensstandard aufrechtzuerhalten, den wir vor der Scheidung gehabt hatten. Wenn sie noch einmal in dieser Situation wäre, würde sie manches anders machen. Mit zwanzig weiteren Jahren Lebenserfahrung erkennt man viel deutlicher, worauf es im Leben wirklich ankommt. Diese Erkenntnis hat sich bei mir durchaus niedergeschlagen und ich treffe, was meine eigenen Kinder betrifft, entsprechende Entscheidungen.

Ich hatte immer angenommen, dass meine Mutter sich weiterhin Vorwürfe machte. Als ich sie aber nun für mein Buch befragte, antwortete sie, sie habe keine Schuldgefühle mehr. Zuerst dachte ich, sie würde sich selbst etwas vormachen. Aber dann hörte ich ihre Erklärung: »Ich habe all die Entscheidungen akzeptiert, die ich in meinem Leben getroffen habe, und auch all das, was dabei herausgekommen ist«, sagte sie mit überzeugter Stimme. »Klar würde ich heute manches anders machen, wenn ich noch einmal die Wahl hätte. Aber Gott hat mir Frieden geschenkt. Ich habe mein Leben so akzeptiert, wie es ist, und zwar alles. Ich habe mir die Dinge, die ich bereue, selbst vergeben. Und jetzt bin ich glücklich.« Wie gut, wenn man solche Kraft und solchen Frieden gefunden hat.

4. Sich selbst vergeben

Vergebung ist eine Art Schuldenerlass. Es bedeutet, dass wir niemandem mehr etwas schulden und dass niemand mehr Rache oder eine Bestrafung fordert. Das gilt, wenn wir anderen vergeben, und genauso, wenn wir uns selbst vergeben. Lassen Sie also Ihre Schuld los und auch Ihre Wut auf sich selbst, die dazu führt, dass Sie sich ständig Vorwürfe machen. Achten Sie einmal darauf, wo Sie sich selbst bestrafen und sich das Gute verwehren, und hören Sie damit auf.

Demut ist das Tor zur Selbstvergebung. Sich selbst zu vergeben, erfordert, die eigene Unzulänglichkeit zu akzeptieren, selbst wenn wir uns diese nur einbilden. Wir brauchen Demut, um uns als unvollkommene Wesen anzunehmen, die nicht immer alles richtig machen oder allen Erwartungen gerecht werden. Wenn wir unsere Freude zurückgewinnen wollen, ist die Vergebung ein unumgänglicher Schritt.

> Demut ist das Tor zur Selbstvergebung. Wollen wir unsere Freude zurückgewinnen, ist die Vergebung essenziell.

Vergebung ist das Loslassen von Bitterkeit und Groll, von Rache und ständiger Wut. Das ist für uns anscheinend leichter zu begreifen, wenn es darum geht, anderen zu vergeben. Bei der Vergebung anderen gegenüber haben wir es mit drei weitverbreiteten Mythen zu tun:

- Vergebung bedeutet, dass das, was die andere Person getan hat, richtig war.
- Vergebung bedeutet, dass sich in der Beziehung zu der anderen Person nichts ändern darf.
- Vergebung bedeutet, dass ich das Recht aufgebe, mich durch die Situation verletzt zu fühlen und der anderen Person meine negativen Gefühle zu zeigen.

Nun wollen wir darüber nachdenken, wie diese Mythen aussehen, wenn wir sie auf uns selbst übertragen. Wie bereits gesagt sind Schuldgefühle eine Art Wut auf uns selbst. Wut ist eine Emotion, die uns zeigt, dass eine Grenze überschritten wurde. Im Fall der Wut auf uns selbst haben wir unsere eigenen Grenzen überschritten, indem wir unser Handeln nicht mit den Grenzen in Übereinstimmung gebracht haben, die unsere Werte darstellen. Wenn wir uns etwas vergeben, das echte Schuldgefühle ausgelöst hat, bedeutet das nicht, dass unser Verhalten in Ordnung war. Es bedeutet vielmehr, dass wir unsere Lektion lernen wollen, die Konsequenzen tragen und unser Verhalten ändern. Uns selbst zu vergeben, eröffnet uns die Chance, all das Gute auszuleben, das Gott in uns hineingelegt hat. Ob es nun darum geht, den Mut zu einem unbequemen Gespräch mit einem Fallensteller aufzubringen oder die Entscheidung zu treffen, dass wir unseren Instinkten und unserer Fähigkeit vertrauen, auf Gott zu hören – wenn wir uns selbst vergeben, können wir wachsen und müssen nicht so bleiben, wie wir sind. Nutzen Sie also Ihr Schuldgefühl-Dilemma als eine Chance, sich weiterzuentwickeln, zur nächsten Stufe vorzudringen, ehrlich mit Ihren sich selbst sabotierenden Gewohnheiten umzugehen und diese abzulegen. Und schlussendlich hat sich selbst zu vergeben auch damit zu tun, dass wir barmherzig mit uns selbst sind. Wir hören auf, uns ständig Vorwürfe zu machen, und entschließen uns, behutsam mit uns selbst umzugehen. Wir merken sogar, wie schwer das ist, und tragen dem Rechnung. Wir sprechen mit uns selbst wie mit jemandem, der uns wichtig ist und dem es schwerfällt, sich selbst zu vergeben.

Wenn wir einer Person, die uns unrecht getan hat, nicht vergeben können, halten wir auf diese Weise an den negativen Emotionen fest, die wir ihr und der Situation gegenüber empfinden. So ist es auch bei uns selbst. Wenn wir uns selbst nicht vergeben können, halten wir an den negativen Emotionen uns selbst gegenüber fest, die wir eigentlich loslassen sollten. Kennen Sie einen glücklichen Menschen, der die ganze Zeit wütend ist? Wohl eher nicht. Wenn Sie also Ihre Freude zurückgewinnen wollen, sollten Sie sich selbst vergeben.

5. Das Gelernte in Worte fassen

Denken Sie an das Schuldgefühl-Dilemma, das Sie am meisten belastet. Vielleicht haben Sie es schon überwunden oder sind dabei, es zu überwinden, weil Sie dieses Buch lesen. Nun sollten Sie sich fragen: *Was ist in dieser Situation für mich die wichtigste Botschaft?* Wenn Sie in der Lage sind, exakt in Worte zu fassen, was Ihr Problem Sie gelehrt hat, festigen Sie dadurch die neuen oder erweiterten Werte, die Ihre ganz eigenen sind. Wir finden Frieden, wenn wir wissen, was wir glauben und warum.

Manche Lektionen lernen wir, weil andere sie uns beigebracht haben, aber am meisten lernen wir durch eigene Erfahrung. Zwei der größten Lektionen, die ich im Zusammenhang mit dem Loslassen von Schuldgefühlen gelernt habe, habe ich weiter oben bereits beschrieben. Ich denke aber, dass sie es wert sind, wiederholt zu werden. Als Frauen fühlen wir uns in unserer Kultur stark unter Druck gesetzt, uns an Normen anzupassen, die vielleicht nicht unsere eigenen sind. Daher sollten wir nicht vergessen:

- Solange wir nicht das einzigartige Leben, für das Gott uns geschaffen hat, akzeptieren und darauf zugehen, werden wir uns weiter schuldig fühlen, dass wir nicht das Leben führen, das andere scheinbar von uns erwarten.
- Wir können das einzigartige Leben, für das Gott uns geschaffen hat, nicht akzeptieren und darauf zugehen, wenn wir nicht wirklich glauben, dass Gott uns mit einer individuellen Berufung und mit einem bestimmten Ziel geschaffen hat – ein Ziel, das vielleicht anders aussieht als das anderer Menschen in unserer Umgebung.

Denken Sie nicht nur beiläufig über die Botschaft und die Lektion nach, die Sie lernen sollten. Fassen Sie diese klar in Worte. Drucken Sie sie aus. Halten Sie sich die Worte vor Augen. Das wird Ihnen Befreiung schenken. Und mit der Befreiung kommt auch die Freude.

6. Zeit mit Menschen verbringen, bei denen wir uns wohlfühlen und keine Schuldgefühle haben

Es gibt Fallensteller und Manipulatoren, denen man nicht so einfach Grenzen setzen kann. Natürlich können wir nicht unseren Partner oder unser Kind aus unserem Leben verbannen. Aber es gibt auch andere Beziehungen, die nicht von so großer Bedeutung für uns sind. Wenn die Gespräche, wie sie weiter oben beschrieben wurden, nicht den gewünschten Erfolg erzielen, weil die andere Person Ihre Grenzen nicht respektieren will, sollten Sie diese Beziehung hinter sich lassen. Suchen Sie bewusst nach gesunden Freundschaften mit Menschen, die Schuldgefühl-Fallen nicht mögen, die mit Ihnen gemeinsam feiern und authentisch sind. Solche Beziehungen sollten Sie pflegen. Es sollten Menschen sein, die Ihre Werte teilen, sodass Sie nicht versuchen müssen, Erwartungen oder Werten gerecht zu werden, die nicht mit den Ihren übereinstimmen.

Es mag sich simpel anhören, ist aber wahr: Wenn wir uns mit Menschen umgeben, bei denen wir uns wohlfühlen, die uns zum Lachen bringen und die wir respektieren, ist das einer der wichtigsten Schlüssel zur Freude. Im Großen und Ganzen sind wir so glücklich, wie unsere Beziehungen es sind. Diesen Satz hörte ich einmal von Pastor Andy Stanley. Und er stimmt wirklich. Wenn es Ihnen ernst damit ist, Ihre Freude zurückzugewinnen und die Schuldgefühle loszulassen, sollten Sie sich bewusst überlegen, mit wem Sie Ihre Zeit verbringen wollen. Forschungen zeigen, dass unsere Aussichten, glücklich zu sein, mit jeder glücklichen Person in unserer Umgebung um 10 Prozent steigen.[40] Glück ist also ansteckend. Was bewirken Ihre engsten Freundschaften und Beziehungen in Ihnen? Wenn die Antwort lautet: Schuldgefühle, Zweifel oder Unsicherheit, ist es Zeit, ein paar Veränderungen vorzunehmen. Die Entscheidung liegt bei Ihnen.

7. Tun, was uns frei von Schuldgefühlen und glücklich macht

Uns mit Menschen zu umgeben, bei denen wir keine Schuldgefühle haben, sondern Freude empfinden, ist ein wichtiger Schritt. Ebenso wichtig ist es, Dinge zu tun, die uns glücklich machen und keine Schuldgefühle verursachen. Was macht Ihnen Freude? Was bringt Sie zum Lächeln? Welche Aktivitäten passen so gut zu Ihren Werten, dass Sie erfüllt sind, wenn Sie das unternehmen? Ich habe oft beobachtet, dass Menschen abstrakt über ihre Träume und über das, was sie gern einmal tun würden, reden und denken; aber sie schieben diese Dinge unendlich vor sich her. Deshalb sollten Sie sich jetzt die Zeit nehmen, ein paar Dinge zu benennen, die Sie gern tun, aber lange nicht getan haben. Vielleicht geht es dabei um ein ehrenamtliches Engagement. Oder um einen Wochenendausflug, von dem Sie schon lange träumen. Vielleicht ist es auch ein Marathonlauf, den Sie sich zutrauen würden, oder irgendeine einfache Aktivität zu Hause. Dann tun Sie es! Was immer es ist, fangen Sie an, das zu unternehmen, was Ihnen guttut und mit Ihren Werten übereinstimmt.

Als Nächstes sollten Sie das unter die Lupe nehmen, was nicht zu Ihren Werten passt. Das sind die Dinge, die bei uns Schuldgefühle hinterlassen: eine Beziehung, die wir vor anderen verbergen; eine Entschuldigung, die wir nicht ausgesprochen oder nicht akzeptiert haben; eine Zeit am Tag oder in der Woche, in der wir uns bewusst Ruhe für Gebet und Bibellesen nehmen wollen, es aber doch nie tun. Wie wäre es, wenn Sie jetzt festlegen würden, wie viel Zeit Sie der jeweiligen Aktivität beimessen möchten, und es dann einfach täten? Oft belastet uns genau das mit Schuldgefühlen, was uns schon lange im Kopf herumschwebt. Also treffen Sie doch die Entscheidung, nicht länger zu zögern und zu zaudern, sondern es in Angriff zu nehmen. Auch wenn es schwierig ist. Denken Sie daran: Schuldgefühle bieten uns die Chance, zu wachsen und das Unbequeme hinter uns zu bringen.

8. Die Glücksauslöser kennen

Meine Nachforschungen zum Thema *Schuldgefühle* führten mich zu dreizehn »Glücksauslösern«. Die meisten Menschen setzen aus reiner Gewohnheit immer wieder dieselben Glücksauslöser ein. Wenn wir aber alle dreizehn kennen, können wir ganz gezielt das tun, was uns Freude macht, und das oftmals sofort. Im Folgenden möchte ich die dreizehn Auslöser vorstellen und Ihnen auch eine Art Selbstverpflichtung vorschlagen, mit der Sie diese Auslöser in Ihren Alltag integrieren können.

VORFREUDE: Sorgen Sie dafür, dass Sie jeden Tag, jede Woche und in jeder Phase Ihres Lebens etwas haben, worauf Sie sich freuen können. Wenn es so etwas nicht gibt, dann denken Sie sich etwas aus. Schmieden Sie Pläne! Das können ganz einfache Dinge sein, wie zum Beispiel eine Fernsehsendung, die abends kommt. Dann machen Sie es sich auf dem Sofa mit Ihrer Lieblingsdecke und Popcorn gemütlich. Oder es ist etwas viel Ausgefeilteres wie der Traumurlaub, den Sie in zwei Jahren vorhaben. Forschungen zeigen, dass Planung und Vorfreude uns genauso viel Spaß machen können wie das Ereignis selbst.[41]

SELBSTVERPFLICHTUNG: *Ich sorge dafür, dass ich jeden Tag etwas habe, worauf ich mich freuen kann.*

DANKBARKEIT: Man muss für das dankbar sein, was man hat. Dankbarkeit ruft positive Emotionen hervor, die Wohlfühlhormone im Gehirn freisetzen. Wir können den Effekt der Dankbarkeit noch verstärken, indem wir darüber nachdenken, *warum* wir dankbar sind. Nehmen Sie sich also regelmäßig Zeit, um über das nachzudenken, wofür Sie dankbar sind. Sie können es sogar aufschreiben und dann überlegen, warum es Ihnen so viel bedeutet.

SELBSTVERPFLICHTUNG: *Ich möchte meinen Blick mehr auf das richten, was ich habe, als auf das, was ich nicht habe.*

VERBUNDENHEIT: Verbundenheit ist, ganz einfach ausgedrückt, Liebe. Es sind die Momente, in denen wir uns einem anderen Menschen ganz nahe fühlen.

SELBSTVERPFLICHTUNG: *Ich möchte ganz und gar präsent sein, wenn ich mit einem anderen Menschen spreche. Ich denke mit, höre zu und nehme Anteil.*

DIENSTBEREITSCHAFT: Die Dienstbereitschaft ist eine innere Einstellung, die andere Menschen für wichtig erachtet, wertschätzt und uns dazu bringt, positive Veränderungen herbeizuführen. Es wird zum höchsten Ziel unseres Lebens, Gott und anderen zu dienen. Jeden Tag gibt es viele Möglichkeiten, wie wir positiv auf das Leben anderer Menschen einwirken können. Wenn wir unseren Blick weg von uns selbst auf andere richten, macht uns das glücklicher, weil unsere Lebensperspektive dadurch geradegerückt wird.

SELBSTVERPFLICHTUNG: *Ich möchte jeden Tag etwas tun, womit ich den Tag eines anderen Menschen heller mache.*

ZIELAUSRICHTUNG: Unser Ziel ist die einzigartige Art und Weise, wie wir unsere Gaben, Talente und Erfahrungen einsetzen, um anderen zu dienen und sie positiv zu beeinflussen. Die einfache Frage lautet: Wodurch wird das Leben eines anderen Menschen besser, weil er mir begegnet ist? Im Leben geht es nicht nur darum, unser Glück zu finden. Gott hat uns mit einem bestimmten Ziel geschaffen und er hat einen Auftrag für uns, den wir erfüllen sollen. Unsere Aufgabe ist es herausfinden, was dieses Ziel ist, und entsprechend zu leben. Dabei sollten wir nicht vergessen: Der Sinn unseres Lebens ist zwar einzigartig, aber es geht dabei nicht um uns selbst. Wir sollen immer anderen auf irgendeine Weise damit dienen.

> Im Leben geht es nicht nur darum, unser Glück zu finden. Gott hat einen Auftrag für uns, den wir erfüllen sollen.

SELBSTVERPFLICHTUNG: *Gott hat mich mit einem bestimmten Ziel geschaffen. Wenn ich das tue, wozu ich geschaffen wurde, kann ich nicht versagen.*

BEWEGUNG: Mit nur zwanzig Minuten bewusster körperlicher Bewegung wie z. B. Cardio-Training können wir unsere Stimmung für vierundzwanzig Stunden verbessern.[42] Das ist eine der schnellsten Methoden, um unser Glück zu fördern. Gehen Sie also spazieren, machen Sie ein paar Fitnessübungen im Büro oder spielen Sie im Garten mit dem Hund oder den Kindern. Hauptsache, Sie kommen in Bewegung!

SELBSTVERPFLICHTUNG: *Wenn ich mich bewege, geht es mir gut.*

SPIELEN: Etwas zu tun, nur weil es Spaß macht, fördert unser Glück ebenfalls. Es gibt viele Bereiche in unserem Leben, in denen wir gute Leistungen bringen müssen. Deshalb sollten wir auch etwas haben, das uns einfach nur Freude macht. Spielen bedeutet, dass wir ganz im Hier und Jetzt sind, es erlaubt uns zu entspannen und befreit uns aus dem Multitasking-Modus.
SELBSTVERPFLICHTUNG: *Ich erlaube mir zu spielen und Spaß zu haben.*

GEWINNENDE WORTE: Unsere Worte können Glück oder Negatives auslösen. Reden Sie also bewusst positiv. Verbannen Sie Begriffe wie *sollte* aus Ihrem Wortschatz, weil diese nur Schuldgefühle auslösen. Denken Sie daran, dass Sie die Wahl haben.
SELBSTVERPFLICHTUNG: *Ich möchte jeden Tag Worte der Hoffnung, des Friedens und der Liebe sprechen.*

KLUGER EINSATZ DER FINANZEN: Wofür wir unser Geld verwenden, kann uns glücklicher machen. Wenn wir nicht über, sondern unter unseren Verhältnissen leben, wenn wir geben und eher Erfahrungen als Gegenstände kaufen (zum Beispiel lieber ein Essen mit Freunden als ein Paar neue Schuhe), kann das Forschungen zufolge unsere Freude fördern.[43]
SELBSTVERPFLICHTUNG: *Ich setze mir zum Ziel, mit weniger als 75 Prozent meines Gehaltes auszukommen.*

LÄCHELN: Wir meinen, dass wir lächeln, weil wir glücklich sind. Das stimmt auch. Wenn wir aber lächeln, obwohl wir nicht besonders glücklich sind, *fühlen* wir uns glücklicher. Die Muskeln, die sich zusammenziehen, wenn wir lächeln, setzen im Gehirn Serotonin und Endorphine frei. Lächeln Sie andere also bewusst an und lächeln Sie auch dann, wenn Sie keinen besonderen Grund dazu haben.[44]

SELBSTVERPFLICHTUNG: *Ich möchte jeden Tag einen Grund zum Lächeln finden, besonders an schlechten Tagen.*

ENTSPANNUNG: Wenn wir uns die Zeit nehmen, einfach mal nichts zu tun, uns auszuruhen und viel Schlaf zu bekommen, fördert das unsere Freude. Wertschätzen Sie es also nicht nur, wenn Sie etwas erledigt bekommen haben, sondern auch, wenn Sie sich entspannen.

SELBSTVERPFLICHTUNG: *Ich schlafe. Ich ruhe mich aus. Ich nehme das an, was ist.*

FLOW: Flow bezeichnet die Fähigkeit, sich so intensiv auf eine Aktivität zu konzentrieren, dass man von ihr völlig absorbiert wird. Es ist, als ob die Zeit wie im Nu verfliegen würde. Es ist der Punkt, an dem unsere Fähigkeiten der vor uns liegenden Herausforderung gewachsen sind und wir ganz darin aufgehen. Tun Sie das möglichst oft. Es wird Ihnen Freude bereiten.

SELBSTVERPFLICHTUNG: *Ich versuche Störungen möglichst zu vermeiden, damit ich mich ganz der vor mir liegenden Aufgabe widmen kann.*

GENIESSEN: Genießen bedeutet, mit allen Sinnen präsent zu sein, alles in einem bestimmten Moment wahrzunehmen und zu fühlen. Es beginnt damit, dass wir ruhig werden, die Gedanken an die Vergangenheit und die Zukunft loslassen und das wertschätzen, was sich jetzt und hier vor uns befindet.

SELBSTVERPFLICHTUNG: *Ich möchte jeden Tag innehalten und den Augenblick genießen.*

Der nächste Schritt

Frei von Schuldgefühlen, erfüllt von Freude

Versuchen Sie sich vorzustellen, wie Ihr Leben aussehen könnte, wenn Sie frei von Schuldgefühlen wären. Wenn wir Worte zu Papier bringen, haben diese eine große Kraft, vor allem wenn es dabei um unsere Vision von uns selbst geht. Sie und ich sind miteinander durch die vielen Seiten dieses Buches gewandert. Da unser gemeinsamer Weg nun allmählich zu Ende geht, möchte ich Sie einladen, in die Zukunft zu schauen mit einer klaren Vorstellung davon, wie es aussieht und sich anfühlt, wenn man falsche Schuldgefühle durch echte Freude ersetzt hat. Dieselbe Studie, die gezeigt hat, dass Schreiben beim Überwinden von Problemen hilft, besagt auch, dass es sehr hilfreich ist, wenn wir uns »unser bestmögliches zukünftiges Ich vorstellen«.[45] Nehmen Sie sich also jetzt eine Viertelstunde Zeit und stellen Sie sich vor, wie Sie sind, wenn Sie keine Schuldgefühle mehr haben. Ich empfehle Ihnen, sich das detailgenau aufzuschreiben. Formulieren Sie im Präsens. Malen Sie es sich in bunten Farben aus. Stellen Sie sich vor, wie Sie freundlich Grenzen setzen, Erwartungen kühn umdefinieren und ohne Einschränkung die Freude in sich aufnehmen, die entsteht, wenn Sie Ihrem Ziel und den Aufgaben, die Gott Ihnen für Ihr Leben gegeben hat, treu sind. Nehmen Sie sich also einen Augenblick Zeit, um Ihr neues Ich, frei von Schuldgefühlen, zu beschreiben.

Schlussbemerkungen

Wie man Schuldgefühle
für immer loswird

Es war ein Dienstagnachmittag gegen 17:30 Uhr. Die letzten Mitglieder meines Teams hatten unser Büro verlassen, das nur wenige Kilometer von meinem Zuhause entfernt liegt. Ich schaute aus dem Fenster dieses hellen und inspirierenden kleinen Ortes, den ich für mein Unternehmen ausgesucht hatte. Ich hatte viele Jahre hart gearbeitet, um an den Punkt zu gelangen, wo ich einen solchen Ort mein berufliches Zuhause nennen konnte, und ich hatte mir diese Umgebung bewusst ausgesucht, weil ich mir hier das Schreiben gut vorstellen konnte. Die Fenster, die vom Fußboden bis zur Decke reichen, ermöglichen mir einen friedlichen, malerischen Ausblick auf die natürliche Schönheit der Vorstadt von Atlanta. Und damit meine ich die Aussicht auf Bäume. Viele, viele Bäume.

Während ich so dasaß und über das nachdachte, was ich in den nächsten zwei Stunden zu Papier bringen wollte, tauchte eine vierköpfige Hirschfamilie aus dem Dickicht zwischen unserem Gebäude und dem daneben auf. Sie wanderten graziös in ein offenes Gelände mit hohen Nadelbäumen, das sich direkt vor meinem Fenster befindet. Zwei der Tiere blieben stehen, starrten mich aus der Entfernung an und überlegten, ob ich eine Bedrohung für sie darstellte. Dann begaben sie sich zu dem Teich auf der anderen Seite des Golfmobil-Weges, der mitten durch diesen Vorstadtwald führt.

Ich atmete tief durch und betrachtete die Arbeit, die vor mir lag. Normalerweise bleibe ich nicht so lange im Büro, aber an diesem Abend musste ich ein bisschen mehr schreiben, um ein sehr wichtiges Projekt rechtzeitig abschließen zu können – dieses Buch.

Die Stille eines Büros, das mitten in einer so malerischen Umgebung liegt, inspiriert meine Kreativität. Ich kann mich an viele Tage erinnern, an denen diese Kreativität leider von der Last meiner Schuldgefühle niedergedrückt wurde. Sie nahmen meine Gedanken in Beschlag, obwohl ich mich doch eigentlich auf etwas anderes konzentrieren sollte. Aber an diesem Abend fühlte ich mich entspannt. Ich konnte mich konzentrieren. Ich war frei, das zu schreiben, was mir auf dem Herzen lag.

Was ist das nur für ein Gefühl?, fragte ich mich, als ich zwischendurch eine Pause machte. Und dann dämmerte es mir. Es war Freude – eine Freude, die ich in der Vergangenheit nicht oft gespürt hatte, wenn ich abends länger arbeiten musste. Ich hatte mich auf diesen Abend vorbereitet, meinem Mann erklärt, dass ich einen Termin einhalten musste, und ihn gebeten, das abendliche Tohuwabohu zu übernehmen, das entsteht, wenn man drei Schulkinder hat – Abholen von der Schule, außerschulische Aktivitäten, Abendessen, Hausaufgaben, Schlafengehen. Und währenddessen blieb ich im Büro, um das zu erledigen, was ich mir vorgenommen hatte. Früher war dies immer ein Schuldauslöser für mich gewesen. Aber in diesem Moment erkannte ich, dass der Auslöser seine Macht über mich verloren hatte. *Du solltest jeden Abend zu Hause sein, sonst bist du keine gute Mutter und Ehefrau* war ersetzt worden durch *Manchmal wirst du deinen Tagesablauf ändern müssen, um ihn an die Realität deiner Arbeit anzupassen. Du bist mit einem Ehepartner gesegnet, der dich zu hundert Prozent unterstützt. Und du bist für deine Kinder ein Vorbild an Zielstrebigkeit und Ausdauer.* Das war nicht wie ein Mantra, das ich wiederholen musste. Ich lebte es und fühlte es – und es fühlte sich absolut wundervoll an.

Keine Schuldgefühle. Keine Zweifel. Nur ein Leben im Frieden und in der Freude, dass ich Entscheidungen getroffen hatte, zu denen ich voll und ganz stehe, weil sie die Werte widerspiegeln, die mir wichtig sind.

Ich hoffe, dass unser gemeinsamer Weg auch Ihre Perspektive

verändert und Ihnen geholfen hat, zwischen echter und falscher Schuld zu unterscheiden – und dann die falschen Schuldgefühle loszulassen und die Freude zurückzugewinnen, von der Ihr Leben erfüllt sein kann. Ich möchte Sie einladen, sich so oft, wie Sie es brauchen, erneut mit diesen Konzepten zu beschäftigen, und zwar aus diesem Grund: Unsere falschen Schuldgefühle loszulassen, ist kein Schritt, den wir ein einziges Mal unternehmen. Es geht mehr darum, mit der Zeit ein gewisses Maß an Widerstandskraft aufzubauen, unsere Gedanken bewusst wahrzunehmen und die »abtrünnigen« unter Kontrolle zu bekommen, bevor sie die Kontrolle über uns übernehmen. Das ist etwas, das wir immer wieder üben müssen. Es ist wie mit den Muskeln: Je mehr wir sie arbeiten lassen, desto stärker werden sie mit der Zeit. Täglich werden Sie wieder herausgefordert werden – wenn die alten Gedanken und Erwartungen sich wieder einschleichen, wenn Ihnen nahestehende Menschen Sie in eine Schuldgefühl-Falle locken wollen und wenn Sie Ihren eigenen Erwartungen nicht gerecht werden.

Behalten Sie also diese wichtigen Punkte in Erinnerung:

- Es wird Ihnen nicht an allen Tagen gleich gut gelingen, die Schuldgefühle loszulassen. Das ist in Ordnung. Machen Sie sich deshalb keine Vorwürfe. Schauen Sie einfach, wo Sie gerade stehen, und versuchen Sie es weiter. Gehen Sie vorwärts. Lassen Sie sich nicht entmutigen. Betrachten Sie es als einen Fortschritt, wenn Sie sich dabei ertappen, dass Sie eine Entscheidung nur wegen Ihrer Schuldgefühle getroffen haben. Denn das bedeutet, dass Sie die Emotion benannt haben und erst überlegen, bevor Sie eine Wut-oder-Fluchtreaktion zulassen. Denken Sie jedoch daran: Die Schuldgefühle loszulassen, ist eine Entscheidung, die nur Sie treffen können.
- Schuldgefühle loslassen ist eine Entscheidung – aber keine, die ein für alle Mal gilt. Wenn Sie die Erwartung haben, dass die Schuldgefühle von einem Tag auf den anderen verschwinden müssen, dann werden Sie wahrscheinlich gleich wieder ein schlechtes Gewissen bekommen – weil

es Ihnen nicht gelingt, alle Ihre Schuldgefühle loszuwerden. Dabei ist es eine Entscheidung, die Sie immer aufs Neue treffen müssen, egal wie oft Sie wieder in die Falle tappen. Sie müssen immer wieder den Entschluss fassen, die verschiedenen Schichten der Schuldgefühle erneut offenzulegen, um die falschen unter ihnen zu entlarven. Ich möchte Sie also ermutigen: Halten Sie genau jetzt einen Moment inne und versprechen Sie sich selbst, dass Sie diese Entscheidung immer wieder treffen werden, bis ein Leben ohne falsche Schuldgefühle für Sie zur neuen Normalität wird.

- Schuldgefühle loszulassen, erfordert Übung, also geben Sie nicht auf. Je mehr Sie das tun, desto einfacher wird es. Und eines Tages werden Sie merken, dass die Last leichter geworden ist. Ihre Freude ist zurückgekehrt. Es herrscht Frieden.

- Es wird immer eine Versuchung bleiben, dorthin zurückzukehren, wo es sicher ist. Vergessen Sie nicht, dass Glücklichsein ein Risiko ist. Wenn Sie sich entscheiden, sich auf die Freude zu konzentrieren, kann es sein, dass die Furcht ihr Haupt erhebt und Sie anfleht, ja keinen größeren Traum mehr zu haben. Die Bibel sagt uns, dass der Feind töten, stehlen und zerstören will – und das gilt auch für Ihre Freude. Kehren Sie nicht an den sicheren Ort zurück, an dem Ihre Freude gedämpft wird, indem Sie unnötige Schuldgefühle schaffen.

- Auch wenn Sie zu Ihren Werten stehen, werden Sie ständig mit gegenteiligen Einflüssen bombardiert. Sie sind von Leuten umgeben, deren Erwartungen Sie auf die Probe stellen. Gewöhnen Sie sich daran, zu Ihren Werten zu stehen. Tun Sie, was für Sie selbst sinnvoll ist. Bringen Sie Ihre Erwartungen in Übereinstimmung mit Gottes Erwartungen, dann wird der Friede Sie leiten.

> Bringen Sie Ihre Erwartungen in Übereinstimmung mit Gottes Erwartungen, dann wird der Friede Sie leiten.

- Schuldgefühle haben viele Ihrer Entscheidungen beeinflusst – und das ist zunächst etwas Gutes. Echte Schuldgefühle sind dazu da, unser Handeln mit unseren Werten in Einklang zu bringen. Das trägt zu Ihrem Erfolg im Leben bei. Menschen vertrauen Ihnen. Sie möchten das Richtige tun. Ein Gewissen zu haben, bringt Sie weiter, und Gewissenhaftigkeit bedeutet, dass Sie die an Sie gestellten Erwartungen zuverlässig erfüllen. Sie sollten nur darauf achten, wer das ist, dessen Erwartungen Sie gerecht werden wollen.

- Fallensteller geben nicht so leicht auf. Wenn Sie mit einer oder mehreren Personen zu tun haben, die über einen längeren Zeitraum Ihnen gegenüber Schuldgefühl-Fallen eingesetzt haben, erfordert es möglicherweise mehr Übung, um diese Dynamik zu unterbrechen. Lassen Sie sich davon nicht entmutigen! Bleiben Sie hartnäckig und deaktivieren Sie die Knöpfe, die von den anderen gedrückt werden, um von Ihnen eine automatische Reaktion zu erhalten. Setzen Sie Grenzen und bleiben Sie dabei. Bald schon werden die Fallensteller weiterziehen.

- Glücklichsein erfordert Übung. Wie ich bereits geschrieben habe, geht es in diesem Buch letztendlich um Ihr Glück. Die Schuldgefühle stehlen es Ihnen. Wenn Sie diese Gefühle aber loslassen, schaffen Sie Raum für mehr Freude. Doch das geschieht nicht von allein; Glücklichsein ist eine Gewohnheit. Setzen Sie einige der Glücksauslöser ein, um täglich eine bewusste Entscheidung für die Freude zu treffen.

Danke, dass ich Ihnen auf diesem Weg als Coach dienen durfte. Ich würde gern von Ihnen hören, wie es Ihnen gelungen ist, Ihre Schuldgefühle loszulassen. Wenn Sie möchten, schreiben Sie mir doch ein paar Zeilen. Ich bin auf Twitter über @valorieburton erreichbar sowie auf Instagram und Facebook. Ich bete für Sie.

Herzliche Grüße

Ihre *Valorie*

Über die Autorin

Valorie Burton möchte ihren Leserinnen und Lesern dabei helfen, Erfüllung und Freude zu finden, während sie die Herausforderungen des modernen Lebens zu bewältigen haben. Sie hat dreizehn Bücher zu Themen der Persönlichkeitsentwicklung geschrieben und das *Coaching and Positive Psychology (CaPP) Institute* gegründet, das Coaching, Coach- und Resilienz-Training anbietet, dazu Schulungen mit Zertifikatsabschlüssen für Privatpersonen und Institutionen. Valories einzigartige Kombination von Wissenschaftlichkeit, Glaube und persönlicher Transparenz inspiriert Menschen zum Handeln und liefert zugleich das praktische Handwerkszeug für ein erfolgreiches Berufs- und Privatleben. Sie und ihr Mann Jeff wuchsen in Denver im US-Bundesstaat Colorado auf und leben mittlerweile mit ihren Kindern in der Nähe von Atlanta im US-Bundesstaat Georgia. Lassen Sie sich von Valeries Videos, Kursen und Onlinebeiträgen inspirieren auf www.valerieburton.com und www.cappinstitute.com.

Endnoten

1   *Merriam-Webster's Dictionary.* Siehe unter »guilt«, https://www.merriam-webster.com/dictionary/guilt.
2   *Baker's Evangelical Dictionary of Biblical Theology.* Hg. Walter A. Elwell. Siehe unter »guilt«, https://www.biblestudytools.com/dictionaries/bakers-evangelical-dictionary/guilt.html.
3   *Baker's Evangelical Dictionary.* Siehe unter »guilt«.
4   Für nähere Informationen zum Thema »kognitive Verhaltenstherapie« siehe Martin E. P. Seligman: *Learned Optimism: How to Change Your Mind and Your Life.* New York: Vintage, 2006, und Karen Reivich, Andrew Shatté: *The Resilience Factor. 7 Essential Skills for Overcoming Life's Inevitable Obstacles.* New York: Broadway, 2006.
5   Matthew D. Lieberman, Naomi I. Eisenberger, Molly J. Crockett, Sabrina M. Tom, Jennifer H. Pfeifer, Baldwin M. Way: »Putting Feelings into Words: Affect Labeling Disrupts Amyg- dala Activity in Response to Affective Stimuli.« *Psychological Science* 18, Nr. 5 (2007), S. 421–428.
6   J. David Creswell, Baldwin M. Way, Naomi I. Eisenberger und Matthew D. Lieberman: »Neural Correlates of Dispositional Mindfulness During Affect Labeling.« *Psychosomatic Medicine* 69, Nr. 6 (2007), S. 560–565.
7   Jared B. Torre, Matthew D. Lieberman: »Putting Feelings into Words. Affect Labeling as Implicit Emotion Regulation.« *Emotion Review* 10, Nr. 2, (April 2018), S. 116–124, https://doi.org/10.1177/1754073917742706.
8   »Cognitive Behavioral Therapy.« Mayo Clinic, https://www.mayoclinic.org/tests-procedures/cognitive-behavioral-therapy/about/pac-20384610.
9   Laura A. King: »The Health Benefits of Writing About Life Goals.« *Personality and Social Psychology Bulletin* 27, Nr. 7 (Juli

2001), S. 798–807, https://doi.org/10.1177/0146167201277003; Laura A. King, Kathi N. Miner: »Writing About the Perceived Benefits of Traumatic Events. Implications for Physical Health.« *Personality and Social Psychology Bulletin* 26, Nr. 2 (Februar 2000), S. 220–230, https://doi.org/10.1177/0146167200264008.

10 Brené Brown: *Daring Greatly. How the Courage to Be Vulnerable Transforms the Way We Live, Love, Parent, and Lead.* New York: Gotham, 2012.

11 Jill Jones in einem persönlichen Gespräch am 29. August 2019.

12 Jill Jones im selben Gespräch.

13 Sonja Lyubomirsky, Laura King, Ed Diener: »The Benefits of Frequent Positive Affect: Does Happiness Lead to Success?« *Psychological Bulletin* 131, Nr. 6 (2005), S. 803–855; Sonja Lyubomirsky, Kennon M. Sheldon, David Schkade: »Pursuit of Happiness: The Architecture of Sustainable Change.« *Review of General Psychology* 9, Nr. 2 (2005), S. 111–131.

14 Frank Fujita, Ed Diener, Ed Sandvik: »Gender Differences in Negative Affect and Well-Being. The Case for Emotional Intensity.« *Journal of Personality and Social Psychology* 61, Nr. 3 (September 1991), S. 427–434.

15 Nita Lutwak, Joseph R. Ferrari: »Moral Affect and Cognitive Processes. Differentiating Shame from Guilt Among Men and Women.« *Journal of Personality and Individual Differences* 21, Nr. 6 (Dezember 1996), S. 891–896.

16 Brian Alexander: »Women Guilty of Feeling Too Guilty, Study Shows.« NBCNews.com, 11. März 2010, http://www.nbcnews.com/id/35788411/ns/health-sexual_health/t/women-guilty-feeling-too-guilty-study-shows/#.XlmP5C2ZPPB.

17 June Price Tangney, Jeff Stuewig, Debra J. Mashek: »Moral Emotions and Moral Behavior.« *Annual Review of Psychology* 58 (Januar 2007), S. 345–372, https://doi.org/10.1146/annurev.psych.56.091103.070145; J. Haidt: »Elevation and the Positive Psychology of Morality.« In: Corey L. M. Keyes, Jonathan Haidt, Hg.: *Flourishing. Positive Psychology and the Life Well Lived.* Washington, DC: American Psychological Association, 2003, S. 275–289.

18 Brett Roothman, Doret K. Kirsten, Marié P. Wissing: »Gender

Differences in Aspects of Psychological Well-Being.« *South African Journal of Psychology* 33, Nr. 4 (2003): S. 212–218, https://doi.org/10.1177/008124630303300403; Fujita, Diener, Sandvik: »Gender Differences.«

19 Agneta H. Fischer, Mariska E. Kret, Joost Broekens: »Gender Differences in Emotion Perception and Self-Reported Emotional Intelligence: A Test of the Emotion Sensitivity Hypothesis.« PLOS ONE 13, Nr. 1 (2018), e0190712, https://doi.org/10.1371/journal .pone.0190712.

20 Itziar Etxebarria, M. José Ortiz, Susana Conejero, Aitziber Pascual: »Intensity of Habitual Guilt in Men and Women. Differences in Interpersonal Sensitivity and the Tendency Towards Anxious-Aggressive Guilt.« *Spanish Journal of Psychology* 12, Nr. 2 (2009), S. 540–554.

21 Jessica Bennett: »It's Not You, It's Science: How Perfectionism Holds Women Back.« *Time,* 22. April 2014, https://time.com/70558/its-not-you-its-science-how-perfectionism-holds-women-back/; Mary Ward: »Women More Likely to Be Perfectionists, Anxious at Work.« *Sydney Morning Herald,* 17. April 2018, https://www.smh.com.au/lifestyle/health-and-wellness/women-more-likely-to-be-perfectionistic-anxious-at-work-20180412-p4z971.html.

22 Leslie P. Kamen, Martin E. P. Seligman: »Explanatory Style and Health.« *Current Psychological Research and Reviews* 6, Nr. 3 (1987), S. 207–218, https://doi.org/10.1007/BF02686648.

23 Fatemeh Bahrami, Naser Yousefi: »Females Are More Anxious than Males: A Metacognitive Perspective.« *Iranian Journal of Psychiatry and Behavioral Sciences* 5, Nr. 2 (Herbst-Winter 2011), S. 83–90.

24 Paul Glavin, Scott Schieman, Sarah Reid: »Boundary-Spanning Work Demands and Their Consequences for Guilt and Psychological Distress.« *Journal of Health and Social Behavior* 52, Nr. 1 (2011), S. 43–57, https://doi.org/10.1177/0022146510395023.

25 Alex Korb: *The Upward Spiral. Using Neuroscience to Reverse the Course of Depression, One Small Change at a Time.* Oakland, Kalifornien: New Harbinger, 2015, S. 158–159.

26 Kirsten A. Passyn, Mita Sujan: »Self-Accountability Emotions

and Fear Appeals. Motivating Behavior.« *Journal of Consumer Research* 32, Nr. 4 (März 2006): S. 583–589, https://doi.org/10.1086/500488; Igor Knez, Ola Nordhall: »Guilt as a Motivator for Moral Judgment. An Autobiographical Memory Study.« *Frontiers in Psychology* 8 (Mai 2017), S. 750, https://doi.org/10.3389/fpsyg.2017.00750.

27 Francis J. Flynn, R. L. Schaumberg: »Clarifying the Link Between Job Satisfaction and Absenteeism. The Role of Guilt Proneness.« *Journal of Applied Psychology*, Bd. 102, Nr. 6 (Juni 2017), S. 982–992.

28 Francis J. Flynn: »Defend Your Research. Guilt-Ridden People Make Great Leaders.« *Harvard Business Review*, Januar-Februar 2011, https://hbr.org/2011/01/defend-your-research-guilt-ridden-people-make-great-leaders?autocomplete=true.

29 Gerard Matthews, Ian J. Deary, Martha C. Whiteman: *Personality Traits*, 2. Aufl. Cambridge: Cambridge University Press, 2003; S. Rothmann; E. P. Coetzer: »The Big Five Personality Dimensions and Job Performance.« *SA Journal of Industrial Psychology* 29 (Oktober 2003), https://doi.org/10.4102 /sajip.v29i1.88; B. W. Roberts, J. J. Jackson: »Sociogenomic Personality Psychology.« *Journal of Personality* 76 (2008), S. 1523–44.

30 B. W. Roberts, J. J. Jackson, J. V. Fayard, G. W. Edmonds, J. Meints: »Conscientiousness.« In: M. R. Leary, R. H. Hoyle, Hg.: *Handbook of Individual Differences in Social Behavior*. New York: Guilford Press, 2009, S. 369–381.

31 Duden. Deutsches Universalwörterbuch. 7., überarbeitete und erweiterte Aufl., Mannheim, Zürich: Dudenverlag, 2011, S. 722.

32 B. W. Roberts, K. E. Walton, T. Bogg: »Conscientiousness and Health Across the Life Course.« *Review of General Psychology* 9 (2005), S. 156–168.

33 Jennifer V. Fayard, Brent W. Roberts, Richard W. Robins, David Watson: »Uncovering the Affective Core of Conscientiousness. The Role of Self-Conscious Emotions.« *Journal of Personality* 80, Nr. 1 (2012), S. 1–32, https://doi.org/10.1111/j.1467–6494.2011.00720.x.

34 Duden. Deutsches Universalwörterbuch. 7., überarbeitete und erweiterte Aufl., Mannheim, Zürich: Dudenverlag, 2011, S. 1621.

35 Reshma Saujani: »Teach Girls Bravery, not Perfection.« TED, https://www.ted.com/talks/reshma_saujani_teach_girls_bravery _not_perfection/transcript?language=en.

36 Carol S. Dweck: *Mindset. The New Psychology of Success.* New York: Ballantine, 2008.

37 Tom Rath, James K. Harter: *Wellbeing. The Five Essential Elements.* New York: Gallup Press, 2014.

38 Urban Dictionary. Siehe unter »guilt trip«, https://www.urbandictionary .com/define.php?term=Guilt%20trip.

39 Robert B. Cialdini: *Influence. Science and Practice.* New York: HarperCollins College, 1993. Deutsch: *Die Psychologie des Überzeugens. Wie Sie sich selbst und Ihren Mitmenschen auf die Schliche kommen.* 8., unveränd. Aufl. Bern: Hogrefe, 2017.

40 Harvard Medical School: »Happiness Is 'Infectious' in Network of Friends: Collective – Not Just Individual – Phenomenon.« *ScienceDaily*, 5. Dezember 2008, http://www.sciencedaily.com /releases/2008/12/081205094506.htm; James H. Fowler, Nicholas A. Christakis: »Dynamic Spread of Happiness in a Large Social Network. Longitudinal Analysis over 20 Years in the Framingham Heart Study.« *British Medical Journal*, 4. Dezember 2008, S. 337.

41 Jeroen Nawijn, Miquelle A. Marchand, Ruut Veenhoven, Ad J. Vingerhoets: »Vacationers Happier, but Most not Happier After a Holiday.« *Applied Research in Quality of Life* 5, Nr. 1 (2010): S. 35–47, https://doi.org/10.1007/s11482-009-9091-9.

42 Timothy W. Puetz, Sara S. Flowers, Pat O'Connor: »A Randomized Controlled Trial of the Effect of Aerobic Exercise Training on Feelings of Energy and Fatigue in Sedentary Young Adults with Persistent Fatigue.« *Psychotherapy and Psychosomatics* 77, Nr. 3 (2008), S. 167–174, https://doi.org/10.1159/000116610.

43 Travis J. Carter, Thomas Gilovich: »I Am What I Do, Not What I Have. The Centrality of Experiential Purchases to the Self-Concept.« *Journal of Personality and Social Psychology*

102, Nr. 6 (2012), S. 1304–1317, https://doi.org/10.1037/a0027407.

44 Paul Ekman, Richard J. Davidson, Wallace V. Friesen: »The Duchenne Smile. Emotional Expression and Brain Physiology II.« *Journal of Personality and Social Psychology* 58, Nr. 2 (Februar 1990), S. 342–353.

45 Laura A. King: »The Health Benefits of Writing About Life Goals.« *Personality and Social Psychology Bulletin* 27, Nr. 7 (2001), S. 798–807; Kennon M. Sheldon, Sonja Lyubomirsky: »How to Increase and Sustain Positive Emotion. The Effects of Expressing Gratitude and Visualizing Best Possible Selves.« *Journal of Positive Psychology* 1, Nr. 2 (2006), S. 73–82.

Weitere Titel von FRANCKE

Valorie Burton
Das Geheimnis glücklicher Frauen
Wie Sie mehr Zufriedenheit
und Freude in Ihren Alltag bringen
ISBN 978-3-86827-531-5
264 Seiten, Paperback
auch als E-Book erhältlich

Sehnen Sie sich auch manchmal nach mehr in Ihrem Leben? Mehr Abwechslung? Mehr Vorfreude? Mehr Zeit für sich selbst? Mehr Zeit für die Familie? Mehr Dankbarkeit? Mehr Zufriedenheit? Denken Sie auch hin und wieder: Eigentlich geht es mir ja gut. Eigentlich ist ja alles in Ordnung. Aber insgeheim fragen Sie sich, warum Sie nicht glücklicher sind? Willkommen im Club! Studien belegen, dass wir Frauen heute zwar weitaus mehr Möglichkeiten haben als jemals zuvor, wir aber insgesamt weniger glücklich sind als vor vierzig Jahren – während die Männer immer glücklicher werden. Woran liegt das? Und was können wir dagegen tun?

Valorie Burton zeigt in ihrem Buch 13 Faktoren auf, die Ihre Zufriedenheit beeinflussen … und liefert konkrete Tipps, wie Sie inmitten Ihrer Umstände glücklicher und voller Gottvertrauen durchs Leben gehen können.

Christina Ott
unvollkommen glücklich
Vom Mut, ich selbst zu sein
ISBN 978-3-96362-173-4
288 Seiten, Paperback
auch als E-Book erhältlich

Wer bin ich?
Was prägt mich?
Bin ich »gut genug«?

Was darf noch werden und wachsen in meinem Leben? Mit Fragen wie diesen sind wir im Grunde nie fertig, ganz gleich, wie jung oder alt wir sind. Das Buch von Christina Ott macht uns Mut, uns diesen Fragen zu stellen und für uns selbst, im Gespräch mit anderen und im Hören auf Gott Antworten zu finden. Denn jede Frau ist einmalig, begabt, von Gott mit ihren Grenzen und Stärken wertgeschätzt. Themen wie »Lebensträume entdecken«, »Innere Balance finden«, »Vom Selbstzweifel zur Selbstannahme«, »Festhalten und Loslassen« holen die Leserin dort ab, wo sie sich gerade befindet. Man fühlt sich auf wundervolle Weise verstanden und gesehen. Dieses Buch ist eine einfühlsame Einladung zum Glücklichsein, ein Wegweiser zu mehr Gelassenheit und eine Ermutigung, ein fröhliches »Ja« zu sich selbst zu entdecken.

Sabine Herold
Gottes Stärke in mir
Resilienz-Gedanken aus
Bibel und Alltag
ISBN 978-3-96362-261-8
191 Seiten, gebunden

Was können wir tun, um unser Innerstes stark zu machen gegen die Widrigkeiten des Lebens? Sabine Herold, Pfarrerin und Referentin bei Frauentreffen, buchstabiert anhand des Wortes »STAERKE«, was die Bibel zum Thema Resilienz und psychische Widerstandsfähigkeit sagt:

- S wie Selbstvertrauen
- T wie trotzdem hoffen
- A wie annehmen und akzeptieren
- E wie Einstellung ändern
- R wie Ressourcen nutzen
- K wie Kraftquelle Spiritualität
- E wie Ewigkeit

Gebete und besinnliche Texte, ermutigende Bibelverse und Erfahrungsberichte zeigen: So können wir lernen, mit Gottes Stärke zu leben – und trotz allem hoffnungsvoll zu glauben.

Holley Gerth
stark. tapfer. geliebt.
Wecke Gottes Kraft in dir
ISBN 978-3-96362-230-4
271 Seiten, gebunden
auch als E-Book erhältlich

Eindrucksvoll führt Holley Gerth ihren Leserinnen vor Augen, dass sie Gottes tapfere, schöne und geliebte Töchter sind. Sie ermutigt dazu, sich der eigenen Narben anzunehmen, innere Stärke zu finden und in Gottes Kraft Herausforderungen zu überwinden.

Besonders authentisch werden ihre Andachten dadurch, dass die Autorin von vielen eigenen Erlebnissen berichtet. Sie hat erfahren: Es lohnt sich zu entdecken, welches Potenzial Gott in uns hineingelegt hat und wer wir in seinen Augen werden dürfen.

Andrea Tschuch
Der Herzensflüsterer
Bewegt von dem Gott,
der sein Herz mit mir teilt
ISBN 978-3-96362-203-8
221 Seiten, Paperback
auch als E-Book erhältlich

»Folge einfach deinem Herzen« lautet ein weit verbreiteter Rat. Doch wie sinnvoll ist das wirklich? Kann ich meinem eigenen Herzen überhaupt trauen? Andrea Tschuch ist der festen Überzeugung: Es ist sehr viel besser, Gottes Herzen zu folgen! Nur wenn wir ihn und seinen Herzschlag immer besser kennenlernen, können wir auch unserem eigenen Herzen wirklich auf die Spur kommen und das Leben für uns entdecken, nach dem wir uns im tiefsten Innern sehnen. Ihr Buch ist eine Einladung zu einer Entdeckungsreise: in das Herz Gottes, in unser eigenes Herz, in das Leben, für das wir geschaffen sind.

Monika Bylitza
Möge der Himmel dich umarmen
52 Wünsche für dich
ISBN 978-3-96362-199-4
durchgehend farbig illustriert
112 Seiten, gebunden

Warmherzige Wünsche sind der Klassiker der Zukunft. Wer heute eine handgeschriebene Glückwunschkarte in der Post findet, fühlt sich augenblicklich in längst vergangene Zeiten zurückversetzt und gleichzeitig besonders wertgeschätzt. Die 52 Wünsche in diesem Buch wollen dasselbe bewirken und ermuntern zum Aufbruch, zur Neugier, zum Ausprobieren. Aber sie bieten auch Raum für nachdenkliche Töne.

Verschenken Sie die Segenswünsche oder lassen Sie sich selbst von Monika Bylitzas Wünschen inspirieren. Unterbrechen Sie den Alltag für kurze Momente, nehmen Sie die Wünsche persönlich und lassen Sie sich inspirieren und ermutigen.